现代铸币税研究

——赤字、债务与“量化宽松”

吕旺实　王美桃　著

中国财政经济出版社

图书在版编目（CIP）数据

现代铸币税研究：赤字、债务与“量化宽松”/吕旺实，王美桃著．—北京：中国财政经济出版社，2016.4

ISBN 978-7-5095-6706-7

Ⅰ.①现…　Ⅱ.①吕…②王…　Ⅲ.①货币税-税收管理-研究-世界　Ⅳ.①F811.4

中国版本图书馆 CIP 数据核字（2016）第 066957 号

责任编辑：王芝文　　　　责任校对：刘　靖
封面设计：邹海东　　　　版式设计：董生平

中国财政经济出版社 出版

URL：http：//www.cfeph.cn

E-mail：cfeph@cfeph.cn

社址：北京市海淀区阜成路甲 28 号　邮政编码：100142

营销中心电话：88190406　北京财经书店电话：64033436　84041336

北京财经印刷厂印刷　各地新华书店经销

787×960 毫米　16 开　21.75 印张　263 000 字

2016 年 5 月第 1 版　2016 年 5 月北京第 1 次印刷

定价：49.00 元

ISBN 978-7-5095-6706-7/F·5394

（图书出现印装问题，本社负责调换）

本社质量投诉电话：010-88190744

打击盗版举报热线：010-88190492，QQ：634579818

序 言

我在财政部财政科学研究院（原财政部财政科学研究所）从事学术研究的同时，也向研究生部的学生们讲授“国民经济管理”和“投资经济”的课程。

财政部财政科学研究院作为国内外知名的科研教学机构，有其学术研究和教学事业的特点，那就是贴近实际。虽然，财政部财政科学研究院在纯经济学术理论研究领域不及大学之深、广，也无行政管理部门制定经济政策的权力，但是，以身份之地利，财科院将经济理论与财政实务密切地结合了起来。财科院研究员们定期撰写、上报至党中央、国务院或者财政部的系列《研究报告》，即是理论与实务结合的最好体现。

财科院的系列研究报告，必须有对经济理论和规律的总结阐述，还要提出针对当时社会经济现实情况的对策建议，当属一种创新。本书的各章节内容，是我在2008年全球金融危机开始前后，为财科院系列《研究报告》撰写的部分宏观分析报告，主要辨析财政与央行的关系。而随着金融危机的蔓延，这些报告的内容也在逐渐深入、扩张，从而较全面地阐述了现代“铸币税”这一范畴的内涵外延，梳理了国民经济管理与投资的逻辑面貌。这些报告，既要面对不断更新的经济形势，研究现实经济中层出不穷的新概念、政府政策工具，又要对现实问题进行必要的分析和归纳总结，在评判的基础上，提出应对挑战的宏观总体对策。王美桃同学在跟随我攻读博士学位期间，与我共同撰写了部分报告。

撰写报告的时候，将一些问题弄清楚，我获得了一种与理论沟通进而通达的感觉，颇感欣慰。

这些报告的部分内容受到同行、学界以及领导的好评。报告上报的同时，也被我用来进行研究生教学，所以学生们能够同步获取这些报告的信息。课堂上，我常常要回答学生们的尖锐提问，师生们常常以报告内容为中心问题，对当时的现实政策进行讨论。比如，美国发行了那么多货币，为什么没有发生通货膨胀？在金融危机期间，中国财政收入会有连续超过 GDP 增长速度一倍、达到 20% 以上的高速增长，这种情况能不能持续？我们共同研究和解释这些问题，架起从经济学规律到现实中的具体实践之间的桥梁，也达到教学研的统一。此时，应当是老师最高兴的时刻。我体会到，学生们每次课堂结束时的热烈掌声，不仅是对老师的感谢，也是他们自己解开了很多学术谜团的欣慰表现。

每季度上课，总要从基本知识讲起，要复印很多文献，学生和老师都感到麻烦。现在我将这些报告按照其内在逻辑关系，重新编写，使其系统化，并补充了一些数据，使之成为一部更贴近学术的著作，其将有利于教学，并作同仁参考之用。

这样，本书就如此呈现给大家，欢迎批评指正。

吕旺实

2016 年 3 月

目　录

第一章

结构性赤字与周期性赤字

第一节

财政结构性赤字及其起因[①]

一、问题的提出

1. 2005年，我国实行稳健财政政策，为什么中央财政还有赤字?

2003年开始中国已经有“局部经济过热”问题，财政部于当年主动提出要减少赤字，赤字总额比上年同期减少了100亿元。为解决经济的局部过热现象，2004年国家还采取了一系列行政和经济的手段，财政也积极配合，如提高了土地转让收费标准、增加房产交易税等。同时，政策部门也试图降低赤字，减少债务。但2004年的财政赤字并没有明显减少。

① 本章主要内容载于财政部财政科学研究所《科研内报》，2006年第2期。

2005年，我国中央政府明确地提出要实行稳健的财政政策和货币政策，这个“双稳健”就是要抑制经济过热。但是，2005年的赤字总额在减少了198.3亿元之后，仍然保持在3000亿元，2006年也没有较大幅度地减少（见表1-1）。经济过热，宏观经济领域实行稳健财政政策期间，为什么财政赤字仍然出现并且持续？这是人们的疑问。

表1-1　　我国财政债务和财政收入增长的情况　　单位：亿元

年份	当年发行国内财政债务	国内财政债务还本付息	国内财政新增债务	财政收入占GDP的比重（%）	财政收入比上年增长（%）
2000	4153.59	1552.21	2591.47	13.5	17.0
2001	4483.53	1923.42	2560.11	14.9	22.3
2002	5600.00	2467.71	3192.29	15.7	15.4
2003	6029.24	2976.58	3062.66	16.0	14.9
2004	6726.28	3542.42	3183.86	16.5	21.6
2005	6922.87	3878.51	3044.36	17.1	19.9
年份	中央债务余额	中央国内债务余额	中央国内新增债务	财政收入占GDP比重（%）	财政收入比上年增长（%）
2006	35015.26	34380.24	2531.65	17.9	22.5
2007	52074.65	51467.39	17087.15	19.3	32.4
2008	53271.54	52799.32	1331.93	19.5	19.5
2009	60237.18	59736.95	6937.63	20.1	11.7
2010	67548.11	66987.97	7251.02	20.7	21.3

注：本表按照2012年的《中国财政年鉴》、《中国统计年鉴》的数据制作。其中，2006年后的统计口径发生了变化，统计数据不再反映债务发行状况。

2. 财政收入增长很快，为什么还有赤字？

我国中央财政收入增加的绝对数很大，2003年到2004年有

3000亿~4000亿元的增幅；每年财政收入相对增速也很快，维持在15%~20%之间。但财政预决算还是出现了赤字。是不是政府对支出的控制不严，支出过快增长从而导致赤字持续增加？这也是人们的疑问。

3. 对2005年的赤字有两种不同意见。

社会各界中，反对财政安排赤字的观点认为，在经济高速增长时期，赤字对宏观经济有着正向的推动作用，但也可能产生副作用。首先，从经济周期的角度分析，当时GDP（国内生产总值）的年增长速度达到9%左右，安排赤字会刺激经济过快增长，经济将滑入下一轮过热；而且，在经济高速增长时期打赤字，没有为未来经济增长中可能出现的大减速预留出赤字空间。其次，从物价的角度看，2004年居民消费和商品零售价格指数增幅都在3%左右，但是原料和燃料价格指数增幅达到11%，物价增长总体较快，因此财政不应当有赤字。

赤字赞同者认为，赤字的总体规模不大：2004年，3198亿元的赤字占GDP的2%，今后这个比例不会增加；累积债务在未来不断增加的GDP总量中占的比重不会很大。而且，当时我国物价指数总体是平稳的，燃料和原料价格正在下降，没有危险。

4. 人们关心，赤字在“十一五”期间会不会持续存在。

当时，财税界专业人士表示，2006年还可能有赤字，2007年及以后年份仍然有赤字。因此，人们关注这几个问题：财政赤字究竟为什么出现，要持续多长时间，对经济运行有没有危害；赤字长期化的原因是什么，如何防范赤字长期化。

把这些问题解释清楚，首先要厘清下面几个概念。

二、周期性赤字与结构性赤字的区别

1. 周期性赤字。

为调整经济周期而出现的赤字是“周期性赤字”。当经济步入低潮，市场出现通货紧缩和较高的失业率，政策当局应当采用积极的（或者说，扩张的）财政政策，此时形成的赤字是周期性赤字。

周期性赤字的大小可以度量。首先假设经济低潮时期的GDP总量为Y，再假设潜在的GDP（即充分就业和物价稳定下的GDP）总量为X。这样，实际与潜在或者理想的GDP之间有一个差额（X－Y）＝Z。财政如果采取扩张性政策（减税、发债），使GDP能够增加Z从而达到X，就可以实现充分就业和物价稳定（通货正常）的政策目标。这也就是积极的财政政策的表现。

财政扩张性政策有两种。如果就业率低，而且存在一定的通货膨胀（下文中，依照习惯也称为“通胀”），财政就要实行对企业减税的扩张政策；如果就业率低，而且存在通货紧缩（简称为“通缩”），财政就要实行增加支出的扩张政策，即发债。

应该发多少债，可以有两种计算方法：第一，按照投资乘数计算，如果投资乘数是3，发债（增加的投资）的数量应当是Z/3；第二，按照税收负担率计算，如果国民经济税收负担率为20%，就要减少Z的20%，即Z/5税收，短期内可以刺激经济达到理想水平。

反之亦然，如果经济过热，财政需要出台紧缩性政策。可以采用与前述同样的方法，进行相反计算，增加一定数量的税或减少政府一定数量的投资。扩张和紧缩是对立的。经济低潮时“发债”，高潮时“削债”，这就是“补偿性”财政宏观管理政策。

2. 结构性赤字。

结构性赤字是为解决某些社会、经济和财政的结构性问题而出现的。

结构性赤字也是可以预先估算额度的，它以问题的解决、社会经济和财政能够平稳运行为限。假设正常的、均衡的财政总支出是 W，但是由于战争或自然灾害等原因需要的总支出要达到 P，那么 $P-W=R$，R 就是需要发行债务弥补的赤字。

世界各国的财政赤字部分是周期性的，部分是结构性的。结构性赤字对应的是结构性问题。比如，在 2006 年，美国经济连续 3 年稳定增长，美联储连续 13 次加息，抑制可能出现的经济过热，但是由于伊拉克战争，美国却连续出现了财政预算赤字，这就是结构性赤字。自然灾害、战争是一种（短期）结构问题，维持过高的福利（如欧洲）以及要对大量低收入人群的补助等是（长期）社会性结构问题，解决这些问题往往会导致赤字。

3. 我国的社会、经济、财政大转型与结构性赤字。

我国 2006 年前后出现的赤字不是因为战争或自然灾害，而是源自中国社会、经济和财政的结构转型过程中支出增长形成的压力。

首先是经济和社会转型。这包括：计划经济向社会主义市场经济转型，在城镇形成大量的下岗和失业人口；传统的企业福利保障制度向现代化社会保障制度过渡，社会保障资金有大量的缺口；传统农业向商品经济下的现代农业转变，农村向现代新农村转变，大量农村人口要向城镇转移。由于我国处在“矛盾多发期”，社会中有很多问题要处理，政府要解决这些结构性问题，就要有较大的财政支出。

其次是经济转型中财政收入转型。这包括：传统农业经济的税收消失了；要对商业和工业领域以流转税为主的税制进行改造；以流转税、所得税、财产税、社会保险税为支柱的现代均衡税制正在建立和发展之中。中国主体税种要经历以上三个内容的变革，税收收入虽然快速增长，但是有结构性缺陷，不足以承担现在社会对财力的要求。

所以，财政赤字是难以避免的。

三、历史性的任务决定了财政支出结构

2005 年，我国经济面临着“改革、发展、稳定”三大任务，只有同时兼顾这三个方面，才能渡过历史的“机遇和挑战并存”的“转型”时期。这决定了财政支出的特定结构。

1.“改革”要求财政有超常的“增量”财力支持。

首先，为满足改革需要，提供基本公共服务，政府要有大量的“增量”财力投入。这一年，党的十六届五中全会通过的“十一五”规划建议对未来五年社会经济进行了部署，2005 年 11 月中央经济工作会议和 12 月财政工作会议又对 2006 年改革进行具体部署。从改革部署的基本内容看，改革直接触及中国经济社会运行中的一系列核心领域和深层次问题。政府行政改革、垄断行业改革、汇率机制改革，就业、社会保障、教育、医疗改革，特别是“三农”问题改革等，都被摆到突出位置。改革部署力度之大、内容之全面、涉及范围之广是空前的。

改革需要加大财政支出。可以肯定的是，改革需要支付改革成本，比如行政事业单位改革，特别是乡镇一级编制控制等，要解决人员分流问题，必须有一定的支出；其他如国有企业改革，要解决社会事业剥离问题等，也需要相应支出。部分改革就是直接增加财政支出，比如农村免费义务教育改革、农村新型合作医疗改革、新农村建设改革等，都要有新的支出。这些支出数额巨大，且时间比较集中，是原支出基础上新增加的支出，也是超过一般财政收入可支持的超常支出。

2. “稳定”要求支出“存量”，而结构不能作大调整。

财政部门努力地调整支出结构，但是在相关条件不具备时不能有大的调整。有人说，这些年的财政支出是用“存量保稳定，增量搞改革”，这个说法有一定的道理。“存量”在这里是原来形成的支出基数，“增量”是在原来基数上的新增支出。财政支出的“保存量，调增量”是实践探索的结果，是经过多年探索的、符合我国现阶段社会特征的经验。

首先，在维持支出结构小幅调整的前提下，将原有财力调换到改革和发展需要的新支出上。中国财政支出的现有结构中确实有一些不合理地方，比如财政负担人员过多等，但是很难通过快速地、大幅度地调整现有支出结构的方式，将财力用于新增支出方面，达到缓解支出压力的目标。因为，支出压力一直绷得很紧，且缺少一些相关条件的支持。比如，在人员分流的背后，需要进行建立新的社会保障制度和不再大量增加财政供养人员的人事制度的改革以及相关的军人转业、社会福利分配制度等改革。当然，保存量不是不改革，特别是政府行政经费增加快、收费事业单位的收费和经费管理松懈等局面，都是要改革的。

其次，从社会稳定的角度看，支出存量不仅不能动，甚至还要增加投入。因为市场竞争加剧后，一些新的社会经济问题及与稳定有关的支出就会形成。比如城市失业人口及贫困人口的就业、生活、住房等问题的解决，就会加大财政支出；农村失地农民、农村贫困人口等问题的解决也要加大支出；要增加对贫困县财政运转困难补助上的转移支付；财政供养人员辞退以前，工资要同步增长。另外，还要解决新出现的国家基本安全问题，比如保障能源安全、粮食安全、环境安全、卫生安全等，国家都要有一定的投入。

3. “发展”要求财政保障一定的建设投资量。

经济和社会的发展也要求财政有“增量”投入。我国处于经济发展过程中，基础设施等投入原来就不足，中小城市迅速发展中的基础设施尤其需要加大投资。同时，要实现经济增长方式的转变、科技进步和能源节约等，财政还要投入，通过财政资金的杠杆作用引导和带动更多的社会资金投入。

从国际比较来看，2000～2004年我国经济建设支出占财政总支出的比重分别为36.1%、34.2%、35.3%、28.0%、27.8%。由于我国财政支出统计数中未含社会保险支出，为了比较需要，将社会保险支出加进来，计算出“大口径财政支出”，如此，我国的“经济建设费”支出在这个大口径总支出中的比例仍然很高，2000～2004年分别为31.5%、29.9%、26.1%、24.1%、24.0%。2004年经济建设事务支出达到7933.3亿元，虽然国债没有增加，但经济建设总支出却远远高于发达国家的平均数9.5%（见表1－2），预计今后仍然将维持在20%以上。

表1－2　2004年发达国家财政各项支出占总支出的比重　单位：%

国家	年份	一般公共服务	国防	公共秩序安全	经济建设事务	环境保护	住房交通补助	健康卫生	娱乐文化宗教	教育	社会保障
美国	2003	13.25	10.97	5.74	10.21	—	1.96	19.86	0.90	17.15	19.94
加拿大	2003	14.73	2.67	4.66	8.93	1.56	2.03	18.28	2.46	13.99	30.69
澳大利亚	2003	11.19	4.83	4.79	12.46	1.38	2.32	17.21	0.90	2.47	14.83
奥地利	2002	15.02	1.71	2.77	10.08	0.66	1.60	13.01	2.04	10.98	42.14
比利时	2002	19.67	2.46	3.13	9.16	1.47	0.67	13.18	2.04	10.98	42.14
德国	2003	13.02	2.41	3.28	7.97	1.13	2.39	13.34	1.42	8.45	46.58
意大利	2000	20.60	2.57	4.40	5.67	1.67	1.71	12.70	2.01	10.52	38.15
卢森堡	2003	10.78	0.72	2.44	11.17	2.77	1.72	11.72	4.33	11.85	42.45
荷兰	2003	18.02	3.24	3.51	9.99	1.56	3.08	9.67	2.21	10.63	38.08
丹麦	2002	14.36	2.86	1.87	6.90	—	1.69	10.22	3.17	15.34	43.61
冰岛	2003	16.06	—	4.20	14.85	—	2.46	19.86	6.51	15.75	43.61

续表

国家	年份	一般公共服务	国防	公共秩序安全	经济建设事务	环境保护	住房交通补助	健康卫生	娱乐文化宗教	教育	社会保障
挪威	2003	9.79	3.99	2.38	9.06	1.67	1.02	17.18	2.40	13.57	48.95
瑞典	2002	14.98	3.64	2.52	8.31	0.59	1.58	12.15	1.91	12.93	41.38
英国	2001	6.26	6.89	5.21	7.86	1.32	1.86	16.99	1.31	12.55	39.75
平均		14.12	3.77	3.64	9.47		1.86	14.67	2.40	11.94	38.02
中国	2004				24.0						24.0

注：本表数据依据国际货币基金组织（IMF）《政府财政统计（2004）》计算得来；中国2004年GDP是未调整的数据，财政支出是“大口径财政支出”（财政+社保）。在国家28486.9亿元的支出中，“经济建设费”支出7933.3亿元，占总支出的27.85%。注意：我国的财政总支出中不包括社会保险支出。2004年社会养老保险支出4627.3亿元，如果加在财政总支出内，“大口径财政支出”为33114亿元，“经济建设费”的7933.3亿元支出就占总支出的24.0%。离退休社会保障（统筹和预算内合计）支出4814.9亿元，加上失业、工伤、生育保险共263.1亿元，再加上现职人员的医疗保险支出大约500亿元，“社会保障”共计约7946亿元，占“大口径财政支出”的24.0%。

经济建设支出中基本建设的比重很高。2004年基本建设支出额为3437.5亿元，占经济建设支出的43.3%。虽然当时并不在扩张性财政政策时期，但是基本建设支出仍然很大，体现了我国的“发展阶段支出特征”。由于建设投入需要量很大，而社会事务支出需求也很大，因此财政必须发债。这个债就体现为建设债（我国不允许就经常性项目资金发行国债）。

4. 新旧负担并存的支出特征。

转型期是从“旧”走向“新”的过渡期，对财政来说，旧负担未减，新负担激增。比如上述的经济建设支出就是新旧并存的支出。

中国的农村问题就是“旧”向“新”转型时出现的特殊问

题，也是财政的特殊责任。发达国家对农民有很高的财政补贴，但是无论如何，发达国家里农民只占总人口的很小比例（美国为2%），所需要的补贴也只占财政支出的较小比例。而中国农民占总人口约50%，对他们的补助增加一点，就会占财政支出的较大比例。商品市场经济使低效率的小农经济开始分化，数量巨大的农村剩余劳动力开始出现，所以此后相当一段时期，财政“三农”支出所占的比例将不断上升。

在我国经济转型期间，城市失业人口、贫困人口不会缓慢地增加，而是较大数量地涌现出来，社会保障性支出的增速也因此比完成转型的国家高很多。社会保障支出在发达国家财政支出中的比重很高，平均高达到38.0%，如果加上医疗、住房和交通补助等，比重达到54.6%。我国这个支出较低，2004年只有24.0%，但是，在之后的十几年里，我国的社会保障支出将不断大幅度地提高。

四、我国税收收入的结构性缺陷

经过不断的税制改革，我国的税收制度已经与国际接轨，形成流转税、所得税、财产税等税种以及社保（统筹）收费，就好像有了四个“支柱”。但分析我国税收的收入结构就可以看出，它是以流转税为主的税收，其他“支柱”没有真正立起来，财政收入筹集能力存在结构性的缺陷。

1. 所得税特别是个人所得税占的比重很低。

从国际货币基金组织（IMF）出版的《政府财政统计(2004)》数据看，发达国家财政收入中，所得税收入占GDP的比重平均为14.27%，而我国的只占GDP（未调整）的4.16%（见表1-3)。特别是个人所得税，大部分发达国家的个人所得税收入要占到总税收的1/3左右（GDP的12%左右），但是我国的只占财政收入的1/25（GDP的1.27%）。西方发达国家的个人所得税占税收收入的比重很高而我们的很低，原因在于经济发展程度的差别，在于我国的富裕程度低，说白了就是相对贫穷。我国大部分劳动者的工资收入水平低，基尼系数高，可缴纳税收的空间小。

表 1－3　　2004 年前后发达国家财政收入占 GDP 的比重　　单位：%

国　家	年份	税收类							非税收类		
		所得税	工薪税	财产税	流转税	外贸税	其他税	税收类合计	社保费	赠、拨款	其他
美国	2003	11.03	—	3.08	4.43	0.19	—	18.74	7.03	—	5.99
加拿大	2003	15.47	0.71	3.51	8.54	0.24	0.12	28.59	5.74	—	6.43
澳大利亚	2003	16.86	1.66	2.74	8.52	0.72	—	30.49	—	—	6.31
奥地利	2002	13.41	2.17	0.55	12.58	—	0.02	28.72	16.57	0.26	5.20
比利时	2002	6.93	0.01	2.87	11.14	—	0.13	31.08	16.74	0.01	2.61
芬兰	2003	17.37	—	1.05	13.93	—	0.03	32.38	12.12	0.22	8.14
法国	2003	10.27	1.08	4.34	11.11	0.01	0.01	26.83	18.45	0.19	4.89
德国	2003	11.40	—	0.79	10.53	—	—	22.81	18.57	0.21	3.24
意大利	2000	14.20	—	0.91	12.79	—	1.92	29.82	12.72	0.08	3.47
卢森堡	2003	15.05	—	1.59	12.97	—	0.05	29.67	12.9	0.02	4.05
荷兰	2003	9.83	0.09	1.79	12.31	0.24	—	24.27	15.52	0.09	5.79
葡萄牙	2001	9.54	—	0.51	13.26	—	0.76	24.07	11.92	0.49	5.27
西班牙	2002	10.33	—	2.49	9.69	—	—	22.51	13.35	1.03	3.01
丹麦	2002	29.17	0.21	1.82	15.86	—	0.01	47.07	2.73	0.51	9.33
冰岛	2003	16.57	—	3.31	14.56	0.32	0.23	34.99	3.07	—	6.77
挪威	2003	20.09	—	0.51	13.18	0.12	0.05	33.95	9.93	—	13.41
瑞典	2002	17.77	2.86	1.42	12.98	—	0.14	35.17	15.42	0.05	7.37
瑞士	2001	12.67	—	2.71	6.71	0.24	—	22.33	7.66	0.41	7.14

续表

国　家	年份	税收类							非税收类		
		所得税	工薪税	财产税	流转税	外贸税	其他税	税收类合计	社保费	赠、拨款	其他
英国	2003	13.25	—	1.79	13.33	—	0.42	28.79	7.79	0.35	3.17
平均		14.27		1.94	11.46			29.07	11.57		
中国	2004	4.16	0	0	10.95	0.76	1.00	19.28	4.23		3.34

注：2004年中国财政的所得税收入为GDP的4.16%。其中，个人所得税收入为GDP的1.27%。本表数据依据IMF《政府财政统计（2004）》计算得来。中国2004年GDP为136584亿元，是未调整的数据。2004年社会保险收入5780亿元（未记入财政收入），占GDP的4.23%；预算外资金收入为4567亿元，占GDP的3.34%。这样看来，全部税收加社会保险统筹、加预算外，财政大口径收入占GDP的比重为26.85%。“大口径财政收入”占GDP的比重，美国是31.76%；德国是44.62%；法国是50.17%；瑞典是57.96%。

2. 财产税基本没有收入。

从IMF出版的《政府财政统计（2004）》数据看，发达国家财政收入中，财产税占GDP的比重平均为2%左右（表1－3）。经过十几年的经济高速发展，我国居民的可支配收入增长速度仍然低于GDP的增长速度。中国老百姓积累的私人财富还是太少，住宅资产化的价格虽然高昂，但由于各种原因，财产税政策的出台之前，房产无法形成财政收入。

3. 社会保障统筹的规模和范围都不能满足需求。

我国社会保障统筹的“费率”或“税率”已经很高，达平均工资的35%以上，但是统筹尚未形成全面覆盖，又因为职工平均工资水平低，相对于高速增长的社保支出需求，筹集到的资金明显不足。而且，退休金的发放水平与在职人员工资联动，且发放水平在一些地区还较高，地区间很不平衡，形成中国的“养老金困局”。

4. 流转税制度也需要调整，调整肯定会相应地减少财政收入。

近几年，以营业税改征增值税为代表的流转税改革取得了初步成效，使税制更加合理，在一定程度上减轻了企业的负担，对调整产业结构起到了积极的作用。但是，这也在一定程度上减少了财政收入。

5. 税收总量占 GDP 的比重相对低。

2004 年中国各项税收总额为 26396 亿元，GDP 为 136584 亿元（未调整），税收占 GDP 的比重为 19.28%。从 IMF 的《政府财政统计（2004）》数据看，发达国家财政收入占 GDP 的比重平均为 29.07%（这个统计中没有包括社会保障统筹和其他收入），高出我国 1/3。在大部分东欧国家，这个比重为 20% 左右。

如果按照“大口径”计算财政收入，应当包括社会保险统筹和预算外资金。我国 2004 年社会保险收入 5780 亿元（这个统计中未记入财政收入），占 GDP 的 4.23%。预算外资金收入为 4567 亿元，占 GDP 的 3.34%。此两项加上全部税收，“大口径财政收入”占 GDP 的比重为 26.85%，略低于美国的 31.76%；大大低于欧洲国家中德国的 44.62%、法国的 50.17% 和瑞典的 57.96%。及至现在，这一情况有所好转，但发达国家的劳动生产率高，食品衣着以外的纯剩余比率也就高，宏观税率就可以高。在发展中国家，由于劳动生产率低，国民生产总产值中用于生活消费的比重高，纯剩余比重低，因此税收可调剂的余地小，税收占 GDP 的比重就小，宏观税率就低。中国的财政收入以大口径计算，2004 年已经占到 GDP 的 27% 左右，其实不低。之后的十年里，即使统计口径发生了变化，这一比例也一直处在不低的水平，而且财政收入的增长速度明显高于 GDP 的增长速度。

五、结论：我国的结构性赤字还将持续

1. 收入结构“幼稚”，支出结构“早熟”、“沉重”。

到2006年，在发达国家财政收入的四大支柱（包括社会保障统筹）中，我国仍处于“缺少一个，两个不足”的事实。由此可以看出，我国财政的收入结构是“幼稚”的。但是，我国财政支出结构却有如下特征：

第一，“早熟”。比如城市中有部分过高的公共服务和福利，比如豪华的办公、教学设施，高级的医疗器械和医疗支出，部分城市有高比率的退休金支付等。这些已经与西方发达国家看齐了。它们都需要财政资金支持。

第二，“补欠账”。比如离退休人员的退休金支付，不仅没有原始资金积累，即使靠“现收现付”仍然不足，还要财政拨款。

第三，“成长的痛苦”。比如基础设施建设、下岗人群安置、农村进城人口安置等都需要资金投入。财政有难以承受之痛。

在这个社会、经济、财政转型的时期，在中国社会主义市场经济的改革、发展和稳定的特定任务下，特定的支出结构和收入结构性共同导致了现在的赤字。这些是结构性的赤字。

2. 中国财政也有管理上的不足。

在财政支出方面，我国行政管理费增加过快，预算外资金使用未能全部管起来等财政管理模式的不足，致使财政支出基数难以调整，对支出增长趋势的抑制缺少制度性“规范”和“力量”，存在着中央与地方的“博弈”。在收入方面，土地收入过高、事业单位收费混乱、地方暗中减免税等问题也大量存在，解决它们需要一定的时间和环境。但是，结构性问题是形成结构性赤字的主要成因。

3. 结构性赤字将延续一段时间。

上述支出与收入的矛盾如果继续存在，结构性赤字也将继续存在，而且会延续很多年。结构性赤字的减少或结束有两个条件：第一，从支出的角度看，就是转型阶段社会经济矛盾得到缓和，成功度过了改革成本支付的高潮期，则一般财政支出靠正常收入可以维持。第二，财政收入结构的健全，包括个人所得税制度及收入大幅度地提高，开征财产税并取得一定规模的收入，社会保障统筹收入有较大增长等。

思考题

1. 什么是周期性赤字和结构性赤字？

2. 2005 年前后，中国财政为什么会出现结构性赤字？

3. 为什么会出现“保存量”和“调增量”的支出安排？

4. 中国财政支出在哪些方面“早熟”、税收结构在哪些方面“幼稚”？

5. 2009 年（“四万亿”投资计划）以后出现的赤字是结构性的还是周期性的？

补充材料

附表 1-1　2001~2014 年我国财政收入、支出、债务、GDP 增长的情况

年份	财政收入（亿元）	财政支出（亿元）	当年新增债务（亿元）	财政收入中的新债占比（%）	GDP 增长速度（%）
2001	16386	18903	2517	15.4	8.1

续表

年份	财政收入（亿元）	财政支出（亿元）	当年新增债务（亿元）	财政收入中的新债占比（%）	GDP 增长速度（%）
2002	18904	22053	3150	16.7	9.5
2003	21715	24650	2935	13.5	10.5
2004	26396	28487	2091	7.9	10.5
2005	31649	33930	2281	7.2	10.8
2006	38760	40423	1663	4.3	13.3
2007	51322	49781	-1541	-3.0	14.6
2008	61330	62593	1263	2.1	10.1
2009	68518	76300	7782	11.4	8.3
2010	83101	89874	6774	8.2	10.2
2011	103874	109248	5374	5.2	8.7
2012	117254	125953	8699	7.4	8.4
2013	129143	139744	10601	8.2	7.4
2014	140350	151662	9500	6.8	7.4

资料来源：根据《中国统计年鉴（2014）》计算；2014 年数据来自财政部数据库（其中：计算出来的新增债务数与前面统计的有所不同；统计和计算中的新增债务中不包括地方融资平台的债务）。

附表 1-2　　发达国家财政各项支出占总支出的比重　　单位：%

国家	年份	一般公共服务	国防	公共秩序安全	经济建设事务	环境保护	住房交通补助	健康卫生	娱乐文化宗教	教育	社会保障
加拿大	2012	14.73	2.67	4.66	8.93	1.56	2.03	18.28	2.46	13.99	30.69
澳大利亚	2013	11.19	4.83	4.79	12.46	1.38	2.32	17.21	0.9	2.47	14.83
奥地利	2012	13	1.3	2.9	11.3	1	1.2	15.3	1.9	10.8	41.3

续表

国　家	年份	一般公共服务	国防	公共秩序安全	经济建设事务	环境保护	住房交通补助	健康卫生	娱乐文化宗教	教育	社会保障
比利时	2012	12.7	4.3	4.7	12.4	2.3	2.1	18.8	2.3	14.4	25.8
芬兰	2012	13.55	2.95	2.78	8.85	0.46	0.83	14.94	2.29	11.59	45.24
法国	2012	10.49	3.36	3.16	6.55	1.94	3.42	14.65	2.56	10.86	43.20
德国	2012	13.65	2.37	3.50	7.65	1.30	1.02	15.68	1.74	9.69	43.29
意大利	2012	16.73	2.54	3.58	6.23	1.64	1.20	13.49	1.35	7.64	38.59
卢森堡	2012	13.72	0.87	2.20	8.13	1.08	1.45	1.35	2.72	10.69	30.57
荷兰	2012	15.1	2.5	1.9	6.2	0.7	0.6	14.5	2.8	13.3	23.5
丹麦	2012	19.2	0.2	3.1	10.4	1.3	2.4	16.3	6.9	15.34	43.61
冰岛	2012	16.06	—	4.2	14.85	—	2.46	19.86	6.51	15.75	43.61
挪威	2012	9	3.2	2.2	9.8	1.6	1.5	16.8	2.9	12.6	40.4
瑞典	2012	13.9	2.8	2.8	8.5	0.7	1.4	13.7	2.1	13.1	41.2
瑞士	2011	13.6	2.5	5	12.4	2.5	0.6	6.1	2.6	15.8	38.8
英国	2012	12.00	4.9	5	5.8	1.9	1.7	16.6	2.1	12.6	37.5
平均		13.66	2.75	3.53	9.40	1.42	1.64	14.60	2.76	11.91	36.38
中国	2012	9.75	4.53	4.73	29.13	1.98	6.55	3.28	1.57	12.79	23.50

数据来源：根据 IMF《政府财政统计（2013）》计算所得。中国数据依然是大口径财政支出（财政 + 社保）。

附表 1－3 发达国家财政收入占 GDP 的比重（更新数据） 单位：%

国家	年份	税收类							非税收类		
		所得税	工薪税	财产税	流转税	外贸税	其他税	税收类合计	社保费	赠拨款	其他
美国	2013	12.1	—	2.8	4.1	0.2	—	19.3	6.6	—	4.9
加拿大	2013	14.4	0.6	3.2	6.9	0.2	0.4	25.8	4.7	0.2	7.0
澳大利亚	2012	15.5	1.3	2.3	6.7	0.5	—	26.3	—	—	6.5
奥地利	2012	12.8	—	3.4	11.0	—	0.0	30.3	17.1	—	—
比利时	2012	15.8	0.01	2.87	11.14	—	0.13	31.08	16.74	0.01	2.61
芬兰	2012	15.2	—	1.2	14.3	—	—	30.8	13.3	0.3	10.2
法国	2012	10.8	1.5	4.7	11.0	0.0	-0.2	27.7	19.1	—	—
德国	2012	11.6	—	0.9	10.8	—	—	23.3	16.8	0.2	4.4
意大利	2012	14.6	—	1.6	12.4	—	1.5	30.2	13.8	0.3	3.4
卢森堡	2012	13.9	—	1.5	12.3	—	—	27.6	12.5	0.1	3.4
荷兰	2012	9.8	0.0	1.0	11.7	—	—	22.6	16.6	0.0	7.2
葡萄牙	2012	8.7	—	1.1	12.5	—	0.7	23.1	11.6	1.3	5.0
西班牙	2012	9.9	—	2.2	9.0	—	—	21.1	13.0	0.6	2.5
丹麦	2012	27.5	0.6	4.4	14.4	—	0.1	47.1	1.9	—	—
冰岛	2012	16.7	0.3	2.5	12.5	0.5	0.5	32.9	3.8	0.2	6.6
挪威	2012	20.3	—	1.1	11.0	0.1	0.0	32.6	9.6	—	14.7
瑞典	2012	18.2	5.0	1.0	12.7	—	—	37.0	7.7	1.1	6.7
瑞士	2011	13.2	—	2.0	5.3	1.0	—	21.6	7.0	0	4.9
英国	2012	12.5	—	4.2	11.9	—	—	28.6	8.4	0.2	4.8
平均		14.4	1.2	2.31	10.61	0.36	0.35	28.37	11.12	0.35	5.9

续表

国家	年份	税收类							非税收类		
		所得税	工薪税	财产税	流转税	外贸税	其他税	税收类合计	社保费	赠拨款	其他
中国	2014	22.8（个税5.26）	0	0	19.01	4.21	8.99	55.03	27.9	—	3.34

资料来源：以上数据依据IMF《政府财政统计（2013）》计算得来。2014年中国GDP为636463亿元，是未调整的数据。2004年社会保险收入39186亿元（未记入财政收入），占GDP的6.16%。这样看来，全部税收加社会保险统筹等，中国大口径财政收入占GDP的比重为28.2%。"大口径财政收入"占GDP比重，美国是30.8%；德国是44.7%；法国是46.8%；瑞典是52.5%。

第二节

结构性赤字的合理度①

赤字合理的原因与赤字的起因是密切相关的。

结构性问题带来了结构性的赤字。就是说，由于社会和经济有结构性的问题，靠常规财政收入无法解决，才不得不举债，出现了结构性赤字。因此，判断结构性赤字合理与否，要看社会和经济中结构性问题需要解决的迫切程度。从上节的论述中可以看到，社会、经济、财政转型的矛盾，决定了这个时期必然出现赤字。这个必然性我们不再论述。

本节，我们主要从宏观经济均衡的角度来论证结构性赤字的合理性和合理度。

① 本章主要内容曾经刊载在财政部财政科学研究所《科研内报》2006年第3期。

一、缓解“存差”矛盾，带来“填补效应”

1. “存差”——总供给持续大于消费和投资的结果。

“存差”就是商业银行总存款大于总贷款，相反的叫做“贷差”。

按照宏观经济总量平衡的规律，不考虑进出口，总供给 P 应当等于消费 C 和储蓄 S 之和，即 P = C + S。由于储蓄 S 必须等于投资 I，就有了 P = C + I，等式成立，意味着总供给与总需求是一致的。这时，国民经济没有出现“过剩产品”，就是说没有过多库存或浪费。

S = I，这是宏观经济均衡必要的条件，就是人们消费以后的剩余储蓄存入银行后，这个储蓄又必须通过贷款变为实业投资，即生产性投资。这个投资与人们的消费之和正好等于社会总产量。

可是在中国，一直存在着储蓄大于贷款、储蓄与投资不相等的特殊现象。到 2005 年 11 月，这个差额已经达到 9 万亿人民币（见表 1 - 4）几乎相当于 2005 年财政收入的 3 倍。2004 ~ 2005 年新增 3 万多亿元，超过当年财政收入。存差占存款总量的比重也逐年上升，2004 年已经有 26%，2005 年达到 32%。

存差带来如下危害：库存增加，因为总产品中有 1/4 ~ 1/3 的没有销售出去，就成为超过正常库存的过量库存；企业效益下降，因为库存占用了流动资金，增加了管理成本；银行收回资金困难，坏账增加；银行有较大的存款贷不出去，负担存款利息，银行面临收益减少或者亏损；人民生活水平和福利降低，因为银行存款对应的是社会产品，如果这些产品被积压和报废，最终这些存款就没有实物对应，货币实际上在贬值。

表 1－4　　银行总存款、总贷款、存贷差　　单位：亿元

年份	各项存款	各项贷款	存大于贷	存差/存款（%）
2002	170917.4	131293.9	39623.5	23.2
2003	208055.6	158996.2	49059.4	23.6
2004	241424.3	178197.8	63226.5	26.2
2005	287169.5	194690.4	92479.1	32.2
2006	335459.8	225347.2	110112.6	32.8
2007	389371	262691	126680	32.5
2008	466203	303395	162808	34.9
2009	597741	399685	198056	33.1
2010	718238	479196	239042	33.3
2011	809368	547947	261421	32.3
2012	942102	672875	269227	28.6
2013	1070588	766327	304261	28.4
2014	1173736	867868	305867	26.1

注：①2006 年前的材料依据 2004～2013 年的《中国统计年鉴》，以及搜狐网 2006 年 1 月 2 日有关信息制作。

②原报告数据只到 2005 年，此后的数是配合本书出版加上去的，以供读者对比参考，后同。

用货币政策和其他政策手段，消解存差就可以使多余的资金得到利用，就会减少库存，增加企业效益，促进国民经济增长；减少存差就是要增加消费和投资。

2. “存差”消解的难度很大。

增加消费是减少存款从而降低存差的根本途径。但是由于东方社会的文化传统，特别是经济转型以后，人们对未来养老、医疗、教育和不测事件的担忧，自觉地在现在消费和未

来生活保障之间进行了安排，增加了储蓄。从表 1－5 可以看到，居民消费节余的货币绝对量越来越多，占总收入的比例也越来越高。

表 1－5　城镇居民收入、消费和节余　单位：元

年份	人均收入	人均消费支出	人均节余	节余/收入
1990	1516.2	1278.9	237.3	17.7%
1995	4279.0	3537.6	741.4	17.3%
2000	6295.9	4998.0	1297.9	20.6%
2003	9061.2	6520.9	2540.8	28.0%
2004	10128.5	7182.1	2946.4	29.1%
2010	19109	13471	5638	29.5%
2011	21810	15161	6649	30.5%
2012	24565	16674	7891	32.1%
2013	18311	13220	5091	27.8%
2014	20167	14491	5676	28.14%

注：本表依据 2004～2014 年的《中国统计年鉴》有关信息制作。

在投资渠道不畅、投资项目有限的情况下，人们的消费节余不能直接投资到企业债券，难以放心地投资到稳定收益的股票上去，大多只能进入银行储蓄。1989 年、1997 年、2003 年、2004 年，全国人均储蓄分别为 461 元、3744 元、8018 元、9197 元，增加很快。

由于历年积累，全国总储蓄在逐年上升。2002 年时总储蓄额仅为 17.1 万亿元。到 2004 年时就达到 24.1 万亿元。而 2004 年的 GDP 才有 13.7 万亿元，存款余额是 GDP 的 1.7 倍。存差占 GDP 的比重也在逐年增加，2002～2004 年分别为 32.9%、36.1%、39.5%（见表 1－6）。

鼓励人们消费，主要可以采取以下措施：消费信贷，推广借贷式信用卡等，我们正在采取这些措施。更主要的是健全社会保障制度，特别是养老、医疗、教育等制度，但是建立和健全这些制度需要时间。

表 1－6 GDP、存款余额、存差及其比重 单位：亿元

年份	GDP	存款余额	存款/GDP（%）	存差/GDP（%）
2002	120332.7	170917.4	142.0	32.9
2003	135822.8	208055.6	153.2	36.1
2004	159878.3	241424.3	151.0	39.5
2005	184937.4	287169.5	155.3	50.0
2007	265810.3	389371	146.5	47.7
2008	314045.4	466203	148.5	51.8
2009	340902.8	597741	175.3	58.1
2010	401512.8	718238	178.9	59.5
2011	472881.6	809368	171.2	55.3
2012	519470	942102	181.4	51.8
2013	568845	1070588	188.2	53.5
2014	636463	1173736	184.42	48.06

注：本表依据 2002～2012 各年《中国统计年鉴》、中国人民银行网站《统计数据》有关信息制作。2013 年 GDP 数据来自新华社网站。

3. 政府背景的“公用企业收益债”是吸纳储蓄的途径之一。

股票投资是吸纳储蓄的第一个渠道。如果人们预期今后股市繁荣，就能用更多的钱去买股票，从效益好的股票中得到收益。但是人们看到了中国股市上的过度投机，大部分老百姓的资金躲在股市之外，股市规范化改革还有一段路要走。另外，股市也不

能容纳如此大量的资金。

一般企业的债券是第二个吸纳的渠道。我国企业债市场不活跃，主要是企业的管理不规范，投资者的收益、本金的偿还和最终可能的赔付不能得到保障，人们的投资热情不高；企业本身宁愿释股（企业领导人不是真股东，释股不心疼），也不愿意承担债务。鼓励私有企业、股份制企业发行自己的债券，可以吸纳多余存款，但是这也需要一段时间。

第三个途径是政府发行公用企业收益债（Revenue Bond），这是有现金流的公用工程债。这种债在国外很普遍，在债券市场上出售，用工程未来的收费收入偿还。在中国，中央和地方政府可以将有政府背景的公共服务企业推向市场，依靠自己的市场信誉发行的债券，依靠企业自身收益偿还。

用这种债可以吸纳多余的存款，可以用以举办公共工程，但是必须用它的收益偿还债务利息，因此，举债者和购买债券的人都要谨慎。收益债是在债券市场上公募发行的，投资人会充分估计它的风险，债息也较高。这种债可以作为中国未来解决银行存差过大、建设资金紧缺的方法之一。

4. 结构性赤字债也可以吸纳储蓄。

用国家信誉发行、依靠税收偿还的国债是“普遍义务债”（General Obligation Bond）或者称“一般国债”。在我国，由财政部发行的国债就是这种债，用将来的税收收入偿还。结构性赤字债的主要目的在于解决转型期间的社会、经济和财政问题，但是也起到了削减存款过多、贷款不足的问题。

5. 小结：“双重的合理性”和“填补效应”。

“双重合理性”指的是，结构性赤字债既解决结构性问题，又解决了宏观经济总体不平衡问题。第一，因为社会消费不足，结构性赤字将一部分存差资金吸引过来，用于社会转型过程中的社会消费，既解决社会问题，也解决宏观总量不平衡问题，因此它就有了两种效果。第二，国债用于国家经济建设投资也有双重作用，使国家建设项目得到资金，解决了基础建设资金不足这种结构性问题，也缓解了存差这样的宏观不均衡的问题，也是两种效果。

赤字和债务会带来所谓的“挤出效应”，就是说发行国债挤占了民间可以用于投资或消费的资金，有负效应。西方国家要在国债带来的正效应，与“挤出效应”之间权衡，为了解决社会问题而发债，往往不得不接受“挤出效应”。在中国不会产生“挤出效应”，相反，却产生了“填补效应”，使剩余资金得到利用。

二、结构性赤字债有利于缓解长期就业不足问题

1. 我国城镇就业问题持续“严峻”。

我国城镇就业问题比统计表上的严重。统计表上的数据是“登记失业率”，2000～2004年分别是3.1%、3.6%、4.0%、4.3%、4.2%。就是说，没有登记的不计算在内。根据城镇人口中60%是“劳动年龄人口”（20～59岁）计算，我国城镇每年有1200万左右新增劳动年龄人口，而统计中实际新增就业人口只有600万～800万人，1/4～1/3的新增劳动年龄人口没有就业，也就是说，新增劳动年龄人口中未就业率或者广义的失业率达到20%～30%。总劳动年龄人口中，未就业的比例在增加，2004年接近19%（见表1－7）。

表 1－7　城镇人口、劳动年龄人口、就业人口、就业率

年　　份	2000	2001	2002	2003	2004
1. 城镇人口（万人）	45906	48064	50212	52376	54283
2. 城镇劳动年龄人口（20～59 岁，万人）	27544	28838	30127	31426	32570
3. 城镇当年新增劳动年龄人口（万人）		1294	1289	1299	1144
以上：依照统计城镇人口，依 60% 的比率计算出劳动年龄人口、新增劳动年龄人口。 以下：依据城镇就业人口统计数据，计算出新增实际就业。					
4. 城镇实际就业人口（万人）	23151	23840	24780	25639	26476
5. 实际新增就业人口（万人）		689	940	859	837
6. 未就业的劳动年龄人口（3～5，万人）		605	349	440	307
7. 新增劳动年龄人口就业率（5/2,%）		55.2	72.9	66.1	73.1
8. 劳动年龄人口就业率（4/2,%）	84.1	82.7	82.3	81.6	81.3
年　　份	2010	2011	2012	2013	2014
1. 城镇人口（万人）	66978	69079	71182	73111	74916
2. 城镇劳动年龄人口（20～59 岁，万人）	40186.8	41447.4	42709.2	43866.6	44949.6
3. 城镇当年新增劳动年龄人口（万人）		1260.6	1261.8	1157.4	1083
以上：依照统计城镇人口，依 60% 的比率计算出劳动年龄人口、新增劳动年龄人口。 以下：依据城镇就业人口统计数据，计算出新增实际就业。					
4. 城镇实际就业人口（万人）	23151	23840	24780	25639	39310
5. 实际新增就业人口（万人）		689	940	859	1322
6. 未就业的劳动年龄人口（3～5，万人）		571.60	321.80	298.40	－239
7. 新增劳动年龄人口就业率（5/2,%）		1.66	2.20	1.96	2.94
8. 劳动年龄人口就业率（4/2,%）	57.61	57.52	58.02	58.45	87.45

注：依据 2004 年样本调查，中国人口在 20～59 岁的占到总人口 59.6%（2005 年见《中国统计年鉴》，人口分册），按照 60% 计算，就有了本表上半部分第 2 行的劳动年龄人口。根据《2014 年中国统计年鉴》计算，中国 20～59 岁人口占到总人口为 63.5%，按照 54.77% 计算，得到下半部分第 2 行的劳动年龄人口。

劳动力未就业的原因很多，有结构性的问题，比如技工人员

短缺；有行业垄断的问题，如存在着部门之间就业壁垒；有市场分割的问题，比如农村与城市户籍问题等。但根本问题是总人口多，资源少，生产率低。这样就会出现如下问题：资本等资源少，资源配置可以形成的劳动机会少；生产率水平低，主要吸纳劳动人口的第三产业不能大发展。

2. 我国农村劳动力处于半就业状态。

这个问题很明显。凡是没有走出农村的劳动力都是“第一产业”或农业就业的劳动力。但是这些人实际上不是处于真实就业状态，是隐蔽失业。因为他们在农村只有很少的时间在那小块土地上劳动，其他时间处于强迫休闲状态。

关于农村隐性失业，不同的人有不同的估算。有人说一半的农村劳动力是隐性失业，有人认为更多。我这里以工业中劳动力人均产值为标准（称之为“真实就业者产值”），去除第一产业总产值，得到理论上“经济就业”人数（见表1－8）。它远远低于第一产业现有的就业人数。从市场均衡的角度看，农村有数亿富余劳动力，可以称之为“经济学富余劳动力”。从理论上说，如果在农村，由市场化的、使用现代化机械的、完全就业的人进行农业生产，农业只能容纳5千万左右的劳动力，另外则有3亿的失业劳动力。

表1－8　　中国富余劳动力问题将长期存在的计算　　单位：万元，万人

年　　份	2000	2001	2002	2003	2004
1. 乡村总人口	80837	79563	78241	76851	75705
2. 占总人口的比重（%）	63.8	62.3	60.9	59.5	58.2
3. 乡村就业人数	48934	49085	48960	48793	48724
4. 一产就业人数	36043	36513	36870	36546	35269
5. 一产产值（亿元）	14628.2	15411.8	16117.3	16928.1	20768.1
6. 一产就业者人均产值	0.41	0.42	0.44	0.46	0.59

续表

年　份	2000	2001	2002	2003	2004
7. 二产就业者人均产值	2.77	2.99	3.36	3.81	4.28
8. 按照二产人均产值计算一产应当有的就业人数（5/7）	5281	5154	4797	4443	4852
9. 农村“经济学富余劳动力”（4－8）	30762	31359	31873	32103	30417
年　份	2010	2011	2012	2013	2014
1. 乡村总人口	67113	65656	64222	62961	61866
2. 占总人口的比重 %	50.5	48.73	47.43	46.27	45.23
3. 乡村就业人数	41418	40506	39602	38737	48724
4. 一产就业人数	27931	26594	25773	24171	35269
5. 一产产值（亿元）	40533.6	47486.2	52373.6	56957	58332
6. 一产就业者人均产值	1.45	1.79	2.03	2.36	1.65
7. 二产就业者人均产值	8.58	9.78	10.12	10.78	6.90
8. 按照二产人均产值计算一产应当有的就业人数（5/7）	4724.73	4856.93	5176.07	5285.45	8449.15
9. 农村“经济学富余劳动力”（4－8）	23206.27	21737.07	20596.93	18885.55	26819.85

注：本表按照历年《中国统计年鉴》有关数据计算。

之所以说是“经济学的富余劳动力”，是说人们现在被限制在小块土地上，用传统锄头耕作，似乎有工作，其实收入很低，没有效率和效益。这些不经济的工作岗位必然会消失或被替代，在未来的若干年内，这些劳动力会逐渐地被新的、有效益的生产组织形式“挤出来”，造成失业人口。

按照资本和市场经济原则，同要素产出值应当在竞争中趋同。将第二产业劳动力人均产值（2004 年为 4.28 万元）作为“真实就业者产值”，现有第一产业的产值（2004 年为 20768.1 亿元）实际上能容纳4852万人“真实就业”，而富余的人是“经济学富余劳动力”（2004年为30417万人）。

3. 小结：缓解就业压力的“准结构性赤字”。

增加就业是财政政策主要目的之一。就业率的高低是西方国家宏观经济管理的重要指标，也是政府政策的主要方向，在就业率过低时，政府就运用财政扩张性政策。增加财政支出的目的不在于经济增长速度，而主要目的是增加就业，尽量使失业率保持在低水平。

2002年，《中共中央、国务院关于进一步做好下岗失业人员再就业工作的通知》中明确指出，“当前和今后一个较长时期内，我国就业形势仍十分严峻。我国就业面临的主要矛盾，是劳动者充分就业的需求与劳动力总量过大，素质不相适应之间的矛盾。当前，主要表现在劳动力供求总量矛盾和结构性矛盾同时并存，城镇就业压力加大和农村富余劳动力向非农领域转移速度加快同时出现，新成长劳动力就业和失业人员再就业问题相互交织”。之后中央政府反复强调加强就业的重要性，这对稳定社会、促进经济发展、提高人民生活水平有着重要的意义。

在解决转型期间的社会经济问题时，我国财政出现了收支差额，这是结构性赤字。但是这个赤字不完全是“结构性”的，因为它同时对解决失业问题有效果，因此具有周期性赤字的某些特征，是“准结构性赤字”。

三、结构性赤字对通货稳定、经济增长有利

1. 经济增长、通货稳定、充分就业很难兼顾。

经济快速增长会带来就业增加，就业增加是西方国家宏观调控的目标。但是经济快速增长往往导致通货膨胀。因此三个目标

之间有矛盾，很难兼顾，人们必须在三个目标之间进行权衡、取舍以求得平衡，特别是平衡就业与通货膨胀之间的关系，既要就业率高，又要通胀率低。

2. 实现了低通胀增长，结构性赤字就是合理的。

我国财政长期列有赤字，但是宏观经济运行是平稳的。从经济增长方面看，国民经济在快速增长，每年增加在7% ~10%之间；从物价上看，居民消费品的物价水平在部分年份里降低，在部分年份里增长，但是在可控的范围内。生产原料、燃料、动力价格在上涨，也出现过物价快速上涨的情况，特别是住宅和艺术投资品，但物价在总体上是可控的（见表1 -9）。

表1 -9　　GDP增长和物价指数（以上年为100）

年份	GDP增长	居民消费品	商品零售	工业品出厂	原料、燃料、动力	固定资产投资品
2001	107.2	100.7	99.2	98.7	99.8	100.5
2002	108.9	99.2	98.7	97.8	97.7	100.2
2003	110.2	101.2	99.9	102.3	104.8	102.2
2004	109.9	103.9	102.8	106.1	111.4	105.6
2010		103.3	103.1	105.5	109.6	103.6
2011	107.2	105.4	104.9	106.0	109.1	106.6
2012	108.9	102.6	102.0	98.3	98.2	101.1
2013	107.4	102.6	101.4	98.1	98.0	100.3
2014	107.4	102.0	103.1	102.2	98.1	100.5

数据来源：历年《中国统计年鉴》。

未来几年的经济增长和物价将如何变动？结构性赤字会对经济增长和物价有什么影响？2006年以后，我国经济仍然保持了较高水平上的增长，储蓄继续保持稳定，物价也没有太大的上升。2006年的结构性财政赤字对经济增长有利，对物价的下降发挥了支撑作用，至少没有带来严重通货膨胀，因此是合理的。

“新常态”下经济增长速度有所下降，但即保持7%的增长速度，在庞大的经济体量下所带来的增长绝对量仍然极其可观。改革的难度越来越大、任务越来越重，随之产生的改革“红利”将会从根本上解决目前的社会经济难题，从这个角度看，结构性赤字依然是合理的、必要的。

四、总结：赤字有“一加三”的作用

赤字，可以用来解决社会转型期的问题，这是“一”。目前的赤字有利于宏观经济总量平衡，带来经济增长；有利于通货稳定；有利于就业，这些是“三”。在西方发达国家，三者之间往往不能“兼得”。但在我国，由于传统文化对经济的影响、特殊的发展阶段等原因，不仅三者可以兼得，还有“一加三”的效果。

为什么会有这样的效果？有如下原因：

第一，因为中国特殊的宏观均衡机制。这个“特殊”就是东方人的节俭文化传统以及中国社会向商品经济转换中社会保障不健全情况下出现的“高储蓄”现象这个高储蓄带来了宏观总供给持续大于总需求的矛盾。结构性赤字有利于这个矛盾的缓和，带来了总需求的增加，也带来经济的增长，因此有宏观总体上的“合理性”。

第二，中国经济的“二元经济”特征。在经济发展和社会转型中，在“城镇化”的大潮下，有大量的自然经济条件下生存的劳动力需要转移，寻找就业岗位，结构性赤字在带来经济增长的同时，增加了就业，它就有了“合理性”。

第三，中国经济进入了“买方市场”时期。总供给大于总需求的现象是1996年末出现的，这是一般市场经济国家共同的宏观特征。由于文化的传统、低收入人数多等原因，我国的总消费更为不足，特别是2014年底以来，物价有下降的趋势，而通货紧缩同样不利于经济增长。我国（适度的）的结构性赤字因此就有了抵消或抑制通货紧缩的功用。

五、应当守在“60－3 高地”前面的一个阵地

1. 用三个因素值来衡量赤字的合理度。

赤字的大小是否合理，首先要看财政需要解决的问题的严重程度。因此“合理度”与“必要度”要联系在一起，这一点我们已经强调过。但是，在此之外，要看宏观经济指标值和财政信用指标值，就是说，经济增长、通货正常、债务负担合理与否是重要的判断标准。

首先是通货膨胀情况。这在前面也已经论述过了，如果有严重的通货膨胀，赤字政策或赤字的大小都应当重新考虑。从社会生产与消费的“供求”矛盾看，如果目前和未来一段时期，物价不可能大幅度上涨（从“成本推动”的角度看，由于燃料、原料等价格持续上涨，劳动力成本部分上涨，有可能推动物价上涨），总体看，严重的通货膨胀的可能性就很小。甚至，在消化了成本推进因素，一段时间的物价上涨以后，接着还有通货紧缩的危险。2014 年底、2015 年初我国经济面临的情况与此类似。

其次是经济持续发展指标值。如果经济因为赤字的原因而失去未来发展的“后劲”，赤字政策就应当重新考虑。从上述分析可以看到，由于居民高额储蓄的原因，社会现实购买力不足，宏观供给大于需求的不平衡的状态将持续存在。赤字没有挤出效应，反而有填补效应，有利于持续发展。

再次，财政自身的信用度值。在全球市场经济自由度和最适宜投资国家评比中，财政制度健全、债务依存度低是一个重要指标。债务依存度低意味着政府管理能力强，也意味着财政信誉度高。财政健康度或信誉度可以用年度赤字规模值和累积债务规模来表示。

2. 不能积累高债务的三个理由。

第一，“冷在风上，穷在债上”。戴园晨先生在他的文章中说，发债可以有很多理由，但是应当防止国债余额的积累。因为债是要付债息的，很多国家的财政被债务利息拖累。这个观点有统计材料证明。2003 年，比利时税收收入占 GDP 的 31%，利息支出占 GDP 的 6%；意大利税收收入占 GDP 的 30%，利息支出占 GDP 的 6.5%。即 20% 的税收要用来还利息，更不用说还本金。大部分国家平均税收收入占 GDP 的 29%，债息支出占到 GDP 的 3% 左右，债息支出占当年税收的 10% 左右（见表 1－10）。

表 1－10　2002 年前后发达国家财政分类支出占 GDP 的比重　单位：%

国家	年份	雇员薪金	商品和劳务	固定资产投资	利息	补助	拨款	社会福利	其他
美国	2003	11.01	8.10	1.30	2.65	0.42	0.23	11.90	0.34
加拿大	2003	12.58	7.60	—	3.91	1.18	0.22	9.41	2.95
澳大利亚	2003	9.63	6.87	1.54	2.04	1.31	0.24	10.84	2.88
奥地利	2002	9.69	4.87	1.34	4.56	2.77	0.93	23.71	4.34
比利时	2002	12.00	3.40	1.62	6.08	1.56	0.26	22.77	2.92
芬兰	2003	13.79	8.86	2.33	2.00	1.34	1.03	19.05	1.74
法国	2003	13.86	5.94	2.26	2.93	1.33	0.31	24.24	2.30
德国	2003	7.90	3.98	1.61	3.11	1.37	0.83	27.63	2.68
意大利	2002	10.44	5.55	1.26	6.47	1.15	0.11	18.88	2.56
卢森堡	2003	9.06	3.98	2.44	0.23	1.72	0.34	21.92	4.58
荷兰	2003	10.77	7.03	2.53	2.94	1.43	1.23	20.88	1.01

续表

国家	年份	雇员薪金	商品和劳务	固定资产投资	利息	补助	拨款	社会福利	其他
葡萄牙	2001	15.03	4.33	2.12	3.21	1.29	0.31	14.40	3.62
西班牙	2002	10.34	4.39	—	2.88	1.14	0.08	14.44	3.22
丹麦	2002	17.77	8.66	1.94	3.42	2.14	2.17	18.39	1.90
冰岛	2003	15.96	11.41	2.05	3.33	1.76	0.09	6.56	2.67
挪威	2003	14.14	7.14	2.00	1.85	2.60	0.91	17.87	1.47
瑞典	2002	16.29	11.33	2.41	3.18	1.54	0.50	20.66	1.54
瑞士	2001	10.40	5.53	—	1.87	—	—	—	—
英国	2003	10.47	11.48	0.97	2.04	0.67	0.25	13.66	3.37
平均		12.16	6.87	1.86	3.09			17.62	

注：以上数据依据《政府财政统计（2004）》计算得来。请参照上一节的附表中的后续年份数据。

第二，习惯和依赖性问题。本来是经济低潮时发债，经济高涨时还债，如果由于特殊原因，形成结构性赤字，低潮时发债，高涨时也发债，政府对赤字和债务就会形成依赖。其一，心理依赖，政府已经习惯了这种债务的发行和使用，没有债似乎不行。其二，利益依赖，与发债有关的利益团体的形成，期待从不断发债中得利。其三，市场依赖，第一次发债，市场会按照发债的状况进行调整，如果持续发债，整个宏观平衡就会依据这个“债务及其支出”进行调整，将它作为宏观均衡的一个条件，实现“有债均衡”，从而丧失了向“无债均衡”调整的机会。

第三，财政“再应变能力”降低。发债是对当前的社会经济问题的应变，它证明了发债的合理性和可能性，但是债务的积累会降低财政的再次应变能力。我国未来社会发展中的问题还很多，不论是从持续发展的角度，还是从应付突变事件的角度，财政应当保持这个能力。

3. 为将来的低增长阶段和可能出现的衰退预留财政债务空间。

中国经济在持续增长，有人预测有连续 5 年的增长期，又有人预测有连续 10 年的增长期，或者更多。中国经济会一直这样增长下去吗？答案肯定不是。

日本从 20 世纪 90 年代初开始了经济衰退，于是使用了财政和货币政策刺激经济，由于货币政策被用到了极限——零利率或负利率和进入“流动性陷阱”，财政政策就成为关键。但是日本财政债务原来就很高，20 世纪 90 年代末曾达到 GDP 的 120%，后续年份又继续使用，使这个比率达到 150% 左右。

我国经济处于高速发展阶段，同时积累了大量的财政性债务，如果到这个高速增长阶段结束前累积的债务已经很高，那么政府对经济增长停滞或者经济萧条的调控能力就会降低。

东南亚经济危机事件以及日本衰退时间证明，经济突然减速或者出现衰退，将带来信用链的断裂、金融体系混乱、资金外逃、生产全面停滞等问题，这需要有强大的财政做后盾，拯救整个经济。债务是留给未来的，评估财政现在的赤字和债务时，未来的社会经济问题是一个重要的考虑因素，就是说，债务要与未来的财政承担责任放在一起进行评估。

4. 可以守在“30 - 2 阵地”甚至“20 - 1.5 阵地”。

欧盟的协定中规定了欧洲国家当年赤字的上限是 GDP 的 3%，累计债务不超过 GDP 的 60%，这是“60 - 3 高地”或者“阵地”。这个限度是他们在摸索中得到的，有其合理性。

中国有很特殊的现实问题，如属于多民族国家、大量的农业人口、经济相对落后、金融体系发达却又脆弱、大量的隐性政府债务等。因此，我国要通过发债为当前经济社会发展提供条件以外，还必须为应对未来更多的挑战留有债务余地，我们不能守在

“60－3 高地”，只能遵守更高的标准和更低的负债，比如守在“30－2 高地”，甚至“20－1.5 高地”上面。

按照“十一五”期间经济增长、财政收入和债务的情况估算，政府发债的规模，从 2005 年开始，只要保持每年不超过 3000 万元的新增债务，连续 10 年的累计债务占 GDP 的比重会在 15% 左右，当年债务占 GDP 的 1.5% 左右，这可以称之为“15－1.5 高地或阵地”，债息负担也不高（见表 1－11）。

表 1－11　　我国 GDP、财政收入、债务的估算　　单位：万亿元

年　　份	2005	2006	2007	2008	2009	2010	2015
1. 2006～2010 年 GDP 年按 8.8% 增长，2011～2015 年按 7% 增长计算	17.40	18.93	20.60	22.41	24.38	26.52	37.20
2. 财政收入 2005 年增长 21%，以后每年少增长 1 个百分点，2011～2015 年按 10% 增加计算	3.19	3.83	4.56	5.38	6.29	7.30	11.76
3. 当年新增国债	0.3	0.3	0.3	0.3	0.3	0.3	0.3
4. 累计国债	2.67	2.97	3.27	3.57	3.87	4.17	5.67
5. 新增国债/GDP（%）	1.72	1.58	1.46	1.34	1.23	1.13	0.8
6. 新增国债/财政收入（%）	9.40	7.83	6.58	5.58	4.77	4.11	2.55
7. 累计国债/GDP（%）	15.34	15.69	15.87	15.93	15.87	15.72	16.58
8. 累计国债/财政收入（%）	83.70	77.54	71.71	66.35	61.52	57.12	48.21
9. 债息（5% 计，%）	0.13	0.15	0.16	0.18	0.19	0.21	0.28
10. 债息/财政收入（%）	4.18	3.88	3.59	3.32	3.04	2.86	2.41

注：2004 年的 GDP 数据是调整以后的，为 15.99 亿元。2005 年“累计国债”额是当年新增国债、原累计国债再加特别国债数。

思考题

1. 我国巨额“存差”形成的原因、带来的危害是什么？
2. 结构性赤字如何缓解“存差”压力？
3. 为什么应当重视公用企业收益债？
4. 结构性赤字有哪些宏观效应？
5. 为什么要限制结构性赤字？

补充材料

1. 我国的 GDP 统计口径在 2010 年有调整。2012 年 GDP 是 51.932 万亿元，国债余额为 7.757 万亿元，GDP 负债率为 14.94%。

2. 关于地方政府性债务。2011 年我国审计署审计结果显示，截至 2010 年底，全国地方政府性债务余额 107174.91 亿元；2013 年 2 月审计报告公布了部分地方审计结果，比 2010 年增加 12.94%。据此计算，2012 年全国地方债应当在 121043 亿元。2013 年 12 月 30 日审计署公布了 2013 年全国政府性债务审计结果，至 2013 年 6 月末，全国政府性债务为 30.27 万亿。它包括全口径中央政府性债务合计 12.38 万亿元和全口径地方政府性债务合计 17.89 万亿元。

全口径债务的概念是：政府负有偿还责任的债务；当某些债务人出现偿债困难时，政府需要履行担保责任的或有债务和可能承担一定救助责任的其他债务。

第三节

结构性赤字与流动性过剩的联系[①]

一、背景：我国 2007 年的财政赤字仍然是“结构性赤字”

我们前面讨论过：为平抑经济周期而出现的赤字是“周期性赤字”。在 1998～2003 年施行积极财政政策期间，我国以特别建设国债等形式实现的赤字是周期性赤字。这些赤字发挥了刺激经济、增加内需的作用。

为解决改革过程中集中出现的社会问题、经济问题而出现的赤字是结构性赤字。我国目前的赤字主要是中国社会经济转型过程中形成的支出压力造成的，因此可以称之为结构性赤字。我国税收连年增收，但仍然不能充分满足社会经济转型对财政支出的要求。例如，2002～2006 年，各项税收合计从 17634 亿元增加到 34785 亿元，累计增加了 97.3%；包括收费在内的财政收入，也从 18904 亿元增加到 38731 亿元，累计增加了 105.6%；但是财政支出从 22053 亿元增加到 49213 亿元，累计增加了 123.2%。收入与支出之间一直有差额。

财政支出增长和赤字的出现与我国社会经济所处的特殊阶段有关，改革、发展、稳定以及和谐社会建设的任务对财政提出了集中、大量的支出要求，使财政支出总量不断增加，赤字的出现无法避免。

从 2007 年的中央财政的预算安排中可见，教育、医疗卫生、

① 本节主要内容曾经载财政部财政科学研究所《科研内报》2007 年第 10 期。

社会保障等社会性民生支出增加最快：2007年中央财政用于“三农”的各项支出共达3917亿元，比2006年增加520亿元，增长了15.3%。中央财政安排教育支出（包括农村义务教育免费项目下对地方的各项拨款）858.54亿元，比2006年增加252.49亿元，增长了41.7%。另外，其他有关国计民生的支出也增长得很快（见表1－12）。

表1－12　　中央财政2007年预算安排支出主要项目

项　　目	支出数量（亿元）	增加数（亿元）	增加幅度（%）
“三农”支出	3917.0	520.0	15.3
教育支出	858.5	252.5	41.7
医疗卫生支出	312.8	145.4	86.8
社保就业支出	881.2	247.0	13.9
科学技术支出	881.2	146.8	20.1
国防支出	3472.3	525.0	17.8
外交和国际合作支出	230.7	62.7	37.3
转移支付支出	213.04	451.0	26.8

注：根据2007年3月5日财政部在第十届全国人民代表大会第五次会议上《关于2006年中央和地方预算执行情况与2007年中央和地方预算草案的报告》有关数据制作。

二、结构性赤字增加了货币流动性

1. 流动性过剩是当前宏观经济调控中要解决的一个主要问题。

(1) 什么是流动性？

本书所述的流动性，是指货币和货币流转速度一起造成的一种“货币信用对市场交易的媒介能量”。

流动性首先是一个微观概念，它是指微观经济单位资产变现能力和现金流状况。流动性用在宏观经济中，是指在货币的总供给和总需求中，影响供需平衡的一种“货币信用对市场交易的媒介能量”。

这种“媒介能量”由两种因素共同形成：首先是货币供给或者说信用货币供给的数量（M），包括流通中的现金、活期存款、定期存款。如果它们的数量多，说明信用货币就多。其次是这些信用货币（特别是现金和短期贷款）的流通速度（V），如果它们在单位时间内周转得快，也等于货币供应多。

同样的货币供给，如果货币周转速度慢，流动性相对减少；如果货币周转速度快，流动性增加。因此，宏观意义上的货币流动性包括货币供给和货币周转两个因素。

（2）什么是流动性过剩？

流动性过剩是指货币信用数量和它们的流速共同组成的货币信用媒介能量，超过了正常交易所需要媒介能量的一种状态。

流动性的高低必须与经济生活中交易需要的货币和周转速度相适应。如果价格不变，价格（P）与货物及服务（G）的乘积应当等于货币与周转速度的乘积：$PG = MV$。人们说“流动性过剩”（Liquidity Surplus）就是指货币和周转速度造成货币信用媒介能量，超过了价格不变情况下实际经济对这种媒介能量需求的一种“状态”，即 $MV > PG$。

流动性过剩对应的是流动性紧缩。如果流动性紧缩，社会交易中货币流动性不足，经济发展受到限制。如果流动性过剩，可能带来通货膨胀和经济偏热，带来价格上涨和名义GDP的增长。就是说“媒介能量”本身会影响到交易的程度。流动性不足或者过剩，都会影响经济发展和宏观经济均衡的状况。

流动性数量（货币和周转速度）增加率、GDP增长率、物价指数之间有内在联系，一般的说，前者等于后两者之和。

2. 结构性赤字增加了流动性，也是流动过剩的一个因素。

在经济萧条时期，财政有意列赤字或发债，会增加流动性，对经济有推动作用；在经济繁荣时期，财政出现了结构性赤字，刺激了经济，增加了流动性，成为流动性过剩的一个成因，这是事实。

研究赤字与宏观经济的关系，必须涉及赤字的三个效应。它们分别是投资效应、挤出效应、货币效应。

在我国，赤字的挤出效应可以忽略不计。因为我国目前资本市场资金充裕，有大量的存差，财政发债并没有减少民间投资的资金供给，因此财政发债带来的挤出效应很小。

赤字和国债确实引起投资增加，带来投资乘数增加。所谓投资乘数，就是某投资引起的连续购买等经济行为所带来的收入增加量与该投资量之间的比率。某笔财政性投资总量为 ΔX，带来了连续的投资和购买，最终导致了收入增加 ΔY，$\Delta Y/\Delta X = a$。a 就是投资乘数。

财政赤字也增加了流动性，因此也有货币效用。因为发债使原来的储蓄转化为财政支出，转化为交易流动中的货币。赤字通过政府信用，增加了货币和货币的流转速度，也就是增加了流动性，这就是赤字的货币效应。如果财政赤字（政府信用）ΔX 带来的连续借贷等使货币信用增加到 ΔZ，那么 $\Delta Z/\Delta X = b$，b 就是赤字的货币乘数。

其实，赤字的投资乘数或经济拉动效应，与赤字增加货币供给或者流动性的货币效应，是一个事物的两个方面。上述例子中 ΔY 与 ΔZ 大致相等，a 与 b 也大致相等。

三、在货币周转速度较慢的情况下，结构性赤字所增加的流动性量不算太大

1. 与周期性赤字比较，结构性赤字增加的流动性更多。

在经济低潮时期，货币周转速度下降，增加财政支出能够带动货币周转，增加交易，弥补流动性不足。赤字总是会增加流动性的，但是，周期性赤字因为出现在货币周转速度下降、流动性不足的阶段，增加的总量有限。但是在经济高涨时期出现的结构性赤字，却为已经高速运转的货币增加了新的动力，它会带来货币供给和周转速度提高两个推动力，从而大大增加流动性。

2. 当前我国货币流动性的特殊性——货币供应增加，而流通速度减慢。

流动性受货币供应多少和货币周转速度两个因素的影响。如果货币供给增加，货币周转速度也增加，流动性肯定增加，而且有加速作用。假使货币供给增加，货币周转速度减慢，整体流动性增加的速度就慢下来了。而我国宏观经济的状况正是后一种情况。

我国货币供应是不断增加的，增加速度远远超过 GDP 的增速。从表 1－13（第 2 列、第 4 列）中可以看到，GDP 按照当年价格计算，2006 年（20.9 万亿元）比 1995 年（6.1 万亿元）增加了 2.4 倍；而货币和准货币供应（M2）2006 年（34.6 万亿元）比 1995 年（6.1 万亿元）增加了 4.7 倍。货币总供给增长倍数超过 GDP 增长倍数，两者有 2.3 倍的差距（4.7－2.4）。

与此同时，货币周转速度在减少。一年的 GDP 与货币供应量之间的比率，可以算作货币周转速度。首先可以算出现金和短期存款即 M1 的周转速度（可以称为第一种周转速度），从 1995 年的 2.53 降到 2006 年的 1.67（表三的第 5 列）；货币和准货币即

M2 的周转速度（可以称之为第二种周转速度）从 1995 年的 1.0 降到 2006 年的 0.61（第 6 列）。

货币供给增加的同时，货币周转速度减缓，整体看，货币供给大幅度增加带来了流动性增加，但是，并没有像货币增长速度那样大，因为周转速度降低了。

表 1－13　　　　货币（M1，M2）供给及其周转速度

年份	GDP	M1	M2	GDP/M1	GDP/M2	M2－M1	(M2－M1)/M2	CPI（1978＝100）
(1)	(2)	(3)	(4)	(5)	(6)	(7)	(8)	(9)
1995	60793.7	23987.1	60750.5	2.53	1.00	36763.4	0.61	396.9
1996	71176.6	28514.8	76094.9	2.50	0.94	47580.1	0.63	429.9
1997	78973.0	34826.3	90995.3	2.27	0.87	56169.0	0.62	441.9
1998	84402.3	38953.7	104498.5	2.17	0.81	65544.8	0.63	438.4
1999	89677.1	38953.7	119897.9	1.96	0.75	74060.6	0.62	432.2
2000	99214.6	53147.2	134610.4	1.87	0.74	81463.2	0.61	434.0
2001	109655.2	59871.6	158301.9	1.83	0.69	98430.3	0.62	437.0
2002	120332.7	70881.8	185007.0	1.70	0.65	114125.2	0.62	433.5
2003	135822.8	84118.6	221222.8	1.61	0.61	137104.2	0.62	438.7
2004	159878.3	95969.7	254107.0	1.67	0.63	158137.3	0.62	455.8
2005	183867.9	107278.8	298755.7	1.71	0.62	191476.9	0.64	464.0
2006	209406.8	126035.1	345603.6	1.66	0.61	219568.5	0.64	471.0
07.6		135847.4	377832.2			241984.5	0.64	

注释：M1 是流通中的现金和短期存款，M2 是 M1 再加上长期存款。CPI 是以 1978 年为基数。在 2006 年全部货币供应中，长期储蓄的部分占到 64%［第 8 行，（M2－M1）/M2］，短期存款和现金占到 36%。

3. 货币周转速度减慢——结构性赤字的货币效应也在减弱。

财政通过发行债券，将部分长期储蓄转化为财政收入用于现实支出，形成实际购买力，与央行增加贷款等手段有同样的效果，这就是前述的赤字货币效应。但是，因为央行发行货币的周转速度减弱，财政的货币效应也就减弱了。

财政发债带来的货币效应可以大致计算出来：如果债务收入全部用来发工资，假设它全部变为群众手中的现金或活期存款（M1），如果是3000亿元赤字，一年内带来的流动性在1997年（周转速度为2.27）为6810亿元（3000亿元×2.27）；到2006年它带来的流动性为4980亿元（3000亿元×1.66）。

实际上，发工资以后，这笔资金的一部分作为手持现金和活期存款（比例大约为36%，见表1－13第8列），部分成为长期储蓄（大约64%）。这样，以M2计算的周转速度还要降低，那个3000亿元赤字带来的流动性在1997年是2610亿元（3000亿元×0.87），在2006年是1860亿元（3000亿元×0.61）。

4. 货币的周转速度比较低时，继续发债的宏观空间仍然存在。

如果货币周转速度保持在较低的水平上，当前的赤字带来的货币效应不是一个大问题，因为正如前面所计算的那样，它带来的货币效应或者说流动性不是很大。这个数据大致可以算出来。假设预算安排2500亿元的赤字，在M2周转速度为0.61的情况下，它带来的总流动性是1525亿元。

四、如果货币周转速度加快，赤字带来的流动性过剩的问题将加剧

1. "现实流动性过剩"之外还有"潜在流动性过剩"的风险。

大致来说，货币供给及流转速度的增长率（即流动性的增长 L′），应当等于 GDP 的增长率（GDP′）加上物价的增长率（P′），即 L′ = GDP′ + P′。首先看 GDP 的增长率，1995 ~ 2006 年的 10 年间，我国 GDP 增长 2.4 倍。其次看物价的增长率，我国消费品物价指数（CPI）2006 年比 1995 年仅仅增加了 0.19 倍（见表 1 - 13 第 9 列，（471.0 - 396.9）/396.9 = 0.19 倍）。这 10 年间，我国货币供应增长速度（4.7 倍）远远大于 GDP 的增长速度（2.7 倍），加上消费者物价指数 CPI 的增长率（0.19 倍），有很大的差额（4.7 - 2.4 - 0.19 = 2.11）。大致来说，这个差额是货币流转速度减缓造成的。

因为货币周转速度下降，过快的货币供应没有形成太大的"交易媒介能量"。也因为货币周转速度下降，总流动性虽然过剩，但是并不严重。正如当时周小川行长所说：流动性过剩问题可以继续讨论。这说明在货币周转速度下降的情况下，流动性过剩问题没有看上去那么严重。

2. 货币周转速度如果上升——潜在的流动性过剩风险就会转为现实的风险。

2006 年的总货币供应过快主要表现为"部分现实的流动性过剩"和"部分潜在的流动性过剩"。就是说当时积攒的大量货币供给，在货币周转速度变慢以后，只表现为部分流动性过剩，另外一部分只是潜在的风险，或者"潜在的流动性过剩"。在货币周转加速以后，后者就会转化为现实的流动性

过剩。

事实上，货币周转速度在2003年以前是大幅度下降的，从2003年以来的4年间处于基本稳定的状态，并且有少许上升的趋势。M1的周转速度从2003～2006年分别是1.61、1.71、1.77、1.61，M2的周转速度分别是0.61、0.63、0.62、0.61。2007年后，货币流转速度增加了，这两类数字都随之增大。

如果流动性增加，后果是严重的。到2007年6月底，货币和准货币供应已经达到37.78万亿元（377832.2亿元），半年内，货币供给本身已经比2006年（345603.6亿元）增加了9.32%。货币流通速度增加，流动性就会大幅度增加。庞大的货币供给基数，为这种流动性大增加提供了条件。

3. 货币周转速度与物价之间有互动关系——物价上涨会刺激货币周转速度加快。

这里的关键因素是人们的通货膨胀预期。

如果货币供给增加，但是人们的通货膨胀预期低，愿意手持货币或者储蓄，将货币花出去的意愿减少，周转速度减慢，流动性增加不多；如果通货膨胀预期增加，特别是有严重通胀感觉的时候，人们觉得货币“烫手”，要赶快花出去或者投资到实物保值的时候，周转速度会明显加快。此时，流动性与通货膨胀会互相支持，振荡上升。

价格上升与货币流转速度之间震荡支持走高的联系，必须在一个临界点之上才发生。只有当大家明显感到价格上涨或者货币“烫手”的时候，人们加快了购买，才导致货币周转与物价的互相震荡上升。

因此，政府一方面一定要小心谨慎地监控价格，必要时要有果断措施；另一方面，要关注流动性，不能让它出现大量过剩。更不能让两者达到一个临界点，发生相互促进的作用。

4. 如果物价急剧上升、货币周转速度加快，即使结构性赤字，也应当缩减。

在物价与货币周转速度互相支持，流动性因为通胀而增加的情况下，财政赤字虽然不大，但也会起到一个推波助澜的作用。就是说，在物价与货币周转速度互相震荡支持大幅度走高的时候，赤字会有很大的负面作用。那样的话，无论如何也要降低赤字，减少财政支出。

五、增加财政收入、适当发债、提倡节约和调整支出结构

1. 基本判断——如果物价大幅度走高的可能性不大，财政可以继续发债。

例如，我国自1996年以来，经济整体表现为一个巨大的买方市场，有大量和充裕的物资供给，需求过大和供给不足而导致物价大幅度上涨的可能性不大。但是因为能源、原材料供应紧张而提价的行业和部门确实存在，它们的价格上涨抬高了下游行业的生产成本，会带来成本推动的物价上涨，食品类商品涨价部分就是成本推动型的涨价。但是，这类涨价不会导致普遍的和大幅度涨价。

如果价格不会大幅度走高，货币周转速度就不会大幅度走高，财政债务带来的流动性不会太大，不会加剧整体流动性过剩的风险。财政发债宏观空间因此是存在的。

2. 民生问题最重要——在物价上涨时，基本公共服务和生存补贴支出要增加。

在物价有一定上涨以后，由于大量的低收入人群的存在，财政要增加对他们的补贴。例如，每当食品价格上涨，财政就增加

了对低保人员、大学生的补助。

3. 增加收入和调整支出结构是关键——将更多的财力用到民生方面。

当前的经济形势制约着来年的预算：财政有“继续发债的宏观空间”，但是不能扩大赤字规模；在适当发债的同时，努力增加财政收入，特别是加强企业所得税、个人所得税的征缴；调整支出结构，减少基本建设和行政支出，增加社会保障性支出。

要解决“投资增幅仍然处于高位”的问题，对于预算内的建设性支出，应提出“少、缓、散、变”的策略，即新批的项目和投资资金总量要减少；在建的要缓慢下来，延长投入时间；各个地方的新建投资项目不能集中上马，要分散，部分应当延长投资周期。另外，一些由财政直接投入资金的建设项目，可以改变项目运行方式，以其未来收益为基础发债的形式筹集资金，减少财政支出。

对于行政和部分事业支出，要提倡节约和“经费零增长”的预算方针。

通过压缩建设性和行政事业支出，再加上增收和适度发债，可以保证社会性和民生保障类支出。

思考题

1. 结构性赤字如何加剧了“流动性过剩”？
2. 中国货币周转速度这些年来是一个什么变化状态？
3. 如何减少结构性赤字？

补充材料

附表1-4　　货币（M1，M2）供给及其周转速度

年份	GDP	M1	M2	GDP/M1	GDP/M2	M2-M1	(M2-M1)/M2	CPI（1978年为=100）
(1)	(2)	(3)	(4)	(5)	(6)	(7)	(8)	(9)
2007	265810.3	152560.1	403442.2	1.74	0.66	250882.1	0.62	486.3
2008	314045.4	166217.1	475166.6	1.89	0.66	308949.5	0.65	491.4
2009	340902.8	220001.5	606225	1.55	0.56	386223.5	0.64	460.8
2010	401512.8	266621.5	725851.8	1.51	0.55	459230.3	0.63	479.4
2011	473104	289847.7	851590.9	1.63	0.56	561743.2	0.66	489.1
2012	518942.1	308673	974159.5	1.68	0.53	665486.5	0.68	476.1
2013	568845.2	337291.1	1106525	0.51	1.69	769233.9	0.70	476.1

注释：M1是流通中的现金和短期存款，M2是M1再加上长期存款。CPI是以1978年为基数。在2013年全部货币供应中，长期储蓄的部分占到70%［第8行，（M2-M1）/M2］，短期存款和现金占到30%。

第二章

国债与现代铸币税

第一节

新铸币税[①]

一、问题的提出

第一个（初始）问题。中国财政债务的规模是大了还是小了，是少量地举债好，还是大量举债好。通过上一章的讲解，我们已经有这样的判断：如果宏观经济进入“稳健财政政策”时期，表明前一段用周期性赤字刺激经济的任务已经完成，但是仍然要用结构性赤字去解决社会经济的结构性问题，因此，发债是必然的。在本章里，我们从另外一个视角，即从货币发行与铸币税收入、汇率的关系看中国的赤字和债务。

第二个（派生）问题。日本财政大量举债，对日本经济高速

① 本节主要内容载于财政部财政科学研究所《科研内报》，2006 年第 5 期。

发展有利还是有弊。日本人向来以纪律严明和精于算计闻名，但是都是世界上债务占本国 GDP 比重最大的国家，背后应当有其他原因。

第三个（派生）问题。到 2006 年，美国的双赤字政策持续了很长一段时间，很多经济学家批评说，美国宏观经济面临困难，甚至预测美国经济和美元将崩溃。但是它没有走到崩溃这一步，似乎仍然健康，这是为什么。

第四个（相关）问题。外汇储备是什么性质的资产，购汇结汇的资金是从哪里来的；中国外汇储备是多还是少；中国组建了汇金公司，其注册资本只有 5000 万元，却有 10000 倍的，总数超过 5000 亿元的运营资金，这是一个什么样的“公司”。

这些问题都很难单独来回答。但是历史地比较美、日等国经济数据，结合理论分析，这些有一定空间距离、时间距离的问题就有了答案，特别是第一个问题。

二、货币的财政发行与“铸币税”

1. 货币发行权最初在财政。

市场商品交换需要货币，用它作为价值尺度和交换手段。货币最早是自然形成的，以后国家用法律做了规定。金属货币如金、银、铜等本身就是商品。最初，国家法律规定，货币价值就是金属本身的价值。汉武帝时，重量单位 1 铢等于 1/24 两，五铢钱一枚重量就是 5 铢，“重如其文”。此时的国家发行了货币，却没有铸币税。后来，“坏五铢，铸小钱”，就从其中得到了铸币税。比如，国家用 2 毛钱的铜铸造出标价 1 元钱的货币，用国家法律规定它流通，国家就得到 8 毛钱的“税”，即使加上人工费 1 毛钱，也有 7 毛钱的铸币收入（见图 2 -1，图 2 -2）。

铸币税越高，社会私铸货币的活动就越猖獗。纸币的铸币税

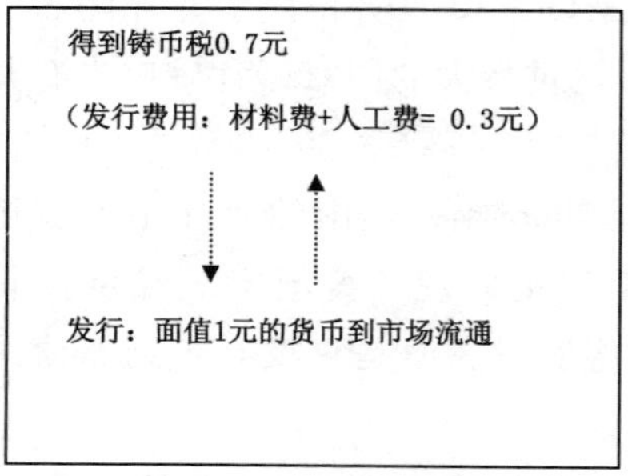

图 2－1

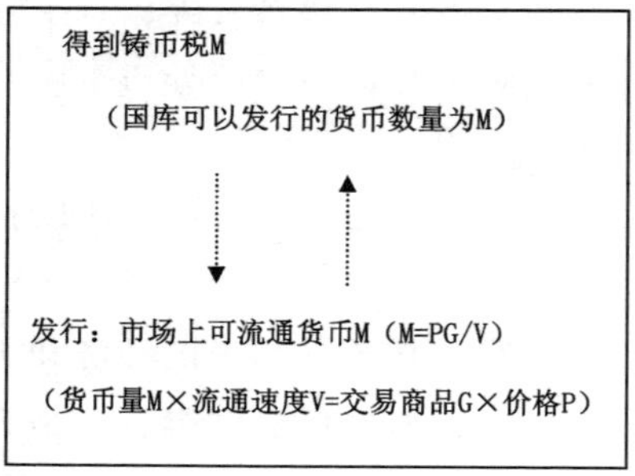

图 2－2

是最高的，“私铸”的诱惑力也最大。国家（我国或许早在宋朝）因此就有了一个永久的任务：打击假钞。

货币史告诉我们，世界各国最早的钞票都是商号或银行发行的，它与金属货币等值，是可兑换金属货币的“证书”或符号。后来政府发行纸币，这些通过国库发行的货币开始时也叫“钞票”，都是可“关兑”和“会钞”金属货币的，此时国家也没有因为发行纸币而形成额外的铸币收入。后来就是纸币的发行，与金属货币脱钩，纸币完全是一个货币符号，只要有发行（下文中若没有特别说明，“发行”所指都是货币发行），就形成铸币税，成本小到几乎可以忽略不计。

2. 市场交换对货币的需求是铸币税的根源。

似乎货币是法律规定的产物，“但是如果客观经济发展没有提供这种钞票流通的基础，法律并不能把它们创造出来”（黄达，1992）。这个客观基础就是市场商品交换。市场中商品交换的量与流通中需要货币的量正相关，与流通速度负相关。$PQ = MV$，即商品价格 P 与商品总量 Q 的乘积，等于货币量 M 与周转速度 V 的乘积。如果 M 太小或者周转的速度 V 太慢，就会出现通货紧缩，如果相反，则出现通货膨胀。可见，铸币税的数量决定于价格、商品数量和货币周转速度（见图 2－2）。财政掌握发行权，据经济发展需要的、依照 $M = PQ/V$ 数量发行的货币，被称之为

“经济发行”，超过整个数量用以弥补财政支出的是“财政发行”。

3. 国家信用是货币发行和铸币税的条件。

人们信任这个国家，认为国家不会倒闭，也认为国家的法律会保护货币，才接受这个货币。如果相反，人们会不接受，或者看低这个货币，它虽然没有超过经济要求多发行，但是它却要贬值。各国外汇的汇率及其变动与国家信誉度有关。

4. 国家对货币贬值只承担道德义务。

国家对“货币”的保护有法律责任，要保证它的唯一性、有效性和流通性，但是，国家不能保证货币的价值。货币贬值或者“失效”有以下几种可能：第一，“逐步失效”，就是不断贬值，如2006年前的美元。第二，“剧烈失效”，就是大幅度贬值，或者如20世纪90年代的俄罗斯那样，更换货币，只允许每人用一定数量的旧币兑换新币，其他多年储蓄起来的货币成为废纸。第三，“彻底失效”，就是放弃一种货币，比如日本侵华时期在我国沦陷区强行发行的货币，通过发行掠夺了大量财物以后，败走了之。可见，一个政权对货币发行和铸币税仅有道德义务，没有法律责任。美国人让美元不断贬值，大家只能骂它缺德。究其原因，一是因为一个政权在对“市场”发行，不是对一个人或者某个组织；二是人们接受它的时候就认定它的价值是不断变化的，可以在市场中规避风险，损失了就自认倒霉。

5. 各国货币发行或铸币税的基础在不断扩大。

就是说，市场需要货币增加。首先，原来是自然经济，现在变为了商品经济，交换需要货币。其次，经济发展了，要交换的商品数量多了，需要更多货币。再次，融入世界经济也加大发行基础，因为其他国家的人民用了这个国家的货币，比如中国人持有的美元，或外国人持有人民币。当然，也有减少的因素，比如现代理财制度和电子信息技术，使现金周转速度加快，沉淀资金得到充分利用，也减少了发行的基础，但是总的基础是增加的。

6. 发行权和铸币税是国家主权的体现。

统一商品的“交换工具”是社会的要求，各个国家各自承担了国内发行统一货币、制定有关规则的责任。一个独立的国家，必然有独立的货币，发行货币并且用法律确保它的唯一流通性。发行货币必然带来发行收入即铸币税，这也是一个国家货币主权的结果，是这个国家的全民利益。

三、中央银行独立后，铸币税转换为中央银行资产

1. 经济发行形成中央银行的资产。

现代中央银行制度建立以前，铸币税是财政收入。各个国家的国库直接管理和发行货币，形成的铸币收入与税收一样用于财政支出。世界上很多国家还没有建立独立的中央银行，发行收入仍然是财政收入。即使建立中央银行，很多南美国家的财政部到中央银行直接借款，有借无还，还是等于铸币税。

规范的中央银行制度在各国陆续地建立起来以后，不仅商业银行管理规范了，货币发行管理也规范了。对中央银行独立性的法律规定，使货币发行的权限集中在中央银行，也使发行收入成为中央银行的资产。中央银行独立具有货币发行、金融管理、调节宏观经济等职责；同时按照规定，货币发行收入只能作为中央银行的资产，不能用于财政。因此银行根据经济发展需要发行 $M=PQ/V$ 的货币量，被定义为“经济发行”，超过整个数量的发行是“超经济发行”。

2. 央行“发行保证储备”的形式发生变化。

第一次世界大战前，世界各国实行“金本位”和“固定兑换

率”货币发行制度，发行到市场的货币有黄金保障，一般来说储备率在60%以上，即100元的发行，有60元的黄金储备。纸币可以兑换黄金。第一次世界大战爆发后，各国才废除这种制度。第二次世界大战前，各国普遍实行了不固定兑换发行。

1944年7月，布雷顿森林会议确立的货币体系，实行了黄金固定兑换率制度，规定35美元等于1盎司黄金，美元与黄金固定兑换，其他货币与美元挂钩。如果这个法律一直有效，美联储现在储备的黄金就是属于世界上所有持有美元的人，人们可以随时到美联储兑换黄金。但是，1972年石油危机以后，美元贬值，美国不能支付要兑现的黄金，尼克松随后宣布美元与黄金脱钩，也实行了“不固定兑换”的发行制度。现代各国都实行“不固定兑换”货币发行。

3. “不固定兑换”和不断发行，使央行资产大幅度增加。

比如，美联储以购买黄金的形式发行货币（1971年前），用35美元得到1盎司黄金储备以来，到2006年，这1盎司黄金值500多美元①，资产大幅度增值。随着经济发展，交换中需求的货币增加，银行的发行自然就增加，银行资产在不断地扩大。日本中央银行的资产相当于日本GDP（近500万亿日元）的1/3（近150万亿日元），美国也有8000多亿美元的发行。当然，与“央行资产”对应的有“央行负债”，负债的主要部分是流通中的货币。只要国家经济正常运转，流通中就永远需要货币。

4. 央行资产的多样化。

早期，财政向市场投放的货币就是金属铸币；纸币流通和“不兑换发行”以后，财政投放的就是纸币，事实上就是财政用自己印出来的票子作为财政支出，将货币发行出去。规范的中央

① 2006年后黄金价格不断上涨，2011年曾达到1895美元/盎司，然后逐步回落，到2016年3月29日，黄金价格为1219.7美元/盎司。

银行制度陆续建立起来以后，金本位货币制度被逐步废弃，央行可以用不同方式向市场投放货币：购买黄金、购买外汇、回购国债、向商业银行再贷款等，不论哪一种形式都可以将货币发行出去，与此同时，央行自己持有的资产就多样化了（见图2－3）。

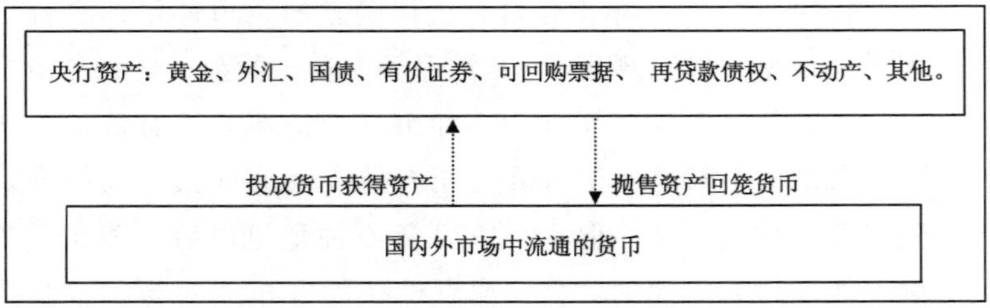

图2－3

5. 央行资产的“独立性”，保证了其管理权限的独立性。

中央银行独立于财政，自主地制定和实施货币政策，防止政府任意发行货币引发的通货膨胀，也防止财政通过“发行”取得铸币税。央行在货币发行中形成“资产”，相应地，中央银行对“市场”有“负债”。如果发现流通中的货币过多，中央银行就要收回货币，冲销资产。央行的独立性对现代经济是非常必要的，是社会和经济持续稳定和发展的重要因素之一。

6. 央行资产本质上是国家资产。

央行资产有两个特征，一个是法律规定上的特征，它是中央银行的资产；另一个是本质上的特征，它是国家资产。在一般的情况下，（美国、日本和其他国家的）政府会保护它的第一个本质特征，让它独立行使权利，保护货币稳定。但是在有些情况下，或者在很长的历史过程中，他们同时也运用了它的第二个特征，将它变相地作为国家财产使用。中央银行在留足“应对回笼货币需求的资产”后，还有大额的随经济不断发展及“经济发行”所形成的沉淀资产。在特殊情况下，至少在不影响货币稳定的前提下，沉淀资产在美国和日本事实上都被“铸币税”式地使用了，这一点在下面会进一步说明。

四、央行外汇储备的本质是铸币税

1. 外汇储备的基础是“国家信用”和货币发行。

用外汇储备购汇的资金不是来自财政拨款，它是从哪里来的？央行自己也没有“收入”，实际上它是央行使用国家信用的结果。发行货币就是国家赋予国家金融管理机构的特权，使央行有了一种与财政信用性质相同的或者派生的另一种国家信用——金融当局信用——并藉以向社会发行货币。国家的外汇占款与货币发行是直接对应的，央行在购汇结汇中发行了货币。

2. 外汇储备的本质是铸币税。

我国央行“货币当局资产”中“外汇”一项，1995 年是 6511 亿元人民币，到 2003 年末为 29842 亿元人民币。2005 年的统计数据没有公布，但是 2005 年的外汇储备 8189 亿美元，合计为 65512 亿元人民币，是 2003 年的 2.2 倍。

3. 汇金公司“经营”的央行资产有“铸币税性质”。

央行用外汇购买境外国债，就是对这些资产的“经营”，说明它是一笔财产。中央汇金公司正是在这样的基础上成立的，目的在于更好地经营这笔资产。但是，央行外汇资产在国家目标上使用，就使人们看到这笔资产的国家“铸币税性质”：本来对国有银行注资是国家财政的职责，现在用央行资产，也一样达到原来的目的，只是经由汇金公司使用而已。当然，将央行资产“铸币税”式的使用也潜伏着制度和宏观经济的风险，特别是对商业银行的注资行为，有不合理的地方，这一点留作以后专门讨论。

五、央行长期持有国债，使财政重新得到铸币税

1. 央行回购国债时发行货币，卖出国债回笼货币。

如果市场上需要货币，央行到金融市场上购买本国国债等债券，将货币发放出去；如果市场上货币过多，央行将债券抛售出去，将货币回笼。这是所谓的公开市场操作。各个国家都在运用。

表 2 - 1　　2006 年美国联邦储备银行资产结构　　单位：百万美元

	2006 年初各项所占比例（%）	2006 年 1 月 4 日	2005 年 1 月 5 日	2000 年 1 月 5 日	1996 年 1 月 26 日
1 联邦储备银行信用	94.4	832796	791658	636928	420656
2 持有的美国国债	84.3	743831	717819	480862	382495
3 持有联邦机构债		0	0	181	2388
4 可回购协议国家及机构债	5.5	48750	33214	120136	3833
5 对存款银行的贷款		64	53	301	998
6 浮存		866	963	475	749
7 其他资产	4.5	39296	39607	34943	30942
8 黄金储备	1.3	11043	11045	11048	11050
9 特别提款权	0.2	2200	2200	6200	10168
10 国库未偿付的货币	4.1	36610	36490	27762	24418
11 资产总计	100.0	882649	841392	681939	466293

资料来源：美国联邦储备银行统计发布网。

2. 央行“长期持债”，且不断增持。

第一，美国的例子（见表 2 - 1）。从美国联邦储备银行的统

计数据可以看出：其一，美国联邦储备银行长期持有美国国债，且不断地增加。美国国债额从1996年初的3824.95亿美元增加到2006年的7438.31亿美元，10年几乎翻一番（见表2－1第2行）。其二，美国联邦储备银行通过货币发行形成的总资产（第11行，2006年为8826.49亿美元）中，长期持有的国债（2006年为7438.31亿美元）占比很高，2006年占到84.3%；如果加上可回购的短期持有的国家和联邦机构债（第4行，487.5亿美元），国债占央行资产的比例将高达89.8%，就是说近90%的发行资产转为美国国债。第三，持有国债这种向“铸币税”回归的现象具有长期性，10年来一直如此，只是1996年比例低一些（1996年长期持有占82.5%，加上短期持有达到83.4%），2006年比例高一些。

第二，日本的例子（见表2－2）。日本的数据说明以下情况：第一，日本央行长期持有日本国债，并且不断增加（见第5行）。日本国债额从1998年的48.9万亿日元上升到2005年的97.9万亿日元，7年间翻了一番。第二，国债占央行资产的比例很高，2005年长期持有的国债（97.9万亿日元）占央行资产（148.1万亿日元）的66.1%。如果加上短期持有的（见第3行，4.7万亿日元），比例为69.1%，接近70%。第三，日本与美国不同的是，它还有外汇占款（第10行），2005年有4.8万亿日元，其中大部分是外国国债，占总资产的3.2%。

表2－2　　日本央行资产结构　　单位：亿日元

	2005年各项所占比重（%）	2005年9月30日	2004年9月30日	2003年9月30日	2000年9月30日	1998年9月30日
1　黄金	0.3	4413	4412	4412	4445	4328
2　现金	0.2	2701	2815	2803	2513	2495
3　可回购及保管国债	3.2	47071	77702	84147	80185	44278

续表

	2005年各项所占比重（%）	2005年9月30日	2004年9月30日	2003年9月30日	2000年9月30日	1998年9月30日
4 有价证券	25.0	370228	290053	254203	30267	102904
5 国债	66.1	979470	941493	918888	592608	489491
6 其中长期国债			639507	623955	295842	264036
7 有资产担保证券		617	1127	309		
8 股票信托	1.3	19858	20288	18515		
9 贷出金		0	1411	1711	7501	41966
10 外汇	3.2	48047	45789	41742	33103	36152
11 其中外国国债	3.2	47407				
12 代理机构账户		858	1525	3121	11166	3551
13 其他资产	0.4	5805	6733	8158	89403	56488
14 动产和不动产	0.2	2290	2338	2421	2228	2008
15 贷款准备金			1472	1141		
16 资产合计	100.0	1481357	1394564	1339295	853389	783665

资料来源：日本银行信息网。

3. 长期持债——对财政“铸币税性质的融资”。

黄达先生在他的《货币银行学》中说：“中央银行在一级市场上购进政府债券，资金直接形成财政收入，流入国库；若中央银行在二级市场上购进政府债券，则意味着资金是间接地流向财政。无论是直接地还是间接地，从中央银行某一时点的资产负债表来看，只要持有国家证券，就是对国家的一种融资。”此外，我们从日美两国例证进一步看到，这种融资是长期的、不断增加，大部分是不偿还的。因此，这种融资具有铸币税性质，或者说是新铸币税。加上超额发放货币的通胀铸币税，就构成了现代铸币税。

六、美国向全球征收铸币税

1. “国债－货币”铸币税——美元发行越多，美联储吸收的美国国债就越多。

第一，美联储发行货币的主要形式就是回购美国国债，如果仅仅限于美国国内市场，那么回购国债多，美元发行就多，市场容纳不了这么多美元，货币就要贬值；如果美元在世界市场上使用（事实上如此），世界市场上容纳的美元多，美联储可发行的货币就多，可回购的国债就可以越多（见图2－4中的X＋Y＝B）。第二，美联储回购美国国债越多，美国财政发行的国债就可以越多。因为不用担心国债对民间生产性投资的“挤出效应”。

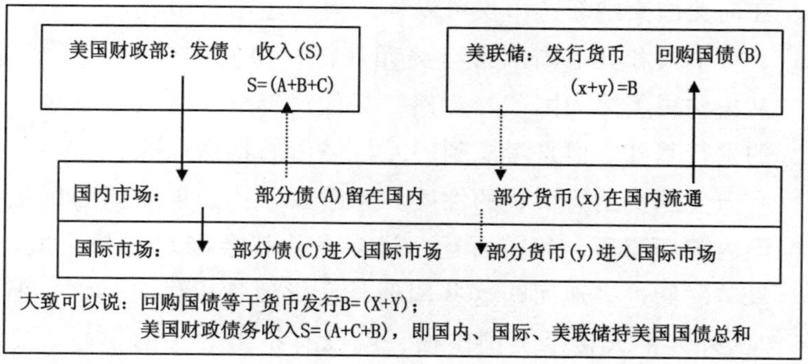

图2－4

美国财政债务收入总量（S）等于国内市场国债存量（A），加国际市场国债存量（C），再加美联储回购的国债（B）。即S＝A＋C＋B，由于靠发行货币回购国债B＝X＋Y，所以S＝A＋C＋X＋Y。因此，世界市场上流通的美元和美国国债越多、接受美元和美国国债作为外汇储备的国家越多，美国的财政债务收入就越大。

由此看来，世界市场上流通的美元就是美联储的国债；美元等同于美联储的国债，等同于美国的额外财政收入，也就是美国的铸币税。财政国债收入与美元发行就这样以隐蔽的形式联系起来了，可以称之为隐蔽的“国债－货币”铸币税，我们定义它为新铸币税。从实际情况看，比如在中国，政府、个人和企业都有一定数量的美元，都是美国的财政收入，我们都在向美国交纳新铸币税。

2. 各国央行美元外汇储备也是美国的新铸币税——“超额铸币税”；各国央行被迫用美元买美国国债，美国政府得到了其他国家的长期融资——“类铸币税”。

还应当强调，除市场流通中有美元外（受 $M = P \cdot Q/V$ 的限制），其他国家央行储备中也有美元（不受前述公式限制），这是超过市场流通需要的、被这些国家央行暂时锁定的美元，这也是在向美国交纳新铸币税可以称之为“超额铸币税”。

中国和其他国家持有美元外汇，为使这些美元外汇有收益，又去购买美国的国债。当然，买债时释放了美元、减少了美联储的发行基础。但是考虑到美元与美债的特殊联系，这种行为同样有向美国交纳铸币税的性质。原因如下：如果美国的国债仅在其国内市场流通，如前所述，过多发债就会出现“挤出效应”；如果美联储过多地回购这些国债，会导致货币供给过多。但是，有“国外”的人接手美国国债，就没有挤出效应的担心，美国的国债就可以不断地发行，比起其他国家只能在国内有限地发债，美国将债发到全世界，发到其他国家的中央银行，这是变相的铸币税，可以称之为“类铸币税”。

3. 双赤字、印钞机和不断贬值的“战略”。

债务是要偿还的，美国“双赤字”在持续，累计债务在增加，美国难道不惧怕吗？人们说美国宏观经济存在危机，为什么却一直“平稳”运行着？答案是这样的：它的“双赤字”确实隐藏着风险，但是被印钞机和世界人民承担了。第一，只要世界人民继续接受美元和美元国债，印钞机就可以持续开动，铸币税、通货铸币税和类铸币税就会交纳到美国国库，赤字就不断地得到弥补。第二，开印钞机和增发国债必然导致货币贬值，但是贬值对美国偿还已有的巨额债务有利：通过美元的不断贬值，美国国债就在不断贬值。一边是旧债贬值，美国国债的实际负担减轻了，一边新债发行，用新债收入偿还贬值的旧债。第三，国债贬值的损失转移到债务持有人身上，货币贬值的损失落到货币持有人身上，也就是由世界人民来承担。第四，贬值对外贸出口有利，甚至对外交有利。因为，美国可以一方面攻击其他国家的经济、控制汇率；另一方面却尽量发行货币使本国货币贬值。只要这个贬值不影响本国的宏观经济稳定就行。

表 2－3　　美国联邦债务历史统计和预测表

年份	年末数（亿美元）					占 GDP 的比重（%）				
	联邦总债务	减：联邦机构持有	等于：社会持有			联邦总债务	减：联邦机构持有	等于：社会持有		
			总社会持有	美联储持有	其他持有			总社会持有	美联储持有	其他持有
1995	49206	13162	36044	3741	32303	67.2	18.0	49.2	5.1	44.1
2000	56287	21289	34098	5114	28984	58.0	22.9	35.1	5.3	29.2
2004	73547	30591	42955	7003	35952	63.7	26.5	37.2	6.1	31.1
2005	80314	33101	47212	7438	39774	65.7	27.1	38.6	6.1	32.5

资料来源：美国《2006 年预算，历史数据》。2005 年以后的数，见本节后的补充材料附表 2、附表 3。

由于美国和美元的独特地位，人们现在还只能接受它。对美国来说，只要国际市场接受美国的美元和国债，美国就可以不断地发行美元，目前来看，没有什么顾忌。当然从长期看有风险，美国政府和人民要承担这个风险。但是，其他持有美元货币资产的国家和人民也要承担风险。美国不断发债形成财政收入和财政支出，却不担心偿还这些债务，即使在克林顿执政形成财政节余的时期，其节余的资金也没有准备偿债，而是注入到美国的养老金，由社会保障机构持有美国国债（见表2-3中1995年到2000年“联邦机构持有”）。“不断贬值”是美国货币和国债唯一的“偿还”途径。其实，贬值是一种不自觉的战略选择。美国财政发债实际使用的货币价值与它偿还时的货币价值之间有一个“贬值”额，这就是美国财政的通胀铸币税收入，债务和货币同时贬值，这些是国债-货币-贬值的铸币税。

当然，财政和贸易长期的“双赤字”和印刷机的故事如果演绎得过于剧烈，会迫使世界人民抛售美元和美国国债，那时，靠增发行货币和国债来弥补双赤字的链条会中断，美国的危机就会到来。因此贬值一定是逐渐地、波浪式地进行的。

4. 美联储的调控手段和黄金储备等资产可以保证贬值有序进行。

美联储独立的货币政策能力，能缓和双赤字给宏观经济带来的压力。2004年以前，美联储曾经连续10多次的减息，2004年以后，美联储又连续14次加息。这些技术操作保证了美国经济稳定运行。（当然，当时人们对格林斯潘用这样的技巧掩盖矛盾也有异议。）

另外，美国拥有全球30%的黄金储备（见表2-4，2006年初官方有8133.5吨，其中67.5%做外汇储备），按照500美元1盎司的当时价格计算，外汇储备的部分有883亿美元，如果计算全部黄金，则有1308亿美元。这些黄金财富是历史积累形成的，主要是发行货币的收入。如果美元在美国贬值战略中急速贬值，影响到美国的宏观经济，美国还可以抛黄金，收回美元。到2007年为止，美国还没有这样做，可见，美国还是有能力控制它的宏观经济，逐渐贬值的“战略”会一直执行下去。

表 2－4　官方持有黄金数量最多的国家及地区、组织和各自用于外汇储备的比例

国家	官方持有（吨）	用于外汇储备的比例（%）	国家	官方持有（吨）	用于外汇储备的比例（%）
美国	8133.5	67.5	日本	765.2	1.4
德国	3427.8	52.4	荷兰	716.9	52.3
法国	2856.8	59.3	中国	600.0	1.2
意大利	2451.8	59.4	西班牙	472.5	42.8
瑞士	1290.1	35.2	中国台湾地区	423.3	2.5
IMF	3217.3		各国合计	27580.9	9.2

资料来源：世界黄金局（World Gold Council）的统计，www.gold.org。

5. 美国很关注其国债和货币在国际上的地位。

对美元的国际地位和美国国债在其他国家央行中持有量的多少，美国人其实是很在意的：它竭力维护美元的国际货币地位（一直在打压日元、排斥欧元）；对各国减少持有美国国债的意向甚至是害怕的，不是官方所说的“无所谓”。2005 年年初以来，美国二级市场上长期债市场利息与短期债利息持平甚至倒挂。这个现象的出现，表明人们对美国经济的信心降低了（或预见未来有通胀会发生）。中国官方如果公开宣布减持美国国债，可能会引起别国跟风减持（事实上日本等国都在悄悄地减持），这样做，在实质利益上和外交礼仪上都对美国造成“伤害”。

6. 欧洲和日本也在争夺铸币税。

因为美元是全球货币，在世界市场上流通，持有美元的人就是向美国人交纳铸币税。这种向世界抽税的行为是不合理的，却

是不可避免的。将来应当有一个世界货币，但是目前还不行，这个问题应当专门研究。

因此，1999 年出现了欧元。欧洲各个国家甘愿放弃各自的货币主权而接受一个统一的货币，原因之一是减少其内部交易成本，原因之二是对上述不合理状况的反抗，欧洲也要争取这方面的利益。欧洲人到处游说，要使欧元成为另外一个世界货币。伊朗也已经宣布它的石油交易中心用欧元结算，也在打欧美之间的货币利益牌。

到 2006 年，日本央行长期持有的日本国债有 97.9 万亿日元，加上临时持有的 4.7 万亿日元，共有 102.6 万亿日元（正好是 2005 年 GDP 的 1/5），货币发行总收入是日本 2004 年的税收收入（41.7 万亿日元）的 2 倍多。正因为有如此大的发行利益，日本一直想让日元成为世界货币，1984 年就成立了“日元国际化促进委员会”，积极在世界上推销日元；日本也设想使日元成为亚洲货币，因此日本又是以日元为主导的“亚洲货币单位”的积极倡导者。同时，仿效美国，日本人也想使日本国债在世界上流通和成为其他国家的外汇储备，为此，他们组成国际游说团到各国游说（见“日本卖力向国外兜售国债，预计未来六年增近五成”《中国金融时报》2006 年 1 月 20 日）。日元债券在国际债券市场上一度占到 20%，日本货币和国债一度在各国外汇储备中占 10% 以上。预计以后会有增长，因为这时的日元债收益低，但如果日本经济走强，日元利息会提高，同时日元相对美元会升值，各国外汇储备中可能会减持美元债，增持日元债；如果日本经济仍然停滞不前甚至衰退、日元继续贬值，其日元国际化的目标就难以实现。

七、我国的货币发行模式应当逐步转换

1. 我国的“外汇储备—货币发行”模式。

美国是典型的“国债—货币发行”模式，货币发行形成资产

的主要部分是本国国债。我国是“外汇储备—货币发行”模式，央行货币发行所形成资产的主要部分（接近60%）是“外汇”。从表2-5可以看到：第一，无国债。中国央行资产中没有单独标明国债的数量，如果有，数量也很少（见表2-5第4行，“对中央政府的债权”）。第二，主要资产是外汇（表2-5第1行）。2004年末外汇4.59万亿元，占总资产的58.4%，2005年11月末外汇6.09万亿元，占总资产的59.8%。第三，外汇资产增加很快。2005年的外汇储备几乎是1995的10倍（最近公布是数量是8189亿美元，折合约65512亿元人民币，正好是1995年的10倍）。第四，总资产也增加很快（表2-5第11行），2005年是1995年的5倍。

表2-5 **2005年我国央行资产构成** 单位：亿元

	2005年各项比重（%）	2005年11月	2004年末	2000年末	1995年末
1 外汇	59.8	60923	45940	14814	6511
2 黄金	0.3	337	337	12	12
3 国际金融机构等资产（净）	0.9	877	683	756	146
4 对中央政府债权	2.8	2892	2970	1583	1583
5 对存款货币银行债权	7.7	7877	9376	13519	11510
6 对特定存款机构债权	4.1	4212	1048		
7 对其他金融部门债权	13.1	13332	8865		
8 对非货币金融机构债权		95	136	8600	182
9 对非金融部门债权				110	680
10 其他资产	11.1	11249	9300		
11（以上各项加总：总资产）	100.0	101794	78655	39398	20524

注：此表格依据1998年、2004年的《中国金融年鉴》以及中国人民银行网站的数据制作，“总资产”是各项加总数，资料来源中没有这个总资产数。

2. 美国“国债—货币发行”模式的优势。

美国等国家“国债—货币发行”模式的有如下优越性：第一，“国债—货币发行”有巨大的财政经济效应。通过对国内外的货币发行，美联储吸收了7438亿美元的国债，加上国内外市场上流通的国债，美国财政总量集中5万亿美元的收入，部分作为用于科研、教育和社会支出，推动了国民经济的增长。比如，2000年以来，美国一方面减税，减轻企业负担；一方面发债，增加支出，刺激经济。由于这些措施，其GDP以3%左右的速度增加；因此，债务占GDP的比重也没有增加。第二，有巨大的国际经济效应。美国的外贸赤字用美元支付，不仅得到前述的铸币税，也使美元在国际市场上贬值，刺激美国的出口；美国将铸币税筹集的财政收入再用于对外战争和援助，不仅维护了有利于美国的政治经济环境，又使国际市场上美元货币供给增加，美元进一步贬值（但是本国物价却没有大幅度上升）。美元不断贬值，美国债务负担减轻；美元贬值，使美国在汇率问题的外交争论上处于有利地位。当时，这个“战略”是成功的。第三，有宏观调控的效应。美国政府与美联储配合，根据宏观经济的需要，将发债与发行货币配合起来，将利率与债息配合起来，调节宏观经济。比如十多年来美国经济经历了“新经济”、新经济泡沫破灭、持续经济增长时期。此期间，与美国财政收入增长、减税政策、增加发债等政策相配合，美联储连续提高利率、又连续降低利率、再连续提高利率，以及采取抛售和回购国债等手段，保证了经济的运行。总之，这一货币发行模式有利于美国经济的较高增长水平。

3.“外汇储备－发行”模式有如下的利弊。

我国的货币发行模式有如下益处：其一，握有外汇，保障国际支付。第二，购买外国国债以后，能赚到利益。第三，部分外汇可以用来对内和对外投资等。但仍有一些弊处，应当权衡利弊，适当调整。

弊病如下：第一，我国央行的外汇储备（及民间外汇）是其他国家的铸币税。我国央行资产增加很快，主要是外汇储备，其中主要又是美元、欧元和日元，这些资产是我国央行的资产，也是美国、日本等国家的铸币税，“支持了”其他国家的财政收入。第二，资产的主体部分是“外汇”而不是我国国债，央行的“铸币税性质的资产”与我国财政没有形成循环联系，没有形成经济使用。如果央行吸收的是国债，财政可以发行的国债余地就大，如果多发国债，将这些收入用于科研、教育、基础设施建设，人力资本积累、技术进步、投资乘数等效应就大的多。现在购买的是外国国债，乘数等效应在外国。第三，在宏观经济方面，央行与财政没有共同使用国债这个统一工具，实现“一体性”的配合。第四，没有持有本国将升值的资产，而是持有外国将贬值的资产，承担着外币贬值的风险（预计美元在国际市场上贬值，日本号召国民购买黄金）。央行持有美国国债，赚得的国债利息收入可能不抵其贬值损失。

4. 结论：我国央行资产主体部分应当逐渐换成我国国债。

第一，货币发行模式要逐渐转变。从前面分析可见，我国“外汇—货币发行”模式下，央行的资产主要是外汇。我国的“汇金公司”经营着央行部分外汇，从事商业银行注资和投资等经营活动，也有经济效益。但是，与“国债—货币发行”模式比较，综合经济效应上有差距，特别是扩大内需的效果不好，且承担着贬值的风险。因此，应当逐渐实现发行模式的转变，至少是部分地转换，使两者均衡。

第二，国债要适量发行。如果要转变，国债的规模就要重新考虑，从新铸币税的角度看，应在模式转变中适量增加发行。

第三，国债理论要发展。应当研究国债可以发行和发行多少的新规律。不仅要研究周期性赤字和债务理论、结构性赤字和债务理论，还应当研究“新铸币税”理论、国债与宏观经济关系、国债与国际经济和汇率联系等新理论。

思考题

1. 什么是铸币税？

2. 汉武帝铸币“重如其文”，为什么说他没有得到铸币税？

3. 铸币税的合理数量界限在哪里？

4. 财政掌握货币发行权时，什么是它的经济发行，什么是它的财政发行？

5. 央行获得货币发行权后，什么是经济发行，什么是“超经济发行”？

6. 什么是现代（新）铸币税？日本央行、美国央行持有国债占央行资产的比重是多少？

7. 美国是如何向全球征收铸币税的？

8. 我们是（个人和央行）如何向美国交纳了铸币税的？

9. 为什么说我国外汇储备本质是铸币税？

10. 如果我国央行资产的主体是我国国债，有哪些好处？为什么做不到？

补充材料

附表 2－1　美国联邦储备银行资产结构　单位：百万美元

	2014 年初各项所占比例（%）	2014 年 1 月 2 日	2012 年 1 月 4 日	2010 年 1 月 6 日	2008 年 1 月 2 日
1 黄金储备账户	0.274	11037	11037	11037	11037
2 特别提款权	0.129	5200	5200	5200	5200
3 基础货币	0.049	1955	2316	2064	1169

续表

	2014年初各项所占比例（%）	2014年1月2日	2012年1月4日	2010年1月6日	2008年1月2日
4 证券回购协议、定期竞标信贷和其他信贷	98.234	3952587	2614151	2010949	842300
4.1 美国国债	54.895	2208775	1663438	776595	740672
4.1.1 短期国债		0	18423	18423	227841
4.1.2 长期国债	54.895	2208777	1645015	752292	512787
4.1.2.1 长期名义债券		—	—	707649	—
4.1.2.2 长期指数化债券		—	—	44643	—
4.1.3 通胀补偿		—	—	5881	—
4.2 联邦机构债	1.422	57221	103994	159879	0
4.3 抵押担保证券（按揭债券）	37.035	1490162	837739	0	—
4.4 未摊销投资溢价的持有债券	5.185	208610			
4.5 未摊销贴现的持有债券	-0.307	-12352			
4.6 回购操作	0.200	0	0	908737	56750
4.7 定期竞标信贷		—	—	75918	40000
4.8 其他贷款	0.004	171	8980	89821	4923
4.9 商业票据融资工具组合 LLC		—	—	14076	—
4.10 Maiden Lane LLC	0.038	1541	7239	26736	—
4.11 Maiden Lane II LLC	0.002	63	9143	15662	—
4.12 Maiden Lane III LLC	0.001	22	17788	22757	—
4.13 TALF LLC	0.003	109	811	298	—
5. AIA Aurora LLC and ALICO Holdings LLC	—	—	0	25106	—
6 国库未偿付的货币		165	670	722	3021
7 银行固定资产	0.004	2289	2182	10272	2134

续表

	2014年初各项所占比例（%）	2014年1月2日	2012年1月4日	2010年1月6日	2008年1月2日
8 其他资产	0.057	24579	149866	27762	64711
9 央行流动性掉期	0.611	272	99823	91380	—
10 外币计价资产	0.007	23821			
11 州际间结算账户	0.592	0	0	—	0
12 资产总计		4023640	2920225	681939	926573

资料来源：美国联邦储备银行官网数据库：http：//www.federalreserve.gov/releases/h41/。

附表2-2　日本央行资产结构　单位：亿日元

	2014年各项所占比重%	2014年	2012年	2010年	2008年
1 黄金	0.167	52944	52944	52944	52944
2 现金	0.101	32118	40922	40361	23854
3 可回购及保管国债	0.000	0	0	284928	867199
4 有价证券	0.913	290053	254203	30267	102904
5 国债	83.227	26453783	11681448	9056594	8052395
5.1 其中短期国债	18.382	5842795	2237750	2537152	2601290
5.2 中长期国债	64.845	20610981	9443693	6519437	5451097
6 商业票据	0.836	265727	201788	988	—
7 企业债	1.214	386003	283531	11593	—
8 信托资产	0.512	162742	169022	177416	162080
8.1 挂牌交易的信托资产	1.192	378983	142917	142	—
8.2 房地产投资信托	0.059	18641	10751	22	—
9 贷款贴现	10.346	3288536	4347739	4241974	3305154
9.1 其中，贷款	10.346	3288536	4347739	4241974	3305154
9.2 贷款资金供应业务	10.345	3288178	4346366	4239122	3277804

续表

	2014 年各项所占比重%	2014 年	2012 年	2010 年	2008 年
9.3 抵押贷款	0.001	358	373	452	27350
15 外国货币资产	2.142	680858	626301	633787	966964
16 代理机构账户	0.015	4630	3843	4342	8818
14 其他资产	0.002	65108	59494	68262	74401
17 资产合计	0.167	31785056	17620769	14573398	13513847

资料来源：日本银行官网数据库：http：//www. stat – search. boj. or. jp/ssi/cgi – bin/famecgi2?cgi = $nme_ a000_ en&lstSelection = 1。

附表 2－3　　美国联邦债务历史统计和预测表　　单位：10 亿美元

年末数						占 GDP 的比重（%）				
	联邦总债务	减：联邦机构持有	等于：社会持有			联邦总债务	减：联邦机构持有	等于：社会持有		
			总社会持有	美联储持有	其他持有			总社会持有	美联储持有	其他持有
2008	9986.08	4183.03	5803.05	491.13	5311.92	67.7	28.4	39.3	3.3	36.0
2009	11875.85	4331.14	7544.71	769.16	6775.55	82.4	30.0	52.3	5.3	47.0
2010	13528.81	4509.93	9018.88	811.67	8207.21	91.4	30.5	60.9	5.5	55.5
2011	14764.22	4636.04	10128.19	1664.66	8463.53	96.0	30.1	65.9	10.8	55.0
2012	16050.92	4769.79	11281.13	1645.29	9635.85	100.2	29.8	70.4	10.3	60.1
2013	16719.43	4736.72	11982.71	2072.28	9910.43	100.8	28.6	72.3	12.5	59.8
2014	17794.48	5014.61	12779.88	2451.74	10328.13	103.2	29.1	74.1	—	—
2015*	18627.58	5121.25	13506.33	—	—	103.6	28.5	75.1	—	—
2020*	22413.11	5778.41	16634.70	—	—	99.7	25.7	74.0	—	—

资料来源：美联储官网数据库，其中 2015 年、2020 年为预测数据：https：//www. whitehouse. gov/omb/budget/Historicals。

附表 2－4 2015 年 3 月官方持有黄金数量最多的国家及组织和各自用于外汇储备的比例

单位：吨，%

	官方持有（吨）	用于外汇储备的比例（%）		官方持有（吨）	用于外汇储备的比例（%）
美国	8133.5	74.0	日本	765.2	2.5
德国	3384.2	68.7	荷兰	612.5	57.2
法国	2435.4	66.8	中国	1054.1	1.1
意大利	2451.8	67.7	西班牙	281.6	22.4
瑞士	1040.0	7.7			
IMF	2814.0	—	各国合计	32033.3	—

资料来源：世界黄金局（world gold council）统计：http：//www. gold. org/。

附表 2－5 我国央行资产构成

单位：亿元

	2014 年各项比重（%）	2014 年末	2012 年末	2010 年末	2008 年末
1 国外资产	82.37	278622.85	241416.90	215419.60	162543.52
2 外汇	80.02	270681.33	236669.93	206766.71	149624.26
3 货币黄金	0.20	669.84	669.84	669.84	337.24
3 其他国外资产	2.15	7271.68	4077.13	7983.06	12582.02
4 对政府债权	4.53	15312.73	15313.69	15421.11	16195.99
其中，中央政府	4.53	15312.73	15313.69	15421.11	16195.99
5 对其他存款性公司债权	7.39	24985.27	16701.08	9485.70	8432.50
6 对其他金融公司债权	2.32	7848.81	10038.62	11325.81	11852.66
7 对其他非金融性部门债权	0.00	11.62	24.99	24.99	44.12
8 其他资产	3.39	11467.50	11041.91	7597.67	8027.20
9 总资产	100.00	338248.79	294537.19	259274.89	207095.99

资料来源：中国银行官网数据库。

第二节 汇率与现代铸币税[1]

一、本节要研究的问题

1. 汇率与国债关系的问题。研究为什么我国央行外汇储备会超常增加，形成“货币超经济发行”，并且挤掉了央行资产中我国国债的空间。

2. 我国央行能不能减少购汇发行，增加我国国债回购发行。

3. 设计一个均衡的“新汇率战略”，借鉴日本在汇率问题上正反两方面的经验。

4. 新汇率战略要更注重内需，国债是其中一个重要手段，如何发挥它的作用。

二、汇率问题制约着我国货币发行模式

1. 结汇购汇，使我国“外汇储备”激增。

(1) 过去增加外汇储备，目的在于保证国际支付。

我国过去一直实行严格的外汇管理政策，比如强制结汇、行政审批用汇等。央行承担了强制结汇的任务，用发行货币的形式，购买国内市场的外汇。央行握有的外汇，实际上是央行的发行收入。央行等部门积极主动地争取外汇，使我国外汇储备不断增加，保证了我国的国际支付能力。见图 2－5。

① 本节主要内容载于财政部财政科学研究所《科研内报》2006 年第 6 期。

（2）现在增加外汇储备，目的在于保持汇率的稳定。目前我国的外汇储备已经超过了国际支付的需要。

为了国际支付的需要，每个国家要保留一定的外汇储备。这个储备的多少没有定论，一般的说法是半年进口（我国大约有3000亿美元）值和短期外债（我国大约1000亿美元）。按照这个口经，我国大约只需要4000亿美元的外汇储备。我国2005年末的外汇储备是8189亿美元，显然这超过了需要。这是为什么？原因在于我们必须采取政策手段，“维护”一个“浮动的”但是“基本稳定的”汇率。

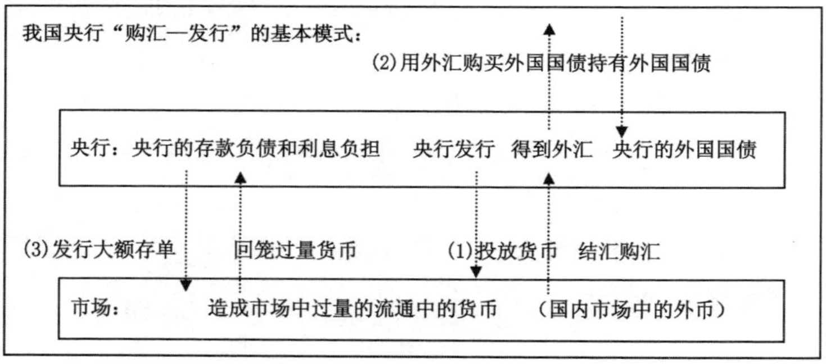

图2－5

资料来源：作者自制。

在很长一段时间里，我国实行的是固定汇率制度。作为发展中国家，国内工业企业竞争力弱，盈利能力差，固定汇率制度保护了我国企业进出口事业的发展。为防止它的弊病，我国曾经实行定期调整汇率、与美元挂钩、允许汇率区间浮动等政策，以保证汇率的基本稳定。但是由于对外贸易盈余的增加、美元等货币的蓄意贬值、国际资本投机的压力等原因，人民币面临升值的压力。因此，央行增持外汇储备有了一个新功能，就是调节汇率。在面临市场外汇较多、外汇贬值、人民币升值压力的时候，央行必须购买这些外汇，减少市场压力。正如《2004年中国金融年鉴》，“货币政策”一章所说：“2003年中国人民银行面对国际收支顺差大幅度增加的情况，继续坚持人民币汇率基本稳定的立场，大量购入外汇。”央行此时增持外汇的行为是被动的，甚至是被迫的，比如，国际投机资本也利用我国央行的结汇渠道，将非贸易和直接投资外汇挤进来，以赌人民币升值。2005年外贸盈余1000多亿美元，而外汇储备增加了1620多亿美元，其中有些是投机资本。

2. 增加了外汇储备，央行则“超额发行“和“特别回笼”。

（1）“购汇”和“超经济货币发行”。

从表2－6中可以看到，2002～2005年，购汇新增加人民币（第6行）分别为7292亿元、7735亿元、16097亿元和16201亿元，而实际上市场上能够容纳的、经济发行必需的货币（第7行）分别只有1720亿元、2641亿元、1864亿元和2750亿元。结汇流入市场的货币大大超过市场需求。2002～2005年，前者分别是后者的（5行/6行）4.2倍、2.9倍、8.6倍、5.8倍。

表2－6　央行负债结构：外汇储备、人民币发行、回笼的统计　单位：亿元

	2005年末	2004年末	2003年末	2002年末	2001年末
1 外汇储备总量（以人民币计）	62140	45939	29842	22107	18850
2　央行实际货币发行	25854	23104	21240	18589	16869
3　金融机构在央行存款	38391	35673	22558	19138	17089
4　非金融机构在央行存款	98	79	9042	7411	5894
5　央行发行债券	20296	11079	3031	1488	0
6 当年购汇新增人民币	16201	16097	7735	7292	
7　当年央行实际货币发行	2750	1864	2641	1720	
8　当年金融机构在央行存款	2718	13115	3420	1049	
9　当年非金融机构在央行存款	19	－8963	1631	1517	
10　当年央行新发行债券	9217	8048	1543	1488	

资料来源：依据中国人民银行“央行资产”历年统计计算制作。

(2) 用各种方法回笼多余的货币。

我国“外汇—货币发行”模式形成过量发行，央行不得不用如下的方法回笼货币：

第一，用央行票据或大额存单回收。“自 2003 年年初开始，对冲外汇占款就成为人民银行货币操作的重点之一。近几年，中国人民银行主要通过正回购交易对冲外汇占款，2003 年发行中央银行票据又成为一个重要手段，截至 12 月末，共发行 63 期央行票据，发行总量为 7000 亿元”。[①] 正回购交易主要是卖出国债回笼货币。

第二，提高存款准备金率，增加商业银行在央行的存款。“为配合公开市场操作对冲基础货币过快增长，减轻央行用票据发放回收货币流动性的压力，有效地控制货币信贷过度扩张，经国务院批准，从 2003 年 9 月 1 日起，将存款准备金率由 6% 提高到 7% 。”[②] 从统计中可以看到，金融机构在央行的存款总量大幅度地增加（第 3 行），由 2001 年的 17089 亿元，增加到 2005 年的 38391 亿元。

3. 超额发行和回笼，挤掉了国债的空间。

(1) 公开市场操作未使用“国债”手段。

从表 2－6（第 6～10 行）可见，2005 年当年因外汇增加的流动性（16201 亿元），由金融和非金融机构在央行的存款（2737 亿元）、央行债券（9217 亿元）和经济发行（2750 亿元）三个方面消化了。没有国债的影子，发行和回笼与财政之间没有联系。由于购汇“拉偏”了央行的货币发行，央行没有必要回购国债发行货币，只有卖出国债回笼货币，但是 2005 年也没有这样的操作。央行资产中没国债，公开市场操作也没有卖国债，这是为

① 见《2004 年中国金融年鉴》，“货币政策”章。
② 同上。

什么？

（2）央行没有了国债，才用央行票据和大额存单。

2003年的《中国金融年鉴》回答了使用大额存单的原因："2002年外汇供给持续大于需求，中国人民银行通过公开市场业务买入外汇数量持续增长，导致基础货币快速增长。为稳定基础货币增长，中国人民银行6月5日开始进行收回流动性的公开市场回购操作（即卖出国债回笼货币）。由于连年正回购操作，有可能出现原有（国债等）债务将陆续到期，公开市场业务操作可用债券不足的问题。经由与商业银行商量，中国人民银行于9月24日将当年公开市场业务操作（商业银行持有的）未到期的正回购债券，转换为中央银行票据。"卖完了国债，从此以后，央行票据大额存单成为中国特色的公开市场操作手段。

（3）票据和大额存单，央行照样付息。

用大额存单回笼货币，也承担着利息负担。2006年2月初，央行拍卖发行央行存单，回笼1200亿元，利息是1.833%。从表2-6上看，央行债券负债（第5行）2001年时候是0，2005年就达到2万多亿元，利息负担应当增加很快，数量也是巨大的。虽然不是国债，一样支付利息，可以用国债，但是没有这样做。央行资产是国家资产，利息支付也是国家资产的付出。

4. "以购汇为主的"汇率稳定制度应当调整。

（1）外汇增加既有利益也有损失。

2006年，我国央行外汇储备达到8000多亿美元，比正常支付多了4000多亿美元，超过的部分可以用来投资，汇金公司正在承担着投资的责任。当然，正如前面所说，要经受发达国家货币贬值和国债贬值的损失。

(2) 央行增加了债务和利息负担。

我国央行的债务（央行票据和大额存单）多了2万多亿元人民币，按照2%利息计算，有400亿元的利息负担。

(3) 丧失了向财政提供“铸币税性质长期融资”的机会。

美国央行资产的80%、日本央行资产的70%是国债，如果我国央行资产（2005年末是101794亿元）的70%将来转为长期国债，应当有7万亿元的铸币税收入。外汇储备与国债铸币税此消彼长时，两者之间的利益和损失各自多少需要深入研究。

(4) 宏观经济有损失。

由于购汇而多发行的货币，在我国储蓄率比较高的特定环境里，一是形成大量的储备，由于不能及时地贷出去，形成生产投资和消费，浪费了资源。二是压缩了宏观调控的空间，因为这些储蓄随时都可能被提取，特别是在价格不稳定时期，一旦提取，就会将潜在的超额货币供给变为实际的货币供给，给宏观管理带来巨大的压力，价格管理必须严格。

三、日本汇率斗争正反两个方面的经验

1. 经济增长时，货币升值不可避免。

根据有关理论，经济起飞国家的经济增长，有利于促进生产的发展，提高产品的国际竞争力，刺激出口增加外汇供给。所以从长期来看，经济增长会引起本币升值。同时，汇兑心理学解释说，因为经济起飞国家经济发展态势良好，人们对它的经济和货币主观评价相对就高，该国货币坚挺。从各个国家，特别是东亚国家的经验看，确实如此。

日本的数据也说明了这一点（见表2-7）。日本GDP从1974年的1385兆日元增加到2004年5006兆日元，后者是前者的3.6倍；日元对美元汇率从1974年的293日元（1971年时335元兑换1美元）上升到目前的120日元左右，前者是后者的2.4倍。如果按照最高值（1971年的335日元）与最低值（1995年的96日元）计算，前者是后者的3.5倍。

表2-7　　日本有关汇率和国债的经济指标

年份	GDP（兆日元）	GDP实增率	物价变动	贸易盈余（十亿日元）	预算发债（十亿日元）	决算发债（十亿日元）	平均汇率（日元/美元）	年末汇率（日元/美元）	发债/财政支出（%）	总债务/GDP（%）
1974	1385	-0.5	20.9	-650	2160	2160	293.0	293.8	11.3	7.0
1975	1524	4.0	10.4	42	2000	5281	299.0	299.7	25.3	9.8
1976	1713	3.8	9.5	1362	7275	7198	292.4	277.5	29.4	12.9
1977	1901	4.5	6.9	3531	8480	9561	256.6	222.4	32.9	16.8
1978	2086	5.4	3.8	2414	10985	10674	201.4	209.3	31.3	20.4
1979	2252	5.1	4.8	-3236	15270	13472	229.4	249.7	34.7	25.0
1980	2463		7.6	1589	14270	14170	217.4	211.0	32.6	28.6
1990	4500	6.0	3.3	5578	5593	7312	142.5	141.0	10.6	37.0
1991	4723	2.2	2.8	11300	5343	6730	133.3	133.2	9.5	36.3
1992	4838	1.1	1.6	15033	7280	9536	124.7	115.4	13.5	36.9
1993	4807	-1.0	1.2	14222	8130	16174	107.8	102.8	21.5	40.1
1994	4913	2.3	0.4	12428	13643	16490	99.3	89.3	22.4	42.1
1995	5000	2.4	-0.1	9482	12598	21247	96.3	106.4	28.0	45.0
1996	5142	3.6	0.4	7172	21029	21748	112.5	124.0	27.6	47.6
1997	5206	0.6	2.0	13232	16707	18458	123.0	133.4	23.5	49.6
1998	5124	-1.0	0.2	15191	15557	33400	128.3	112.0	40.3	57.6
1999	5080	0.9	-0.5	13241	31050	37514	111.6	105.3	42.1	65.3
2000	5132	3.0	-0.5	12400	32610	33004	110.5	125.3	36.9	71.6

续表

年份	GDP（兆日元）	GDP实增率	物价变动	贸易盈余（十亿日元）	预算发债（十亿日元）	决算发债（十亿日元）	平均汇率（日元/美元）	年末汇率（日元/美元）	发债/财政支出（%）	总债务/GDP（%）
2001	5009	-1.2	-1.0	11913	28318	30000	125.0	132.7	35.4	78.3
2002	4976	1.0	-0.6	13387	30000	34968	121.8	119.0	41.8	84.6
2003	4979	2.0	-0.2	15800	36445					92.3
2004	5006	1.8	-0.2	16200	36590					96.4

资料来源：依据日本财政统计数据制作。

2. 日本竭力使本币贬值，减缓压力。

日本为了减缓汇率升值压力，竭力地使本币适当贬值。首先是逐渐降低利率水平。20世纪七八十年代，日本的利率很高，目的在于多吸收存款；20世纪90年代以后则大幅度降低利率水平，90年代末短期贷款利率甚至降到0，目的在于减少存款增加贷款，以便增加内需，提高物价，减少通缩，减缓本币升值。同时，日本也通过政府举债的政策手段，以增加内需。从表2-7可以看到，20世纪90年代以前，日本的CPI总体升幅较大，90年代以后则升幅相对较小。无论如何，这些政策手段达到了本币贬值的作用，如果没有这些手段，汇率升值会更高。

3. “重用”、“活用”举债手段，获得利益。

日本国债的特点：首先是重用。日本每年都举新债，每年债务都增加，债务占财政支出的比例很高，债务总量很大。其次是活用。日本财政举债有预算数、修订数和决算数。20世纪80年代以前，往往“预算举债数”大于“决算举债数”。而整个20世纪90年代，每一年的决算举债数都大于预算举债数，有些年份（1993年、1998年）甚至超过预算数1倍。因为这些年，经济增长缓慢、通货紧缩、汇率升值，日本人根据当年的情况调整增加了政府支出。

日本国债的宏观效用：它是在内需不足、外贸出超、汇率升值的背景下发行的。国债弥补了日本“高储蓄、低消费”的缺陷，拉动了内需，抬高了物价，缓解了部分年份的通货紧缩，对缓解日元升值起到了很大的作用。日本央行也因此可以长期将部分日本国债作为资产，向财政注入新的铸币税。当然这些大量财政资金被用于经济和社会中去了，比如日本因此建设了世界上最完善的公共基础设施等，调节了经济结构。

为偿还国债，日本成立了“偿债基金”专门账户。基金有三个来源：财政预算（按前一年债务余额的1.6%）例行拨付和特别拨付，财政节余的1/2以上资金拨付，国有企业的利润和处置资产收入。到期债务用“偿债基金”偿还，仍然不足的部分，再发“转换债”来偿还。转换债和每年的新债，使目前的国债余额几乎达到GDP的1倍（加上政府的其他负债，已经达到1.5倍）。也就是说，日本财政提前使用了相当于4年的财政收入（2004年，日本税收/国民收入=21%）。当然债务量大是一个负担，但是，并不见日本人害怕。因为债务对每年的财政支出压力不大，总有转换债来偿还，新转换债的债息越来越低（因为全社会资金供给越来越充足，甚至过剩、利率一直在降低，债息也降低），从“长债”、“转换债”中，财政也获得了“微观的时差利益”。日本国债的微观利益见表2－8。

表2－8　早期借债晚期偿债可能获得的“微观时差利益”

	社会资本状况	国债使用的效用	利息率、债息率	长期债和转换债：	利益：偿还的本金、债息
发展早期	短缺	高	高、相对低	负担后移	贬值、降低
发展中期	平衡	中等	中、低	负担后移	贬值、降低
发展后期	过剩	低	低、更低	负担后移	贬值、降低

资料来源：作者自制。

4. 日本国债政策的教训。

第一，债务规模巨大。日本的国债负担率是发达国家中最高的。尽管用拖的办法可以获得一些贬值利益，但是毕竟要还，负担重。第二，财政调节经济的空间被压缩了。第三，债务还将持续。日本政府偿还国债有难处，但主要不是因为还不起，而是还债会减少内需，而减少内需对经济增长和汇率都没有好处。日本外汇储备从1997年的2028亿美元增加到2005年的8469亿美元，8年翻了两番。此状况下，它不会还债、减少内需、促使本币升值。第四，日本国债在微观层面使用上有很多问题，如重复投资、浪费等。

5. 结论：应当适度使用国债政策。

由于经济发展和汇率升值之间的关系，也由于国债可以缓解内需不足的矛盾，日本的经验就值得重视。日本巧妙地运用了国债，发挥了它的综合功能，如宏观均衡、铸币税、经济和社会建设、微观时差利益等。我们应当避免其中的问题，特别是过度依靠国债，债务负担过大等。

四、应当有新汇率战略

1. 均衡、中庸、灵活和耐心的汇率战略。

（1）均衡的汇率战略。

汇率管理者必须遵守经济规律，认识到是多种规律制约着汇率：第一，市场经济规律。汇率的变动是以市场供求为基础的，市场的力量是决定汇率水平的主要力量，汇率政策应当尊重而不是违背这个规律。第二，汇率基本稳定的规律。因为汇率大起大落会影响外贸结算、影响国际交往、影响宏观总供求的总量平衡，因此“汇率在基本稳定前提下浮动”

的大政策要坚持。第三，国际政治经济均衡发展的规律。全球化时代，既要向国际经济均衡发展方向努力，比如出口与进口协调，进出口与其他经济交往协调，又要向国际政治均衡发展的方向努力，比如强调国际政治斗争为经济交往服务，政治与经济利益协调。

上述三个规律是一致的，也是矛盾的：第一，全球贸易市场可能带来汇率的大起大落。第二，调节管理市场汇率可能带来国际争议。第三，平衡国际政治经济的争议又影响对汇率调控的力度。因此，汇率政策必须是均衡的，即必须在这些规律的基础上寻找一个均衡点或共同点，不能只考虑一个方面。

(2) 中庸、灵活和耐心的汇率战略。

汇率政策应该是中庸的：不能让某一方面过多，另一方面过少；放开的步子不能过大，也不能过小；政策方针不能激进，也不能保守；既要积极灵活，又要耐心稳重，达到“以我为主，调放自如”。我国已经实行了逐步放开，放—调结合的汇率管理方针。这些方针是正确的，也是“均衡和中庸的”，但是内容不够丰富，措施不够完善。

2. 均衡和中庸的汇率政策内容。

(1) 本币汇率升一些。

亚洲各个经济起飞国家和地区，都经历了汇率升值的过程。因为亚洲国家是传统农业国家，进入经济起飞阶段主要靠对外贸易，起飞过程中都出现了贸易顺差，外汇增加导致外币升值和本币贬值。因此汇率升值是这些发展模式的必然结果。汇率市场化以后，升值的压力增大了，适当升值是一个选择，但是又不能剧烈升值。

（2）外汇储备增一些。

在汇率管理上，放开和调节相结合，调节的主要手段是央行的公开市场操作。具体的办法是制订汇率波动幅度，具体干预措施是购买市场多余外汇。在巨大的本币升值压力下，购买外汇和外汇储备增加是不可避免的。但是，完全靠购买外汇来调节汇率会带来前述的宏观、铸币税、国际政治经济交往的损失。适度增加外汇储备才是一个正确选择。

（3）国债适度发一些。

为了不使外汇储备过快增加，就必须采取措施，从根本上治理外汇供求不平衡的状况。可以采取的措施很多，如建立和健全社会保障体系、刺激民间消费信贷，甚至提高工资等。但是这些措施都涉及财政支出。在财政现有支出结构和总量已经固定的情况下，应当适当增加债务支出，直接和间接地促进内需扩大。另外，国债应当适当多发。

（4）利率相对低一些。

利率水平降低有利于扩大贷款、减少存款，这能使我国的货币资产利息收益相对于其他国家低一些。对于居民的基本生存存款，比如农民用于教育、卫生、养老等的存款，可以在限额内实行区别利率。

（5）其他政策措施相配合。

主要是对农村和贫困人口的支出要增加，这样可以提高收入的边际消费倾向；社会保障制度健全，使人们敢于花钱等。

五、内需不足条件下国债特有的效果和功能

1. 内需功能。

汇率管理的主要困难来自"内需不足"。周小川曾表示：贸易顺差的减少可以减少汇率的压力。一个国家的贸易顺差的调整主要靠两个方面的变化，其中之一是国内的结构调整政策。因为，大国的经济内需对贸易平衡的影响远大于汇率的作用。经济学的共识是，从根本上解决汇率问题，就需要拉动内需。我国的政策是既要公开市场调节，扬汤止沸，又要增加内需，釜底抽薪。国债有拉动内需的功能，将储蓄的货币变为现实的购买力，扩大了需求；由于有乘数效应，国债的拉动需求是国债本身带来的购买力的数倍需求。

2. 优化货币质量、减少本币升值的功能。

首先，国债有提高货币质量的功能。根据表2-9所示，2005年我国的M1（货币107278亿元）和M2（货币和准货币298785亿元）之间的比率是1∶2.9；同期日本的M1和M2分别是388.6兆日元和713.1兆日元，两者的比率为分别是1∶1.8。这说明我国定期存款的比例大于日本。在通货膨胀时期，这些巨额的定期存款会变现金，冲击市场。增加国债，就能将储蓄状态的货币变为流通中的货币，促使货币的流转速度提高，从而降低M1与M2比值，实现货币整体质量提高。

其次，降低了本币的升值功能。由于货币周转速度的提高，等于流通中的货币增加，也因此就是本币可以适当贬值，减轻本国汇率升值的压力。

表 2-9 日本和中国货币质量比较（2005 年期末数据）

	日本			中国		
	经济数据（兆日元）	两类货币之间的比率（%）	GDP 是两类货币的倍数	经济数据（亿元）	两类货币之间的比率（%）	GDP 是各类货币的倍数
GDP	510			182321		
M1	388.6	1	1.3	107278	1	1.7
M2	713.1	1.8	0.7	298785	2.9	0.6

资料来源：日本银行（www.boj.0r.jp）GDP 是 2004 年数增长 2% 计算出来。中国人民银行（www.pbc.gov.cn）有关统计。

3. 有铸币税的效果。

这一点前面已经谈到，不再赘述。

4. 国债有“结构性再分配”的功能。

国债形成财政收入后，财政可以根据国家经济的需求，把它支出到最需要的地方。理论上说，这些支出应当能带来最好的边际收益。在我国的财政实践中，可以用于社会性支出，如解决目前的“三农”等问题。

六、从国际经济循环的角度看国债

1. 当今世界上，大致有两种居民消费模式。

两种消费模式下形成了不同的储蓄率下的循环。

第一种是基督教文化下的“盎格鲁—撒克逊”消费模式。西方发达国家，很多人认为“上帝会拯救我们，我们把未来交给上帝”，因此“我们关心现在，上帝安排未来”。同时也由于他们有传统的民主制度，相信如果未来生活有问题的话，选票制度总会解决问题。再次，他们有完备的法律制度和社会保障体系，因此形成了他们的超前消费观念。美国人的储蓄率很低，借贷消费成为一个普遍的社会风尚。同时，他们的市场经济理念也是先进的，他们的储蓄变为了股票、债券、房产等。加拿大一位经济学家认为，房产投资也是储蓄。

第二种是儒教文化下的东方消费模式。例如在我国，家庭是生活和精神的依托，节俭是一种美德，积蓄财产是自己和子孙的未来依靠。另外，社会法律制度和保障程度相对低，老百姓个人感觉到其对政府政策影响程度也低，要靠自己和子女来安排未来。因此，消费倾向低而储蓄倾向高。我国的储蓄率很高，而且是落后的银行储蓄方式。

虽然储蓄率统计方法有差异，但我国的储蓄率是世界上最高的。按照世界银行的计算办法，2006 年，我国的“真实储蓄率”为 25.5%，美国为 8.2%。另一种计算方法认为中国的储蓄率为 46%，而美国为负数。国际经济循环正是在这样的基础上进行的，东方国家的“节俭”与西方国家的“超前消费”进行了交换和经济循环。

2. 实物财富外流、货币财富内流，导致货币收益贬值。

我国出口不断增加，实物财富被富国消费；同时生产这些财富所产生的能源、环境等问题又给我们造成了巨大压力。但是我国换来的是外国货币，即印钞机器的“印刷品”。他们货币印的越多，新铸币税即国债就越多。对我国来讲，由于外汇供给多而贬值，本币也相对升值，又造成汇率争端。

对于高额的外汇储备，我们已经在用对外投资的方法消化，特别是用于我国紧缺进口物资等方面的投资，这是正确的，应当加大力度。但同时，应当配套实施增加内需的政策，减少导致本币升值的其他措施。

3. 国内高储蓄也有害，由两种投资来消化。

现代商品经济是生产、消费、储蓄与投资互动的经济，所以在过高储蓄而没有消费的社会内，经济就会停滞。消化储蓄的理想途径是投资，银行内居民储蓄都化为企业的贷款，这是途径之一；但是如果不能完全消化，则政府发债投资是另外一个渠道。20 世纪七八十年代，日本的高储蓄正是这样消化的，一方面是企业投资，另一方面是财政投融资。中国正处于与日本同样模式、同样矛盾时期，要采取措施将储蓄“转化”到“对企业投资”和“政府投融资”两个主要方面。

4. 国债收入应有特别使用途径、规模适度，其效应应以温和物价上涨为限。

从消化内需来看，政府发债收入的使用效用最大的，应当是用发债收入为部分大型经济基础设施建设债券贴息，比如新铁路干线、大型水电设施等建设，通过债券吸引民间资金等，使财政从建设中抽出资金用于社会福利等事业支出。不赞成用发债资金直接投资。

国债等政策的结果是增加内需，这有可能带来通货膨胀。通货膨胀应当被限制在一个人们可以接受的区间之内，它应当是温和的。

5. 设立“备偿、备用、调节总量及结构的国债基金”。

这一个基金的设想是：财政将每年超过预算收入的 1/5，国有企业将每年超过上年利润的 1/5，央行将每年新发行货币收入的 1/5（在资产中持有国债）交到这个国债基金里。

基金用发债的形式筹集主要收入并以发新债的收入还旧债。

基金的决策者按照宏观经济需要决定发债数量的大小，决定发债收入是发了就用，还是暂时不用，过一段时间用（它的“备用”特点）；也按照宏观经济和国务院政策安排的需要，决定旧债偿还多一些，还是偿还少一些（它的“备偿”的特点），还是不偿还，以此来调节宏观供需总量（就是其调节经济“总量”的特点）。比如，经济高涨和物价升幅较大时期，国债发行多一些，基金数量增加，但是不使用；经济低潮通货紧缩时期，使用基金而不发债。

基金在使用有方向上有选择，用以解决国民经济发展中的关键问题（这是其调节经济“结构”的特点）。

基金受国务院领导，由财政、央行和其他综合部门的人员组成的专门委员会来管理。

这样，在央行总量调节之外，形成了可进行总量与结构调节的另一个力量，与央行配合，解决央行只能调节总量不能调节结构的问题；与财政配合，解决财政支出需要不足的问题；与央行配合，在利率、汇率等方面协同。

对基金的数量应有一个长期限定，比如，5 年内总债务不得超过 GDP 的一个百分数，不得超过财政收入的一个百分数。基金应当有一个专门立法。

在被限定时间和数量范围内，我们就可以灵活且有节制地用它来调节经济总量和结构，特别是增加内需，从而缓解本币升值的压力。

思考题

1. 了解中国强制购汇结汇政策及其宏观经济背景。
2. 我国央行 2005 年前后为什么会有超经济发行？
3. 央行对冲超额货币采取了哪些手段？
4. 央行票据形成的原因、数量和这些年来的数量变化。
5. 日本连续财政高赤字和累积高债务的原因。
6. 我国长期内需不足的多重原因及可选择的对策。

7. 取消强制结汇后，2008～2014年，为什么人们还主动结汇甚至带热钱进来结汇?

补充材料

强制结汇制度正式“谢幕”

《中国经营报》2008年8月10日

8月7日，国务院颁布修订后的《中华人民共和国外汇管理条例》（以下简称《条例》），此为11年以来首次修订。新《条例》取消了企业经常项目外汇收入强制结汇的要求，允许国内企业将外汇收入存放境外，同时大大加强对跨境资金流动的监测。这是7月14日实行《出口收结汇联网核查办法》和《企业贸易项下外债登记管理办法》后，外汇管理改革的另一措施。这显示出中国外汇管制的弹性和谨慎，但在人民币升值轨迹未改的预期下，新《条例》似乎仍难挡境外热钱进入。

取消强制结汇

在人民币升值、外汇储备不断增长的情况下，改革11年前制定的外汇管理制度早已在市场预期之中。《条例》的重要内容之一是取消了强制结汇的规定，境内机构可以保留外汇收入。1994年外汇体制改革，对中资企业实行强制结汇，境内机构的经常项目外汇收入应当卖给外汇指定银行，或者经批准在外汇指定银行开立外汇账户。在人民币升值预期不断强化的情况下，中国外汇储备逐年激增。截至2008年6月末，国家外汇储备突破1.8万亿美元，同比增长35.73%；今年上半年外汇储备增加2806亿美元。外汇储备快速增长，使央行不得不等额投放基础货币，客观上加剧了流动性过剩，成为通货膨胀的重要诱因。不过，市场认为，取消强制结汇制度并不会对境外热钱流入产生太大影响。摩根大通称，外部资本流入很大程度上仍然受实际贸易和投资流入驱动影响，在此背景下，此举（取消强制结汇）对资本流动、外汇储备积累和人民币升值压力的影响可能很小，不会出现明显减速。“近几年，事实上强制结汇制已经取消，企业可自行保留经常项目外汇收入，只不过这次明确提出来。”商务部研究院研究员李雨时表示。

“取消强制结汇这一规定不会对银行结汇量有实质影响。相反随着人民币升值，企业都加快结汇。”工商银行广东省分行国际业务部人士对记者表示。广东境内某造船企业负责人告诉记者，由于企业买卖原材料均用美元结算，汇率损失严重。但他表示，目前申请结汇较为困难，在企业申请结汇时，银行要求客户列明资金用途，并要求签署结汇资金真实用途的保证书，才能顺利结汇。“现在这种情况下，企业都愿意结汇，强制结汇制反而是好事了。”

核实外汇“真实身份”

在热钱汹涌下，新《条例》明显加强了对于外汇“真实背景”管理。新《条例》对经常项目和资本项目均明确要求“真实背景”原则，除了要求办理经常项目结售汇的金融机构必须对相关单据的真实性和完整性进行严格审核外，对资本项目外汇和结汇资金的使用，也明确提出了“应当按照有关主管部门及外汇管理机关批准的用途使用。外汇管理机关有权对资本项目外汇及结汇资金使用和账户变动情况进行监督检查。”商务部李雨时表示，这将有利于剔除外贸领域中的“虚假”因素，使进出口数据更加真实。但他表示，目前通过虚假报价以及作假贸易合同等方式进入的资金，尚未有正式的调查统计数据。“但与海关数据对接后，这部分造假的可能性已降低很多。”而商业银行在具体的执行中，事实上要求更加严格。上述工行人士告诉记者，监管层要求银行加强对结汇资金的流向管理。“以往是对于20万美元以上的结汇资金进行严格监控，包括商业银行系统内转账资金；同时还要求提供资金去向的清单，并提供相关贸易对象的资料。但现在监管层希望能对20万美元以下结汇资金，也能进行类似资金跟踪工作。”

第三章　现代铸币税与宏观经济

第一节　新铸币税与金融危机

一、现代铸币税支持了美国的财政赤字

1. “新铸币税”和“新通胀铸币税”。

(1)“经济发行”之外是“超额发行”，也是“通胀发行”。

独立的央行建立以前，财政部掌握着货币发行权。这里按照财政发行货币的旧模式讨论货币的经济发行和超经济发行。财政部按照市场需要的数量（M = PQ/V）发行的货币量，这就是“财政的经济发行”。这些发行收入就是财政收入的一部分，直接用于财政支出。如果财政在使用了税收收入和这个经济发行收入之外，还出现了赤字，为了弥补赤字，财政又发行了一部分货币（ΔM），就是财政的“赤字发行”或者财政的“财政发行”，即

财政的超经济发行。不论财政的经济发行和财政赤字发行，都形成财政收入。

两种发行都是财政的铸币税收入。第一种是“正常铸币税”，总数是M。它是（一定经济交易量和货币周转速度下）市场需要货币数量的铸币税。第二种是“通胀铸币税”，数量是ΔM。它是（一定经济交易量和货币周转速度下）“超过”市场正常需要的、额外供给货币的铸币税。后者只能带来通胀，所以称之为“通胀铸币税”。

在规范的中央银行制度下，货币发行的权限集中在中央银行，货币发行收入只能作为中央银行的资产，不能用于财政。央行用不同方式向市场投放货币：购买黄金、购买外汇、回购国债、向商业银行再贷款等，央行持有多样化的资产。如果需要，央行回购国债时发行货币，卖出国债回笼货币，这是所谓的公开市场操作。

（2）“新铸币税”和“新通胀铸币税”相加就是现代铸币税。

央行不断发行货币，使央行资产大幅度增加；央行对市场负债，对所有持有货币的人的负债。但是市场流通中永远需要货币。这个负债不需要偿还，各国都形成了巨额的发行收入。央行又用这些收入购买国债，并且长期持有，还不断增持，这就是“新铸币税”。如果央行发行了超过市场流通“正常”数量的货币，并且用它去买国债，就是用超额发行输送给财政的“新通胀铸币税”。正常的新铸币税加上通胀性质的铸币税就是现代铸币税。

2. 美国向全球征收“新铸币税”和“新通胀铸币税”。

（1）美国发行总量为M的美元，全世界以美元交易的经济量即PQ来容纳它。

美元是国家货币，发行权在美国，但是容纳美元的基础是全世界以美元交易的经济。因此，世界经济中美元交易经济总量越大，美元容纳量就越多；世界上人们持有美元越多，美联储发行货币就可以越多；美联储发行美元越多，吸收的美国国债就越多，美国的财政“新铸币税”的收入就越大。世界市场上流通的美元就是美联储的国债；世界上任何国家，政府、个人和企业持有的美元货币，就等于美国财政的新铸币税收入。

（2）美国发行超量的为 ΔM 的美元，全世界用通胀去容纳它。

容纳美元的基础是全世界用美元交易的经济。如果世界的 PQ 即经济总量一定，容纳美元 M 就一定，但是如果美国增发了超过正常需求的货币 ΔM，这就是超额铸币税。表示在公式上就是 $(M+m)V=(P+p)Q$。在这里，Q 没有变动，即实物生产没有增加，但是物价上升了，多出了一个 p 或者 ΔP。这是因为货币发行多出了一个 m 或者 ΔM，这个多发的部分也是铸币税，是一个超额发行的铸币税。

新铸币税，是说美联储用货币经济发行的收入购买美国国债；新通胀铸币税是说美联储发行了超额货币，即超经济发行的货币购买了美国国债。到 2007 年，这两者相加，美联储吸收了 7438 亿美元的国债。

不仅是物价上涨了，货币之间的比价也要变化。因为美元超量发行，自身贬值，其他没有超量发行的他国货币就要被迫升值。

3. 各国央行用（三种）外汇储备购买美国国债，也是向美国缴纳新铸币税和新通胀铸币税。

（1）第一种，财政收入性质的美元外汇储备。

如沙特阿拉伯、俄罗斯等国出售石油等相关资源，比如采矿权、土地权获得的美元收入，是国家实物资产向货币资产的转换，表现为国家财政收入的一部分，其形成的美元储备就是“财政性美元外汇储备”；日本等国家由财政的日元拨款形成外汇基金，加上由基金发行债券形成的收入，在本国外汇市场上吞吐美元，长期低买高卖，调节本币与美元的汇价，形成的外汇储备是财政性外汇储备。

用财政收入购买美元储备，等于支持了美元的发行，等于增加了美国的美元铸币税收入。

（2）第二种，央行发行收入性质的外汇储备。

各国央行为了防止汇率大起大落，通过公开市场操作，买卖美元或者结汇，所使用的资源就是本国货币发行权。这些是靠央行发行货币购买本国的外汇，其中大多数是美元，即各国央行的部分经济发行收入转换为美元资产，储备起来，形成外汇储备。但是这部分发行所形成的资产对应的是在流通中发行的货币。由于这个货币发行是市场正常流通所需要的，不需要收回的货币，央行在一定条件下可以进行这种货币发行，但毕竟是央行对市场的负债，因此可以认定这一笔资产是“有条件的真实资产”（行使本国货币主权发行货币形成的“资产”），用货币发行收入购买了外汇储备起来，它不过是以“外汇”形式出现在央行资产负债表的资产栏内。在央行的资产平衡表内，一方是外汇资产，另一方是货币发行负债。

本国发行本币去买美元储备起来，就是为美国的货币发行服务，即这些国家的央行都在用本国的经济发行收入向美国交纳新铸币税。

（3）第三种，央行超额发行收入性质的外汇储备。

美国因为长期财政赤字和外贸赤字，向市场上投放了过多的货币，这些超过正常需要的货币 ΔM，对应的是 ΔP 的出现，也就是美元的贬值，表现在国际市场上，就是大部分国家的货币升值，特别是那些本国没有超发行货币的国家；为了防止本国货币升值幅度过大，各国特别是亚洲国家都是通过收买本国市场上流通的美元，以减少国内市场上美元数量的做法来平抑汇率，就是前述的用本国货币发行来购买冗余的美元。由于美元的连续发行和贬值，各国要连续地使用发行收入购买外汇的汇率调节操作，这导致本国货币发行数量超过了市场能够容纳的水平，进而不得不通过各种形式（我国创造性地使用了“央票”）收回过多的货币，以避免本国通胀的发生。我国央行为了防止汇率大起大落，强制结汇和调控汇率，购买美元等外币，使用了经济发行量（M），还使用了远远超过合理程度的超额经济发行量（ΔM）。

外汇管理部门使用了经济发行量（M）购买外汇形成的外汇资产已经是带引号的“有条件的真实资产”；而通过超额发行（ΔM）购买外汇对应形成的美元等储备资产就明显是“不真实”的资产，或者说最不真实的资产。当然，任何分配这部分资产的设想，比如将国家外汇储备分配给个人，是极端错误的想法。超额发行需要对冲消化，在中国我们用央票对冲了一部分，剩余的部分转换为通胀了。

以本国“超额发行来购买外汇”，却是在用本国的经济超额发行收入向美国交纳新铸币税，可以称之为“其他国央行超额发行收入支持的美国新铸币税”。

美国将债发到全世界，发到其他国家的财政之中，形成财政中的美元外汇储备；发到各国的中央银行，使这些国家用本国经济发行、甚至超经济发行来支持美国国债。这是一种畸形的发行状态和攫取新铸币税及超额铸币税的新形式。

各国外汇储备中的美元一部分是为了应对国际支付需要（有人估算中国大约有目前储备量的1/3就可以应对），这是世界用美元交易经济PQ中应当需要美元M的一部分。但是，亚洲各国外汇储备中的大部分是防止过多的美元冲击本国货币市场、稳定汇率市场而收储的美元。美国发行了M+ΔM货币，全世界需要（P+p）×Q去容纳它；各国央行超额储备的美元，也是美元ΔM的一部分。美元外汇储备国家用本国货币发行来对冲进入本国的那一部分ΔM，又用本国央行负债（我国是央票等）来对冲本国部分过量货币，其实就是将自己的超额铸币税（通胀铸币税）收入转移给美联储，然后美联储又通过买美国国债转移给美国财政。

4. 美国财政还得到“通货膨胀税收”和国债贬值收入。

在“通胀铸币税”即 ΔM 购买国债的铸币收入之外，还有“通胀税”。正是因为 ΔM 的存在，经济中发生了通胀，通胀就是现有资产和产品的涨价。这样，以价格计算的交易税，不论是流通中征收的货物税、消费税、增值税，还是财产税，都因为涨价而需要多缴纳税收。由通胀增加的税收收入，就是人们通常说的“通胀税”。

表 3－1 列示了 2003～2007 年美国的双赤字和美国债务额。多发行美元，导致美元在国际市场上泛滥而贬值，贬值对美国出口有利。但是美国仍然有巨额的贸易赤字，美国货币赤字支付的是自己印制的美元；财政赤字则是靠美联储发货币买国债来支持。

表 3－1　美国的双赤字和美国债务　单位：10 亿美元

年　　份	2003	2004	2005	2006	2007
联邦财政经常性赤字			370.77	263.34	285.82
联邦债务余额	4008.2	4370.7	4678.0	4861.7	5099.2
贸易赤字	547.64	666.12	783.35	834.55	811.33
加上服务贸易后赤字	451.49	555.73	666.31	721.89	634.20

资料来源：以美国财政部网站和其他资料制作。

美国“与世界货币发行有关的财政收入”维持了美国经济。“新铸币税＋通胀铸币税＋通胀税＋各国央行购买的美国国债”，维持了美国财政花光正常收入之后的财政支出。

新铸币税，是说美联储用货币经济发行的收入购买美国国债；通胀铸币税是说美联储发行了超额货币，即超经济发行的货币购买了国债。2007 年，这两者相加，美联储吸收了 7438 亿美元的国债。

通胀税是因为美元多发，导致了物价上涨，带来了流转税增加，直接反映为美国财政收入增加。

各国央行吸收了大量的国债，加上美国国内外市场上流通的国债，到2007年美国累积债务达到5.1万亿美元。这些就是美国“与世界货币发行有关的财政收入”。

二、近几年来，美国的铸币税收入空间被大幅度地压缩了

1. 欧元成为其他国家央行的外汇储备，挤压了美元的空间。

1999年出现了欧元。欧洲经济总量占世界的比重在25%左右，欧洲各个国家间在放弃各自的货币主权之后统一用欧元结算，美元被从欧洲挤压出来了。中国和其他国家的央行实际上储备了相当数量的欧元，各国央行的美元外汇储备中的部分美元，也被置换出来了。国际清算银行（BIS）在2006年的一份报告中说[①]，在世界各国外汇储备中，2001年美元所占比率为70%，到2006年3月跌至66%。1999年1月份各国外汇储备引入的欧元，其所占比率为20%，到2006年则增加至24%。发展中国家的外汇储备中，欧元的比率从1999年的20%增加至30%。

2. 英镑和日元也在逐步挤占美元作为国际储备货币的空间。

国际清算银行（BIS）在2006年的这份报告中还说，各国外汇储备中，除了不断用欧元替代美元外，英镑和日元也在逐步挤占美元的空间，而且英镑超过日元成为第三大储备货币。1980年左右，世界各国外汇储备中的日元所占的比率曾经达到10%，其后一直下降到2006年的5%以下。与此同时英镑在世界各国外汇储备中的比率，1995年是5%，2006年则上升到了12%。

① 见国际清算银行网站，2006年9月10日国际清算银行（BIS）发表的季度报告。

3. 其他主要经济体中的美元都被严重挤压。

俄罗斯经济的复苏，卢布的坚挺挤压了美元。伊朗、委内瑞拉先后宣布其石油交易中心用欧元结算。大宗商品不再用美元交易，美国发美元的空间就大幅度地减少了。

4. 外国人将持有的美元又投回到美国，再次挤压了美国新铸币税的空间。

为了获得稳定报酬，外国政府和个人又将美元投回到美国，或者购买美国政府债券，或者购买美国私人债券。表3－2列示了外国资金投入美国的情况。

表3－2　　外国资金投入美国　　单位：10亿美元

年份	2002	2003	2004	2005	2006
美国在外投资	6652.25	7643.49	9257.10	11576.34	13754.99
外国投入美国	8740.26	9783.85	11551.49	13814.69	16294.62
净外资流入	2088.01	2140.36	2294.39	2238.35	2539.63
增长率（%）		2.51	7.20	-2.4	13.46

资料来源：《美国证券业和金融市场协会统计》；《国际金融统计》。

外资以美元的形式进入美国，购买任何东西都是增加了美国的流动性，这样就会逼迫美联储不得不收回流动性，向市场吐出国债，这样就挤压了美国新铸币税的空间。表3－3反映了美联储货币供给情况的变化，基础货币增加不多，但广义货币增加较多。

表3－3　　美联储货币供给情况（年末数）　　单位：10亿美元

年份	2003	2004	2005	2006	2007
广义货币	8243.8	8705.0	9417.5	10272.3	11516.3
比上年增（%）	4.30	5.60	8.20	9.07	12.11

续表

年份	2003	2004	2005	2006	2007
基础货币	725.2	764.7	793.4	818.4	829.8
M1	1332.0	1401.3	1396.6	1387.3	1386.0
M2	6096.8	6448.6	6719.1	7067.6	7466.1
M3	8927.8	9842.2	10201.4		

资料来源：美联储网站。

三、危机前的盛宴——短时期内的特殊循环

1. 起初过多的流动性带来了一段时期的需求繁荣。

在美元存在的空间已经被压缩和继续被压缩的情况下，美国本来该收回部分富余的流动性，但是美国政府没有认识到这个事情的严重性，也是由于利益驱使，加之战争经费需要，格林斯潘及后来的美联储主席领导下的美联储继续向市场上注入流动性。这就使美国经济繁荣起来了（见表 3－4）。

表 3－4　美国经济繁荣的指标　单位：10 亿美元

年份	2003	2004	2005	2006	2007
家庭消费	7703.6	8195.9	8707.8	9224.5	9734.2
政府消费	1736.5	1844.0	1965.7	2089.3	2221.9
固定资本形成	2005.7	2202.8	2438.1	2596.3	2590.3
GDP	10960.8	11685.9	12433.9	13194.7	13841.3
GDP（2000 年为 100）	104.9	108.7	112.1	115.3	117.8
失业率（％）	6.0	5.5	5.1	4.6	4.6
小时工资（美元）	109.9	112.7	115.6	117.4	120.5

资料来源：见《美联储金融统计》；《美国证券业和金融市场协会统计》；《国际金融统计》；以各相关网站数据制作。

2. 之后美联储试图减少流动性，在提高利率的同时，减持国债。

要知道，美国联邦政府这几年不断地增发国债，但是在美国政府不断发债的同时，美联储2006年事实上是在减持国债。它2006年持有的国债是7789亿美元，到2007年是7406亿美元，这还低于2005年的水平（7442亿美元）。美联储减持是不得已的，是为了降低市场上过多的流动性。

3. 美联储减持国债时，外国人接手了美国国债，使美国财政继续得到铸币税收入。

经济繁荣促使美国进口需求增加的同时，也增加了美国的入超，也增加了外国人持有的美元外汇。此时的国债更多的是被外国政府购买了。

4. 美元再次回到美国，流动性继续过剩，推动资产价格上涨。

由于美联储不断地加息和减持国债，美元基础货币供给增加的幅度不大。但是广义货币没有减少，表明长期货币投资和债务大幅度增加；加之货币周转速度加快（见本章表3－16、表3－17），资产价格上涨了，资产交易市场泡沫出现了。表3－5反映了外资大量投入证券业后，美国资产价格提高的情况；表3－6反映了流动性增加以后，美国虚拟资产增加、价格提高的情况。

表3－5　外资大量投入证券，美国资产价格提高　单位：10亿美元

年　份	2003	2004	2005	2006
外资在美的组合投资	5546.3	6621.2	7337.8	8672.4
增长率（%）	28.5	19.4	10.8	18.2
其中：权益投资	1839.5	2123.3	2304.0	2776.7

续表

年　　份	2003	2004	2005	2006
债券投资	3706.8	4498.0	5033.8	5895.7
债券投资增加（%）	23.8	21.3	11.9	17.1

资料来源：《美国证券业和金融市场协会统计》；《国际金融统计》。

表 3-6　　流动性增加以后，虚拟资产增加、价格提高　　单位：10 亿美元

年　　份	2003	2004	2005	2006	2007
当年新发债券	6842.5	4642.6	5715.0	6222.1	6202.9
债券余额	22269.9	24006.2	25622.5	27761.3	30146.1
股票价格指数 2000 = 100	83.8	96.1	98.3	106.3	122.7

资料来源：《美国证券业和金融市场协会统计》；《国际金融统计》。

5. 伯兰特持续的紧缩政策刺破了这个坚硬泡沫。

美联储主席伯兰特（2005 年 10 月被任命）2006 年 2 月正式上台以前就声明，他的任务是要防止通货膨胀，要实行紧缩的货币政策。其实，他要解决的问题处在两个赤字的约束下：美国政府需要国债——外贸赤字不断地向世界释放货币——各国用美元货币买美国国债又送回来了货币——货币紧缩意味着美联储也要减持美国国债。

两个赤字都存在，意味着有两个源泉在不断地释放流动性。美联储的紧缩政策没有效果，也不可能解决根本问题。自 2005 年开始的紧缩并没有抑制经济过热（倒是抑制了实际资本形成或者投资，见表 3-4），虚拟资产投资持续高涨。到 2007 年，伯兰特实际上已经开始妥协，美联储的贴现率比 2006 年有所下降。

但是，提高利率等货币政策（见表 3-7）实际上提高了经济活动的融资成本，伯兰特的努力导致了泡沫的破灭。关于

2008年美国金融危机形成的原因，人们持有不同的观点。但是本书认为，持续地多发行货币是主要原因，在经济持续高涨时期多发货币，造成了房地产等资产的泡沫，然后是泡沫破灭。多发行货币的原因与“两个赤字”有关，而“两个赤字”持续又与美国享受美元的世界货币的地位以及以此获得铸币税的特权有关。

表3-7 美国利率变化 单位：%

年 份	2002	2003	2004	2005	2006	2007
联邦基金利率	1.67	1.13	1.35	3.21	4.96	5.02
贴现率	0.75	2.00	3.15	5.16	6.25	4.83
国库券利率	1.61	1.01	1.37	3.15	3.72	4.41

资料来源：《美国证券业和金融市场协会统计》；《国际金融统计》。

四、危机消化了过剩流动性，但消化不了两个赤字的根源

1. 危机继续消化过剩的流动性。

在常态经济情况下，美联储本应当释放国债（占美联储资产的90%）来收回流动性，但是它仅仅在2006年前后有小幅度的动作，卖了一些国债，提高一点利率而已。（2007年）采用了再次释放流动性的政策措施，这反而使美国经济更热了出现通胀。通货膨胀成为流动性过剩的表现，也成为消化流动性过剩的渠道。2007年到2008年初的大宗物资价格、虚拟资产价格、期货价格上涨就是必然的。

与通货膨胀消化流动性相比，危机是更快捷的消化流动性的途径。危机使股市市值蒸发，人们原来的货币财富一下子消失了，再也不能从股市里取回来钱了，流动性自然就消失了。危机

使债务不能正常支付，而只能破产清偿，债权人从此失去了货币资产，流动性也降低了。危机使本国和外国的债权人都损失了资产，但是本国人主要持有的是实物资产，相对外国人主要持有的虚拟资产，本国人损失较轻。

2. 货币不周转了，财富就消失了。

几乎所有的人都在问：股市里、债市里、人们手中的钱哪里去了？其实危机开始时美联储没有减少货币供应，但是拿钱的人不愿意消费，有钱人不愿意借贷甚至不愿意存款，银行不仅不愿意借钱了反而极力收回贷款，经济中货币周转速度急剧下降。原来 1 万美元在社会上周转 10 遍，10 个人分别都有 1 万元的收入（工资）和相应的支出（买了汽车），有 10 万美元的 GDP ；假设现在只周转 3 次，只有 3 个人各自有 1 万元的收入和消费支出，只有 3 万美元的 GDP。

3. 金融危机是毁灭铸币税“存根”的最好途径。

美国财政部原来拿到的债务收入，作为财政支出已经支出去了，转化为外国人（包括本国人）持有的美元。如前面所述，这些美元又部分变为美国的股票和债务，即权益利益和债券利益。危机使两种利益都蒸发了。因此危机及其造成的权益损失是美国铸币税得到最后清偿的最便捷和最合法的途径。美国铸币税的财富价值早在货币发行的时候就在美国财政支出中得以实现了，危机一场大火毁灭了证据，现在连“存根”都找不到了。

4. 但是危机不能消化两个赤字的根源。

但是危机不能解决美国的财政赤字问题，因为其根源是美国的国家政治战略和美国国内的政治结构。危机也不能解决美国的外贸赤字问题，因为产品没有竞争力，而再后面是高企的生产成本和工会的强大力量。

5. 美元作为国际货币——支持“连续的两个赤字”——得以形成的基础正在被削弱。

我们关心美国金融危机，知道它与美元超额供给密切相关；我们研究为什么能导致货币超发，知道它与两个赤字即连续的财政赤字和贸易赤字有关。我们又要问：“两个赤字及其持续”如任何得以形成？任何一个货币不是世界货币的国家，比如越南连续出现贸易赤字，它先支付外汇储备，接着支付黄金，当外汇和黄金都支付完了以后，没有支付能力就不可能购买外国货物，贸易赤字自动停止了；但是在美国就可以连续出现贸易赤字。因为它的货币就是世界货币，不需要支付黄金，企业从银行贷款、银行从美联储贷款，美联储印制钞票就行，就是自己国家印钞票用以支付入超的其他国家货物。持续的贸易入超就是这样得逞的，只是向全世界供给了超额的美元。

持续的财政赤字能够“得逞”也与铸币税有关。人们在国际贸易中使用美元结算的越多，美联储发行的货币就越多，美国财政部发债就可以越多，加之那些为调节外汇市场而储备美元，之后又动用外汇储备购买美国国债，进而使美国的长期巨大数量的赤字和债务得以维持。

但是，“财政部 - 美联储 - 铸币税”的基础被严重侵蚀了。美联储只有不断向市场发行货币才能购买美国国债，拿到铸币税，但是从全球角度来看，储备美元的区域缩小了，使用美元交易的组织和机构也减少了，人们拥有美元的意愿没有以前强烈了。支持美元不断增加发行量的基础缩减了，甚至原来的存量也要减少，其他国家、地区储备美国国债的意愿也在减少。

但是，在金融危机爆发后，中国和日本等国家出于维护自己经济运行的目的，不能让美国经济再坏下去，也由于没有一个世界货币，必须持有美元和美国国债，这样就被美国国债“粘住”了，不能减持、甚至还要增持美国国债。

6. 流动性暂时短缺和美联储忙着注资掩盖了美元要回流的矛盾。

由于危机用毁灭的方式消化了过剩的流动性，也由于人们在金融危机中不愿意进行借贷活动，货币的流动速度大大下降，流动性严重不足。美联储因此不是要收回而是要不断地释放流动性，美国政府发行国债与美联储发行美元形成联动，形成一个特别时期两种发行都可以正常进行的机制，继续创造着铸币税。

但是一旦经济企稳，信贷活动开始，现在注入的流动性要素就会周转起来，流动性过剩就立刻出现。美联储必须释放国债收回流动性，美国政府发债只要流向社会，国债利率水平就要大幅度增高。美国政府靠发债支撑的好日子也要结束。

7. 消化潜在的流动性风险、启动信用体系、解决造成两个赤字根源性的问题，需要较长的时间。

在美国政府政策强有力的支持下，美国经济危机的程度减弱，解决问题所使用的政策强度也降低了。因此经济部分复苏的阶段可能提前，但是“不完全复苏”拖的时间可能加长。经济低迷之后可能就是增长的停滞和通胀，即所谓的滞胀。

美国经济恢复需要几个主要的条件：新技术平台出现，新劳动改善制度和劳资关系出现，人们对美元恢复信心和铸币税再继续发行。

奥巴马如果实行强烈的刺激经济的政策，可以缓解矛盾，但是很难解决内在的高工资、低储蓄以及政府支出过大等问题。

如果有大幅度刺激计划和支出，2009 年末到 2010 年“恢复性增长”还是可以预期的。但是很难有超过危机以前的增长，因为那个时候是由不断增加的美国铸币税支撑的增长。

除非有一个大幅度提高劳动生产率的全新技术出现和推广。

思考题

1. 什么是“通胀铸币税”，什么是“通胀税”？

2. 什么是“财政性美元外汇储备”、央行发行收入型外汇储备、央行超额发行收入型外汇储备？我国目前属于哪一种？

3. 怎样认识这个判断：“央票支持的外汇储备是最不真实的资产”？

4. 各国是如何将自己的铸币税收入转移给美国的？

5. 哪些因素挤压了美元的空间？

6. 美元回流与美国金融危机前的繁荣有何种联系？

7. 为什么危机期间美元财富忽然消失了？

8. 为什么美国“两个赤字”能持续，其他国家就不行？

9. 金融危机期间美国为什么又获得机会能再次形成铸币税链条？政府发行国债与美联储发行美元之间存在的联动关系是什么？

10. 2008年金融危机以来，美国通过“量化宽松”政策解决以前货币超发所造成的问题，它会产生什么样的后果？

第二节

新铸币税与流动性[①]

“量化宽松”后，美国为什么没有出现通货膨胀？要得到这个问题的答案，我们需要搞清楚一系列问题。首先，我们可以看

① 本节主要部分载于财政部财政科学研究所《研究报告》2011年第86期。

到，“次贷”危机期间美国财政部和美联储向社会释放了大量的流动性。

一、美国政府的救助措施

“次贷”危机发生后，美国政府采取了针对三个领域的救助措施。

1. 对房地产市场救助。

2006年底美国就出现了房地产次级贷款违约率上升问题，到2007年夏天，演变为“次贷”危机。针对岌岌可危的房地产市场，美国政府采取了如下政策措施。

（1）注资。

为了缓解房地产市场流动性不足，时任美国总统布什于2007年7月30日签署了3000亿美元的房市援助法案；2009年3月18日美联储又发表声明，将在今后6个月内购买最多3000亿美元的长期国债，同时进一步购入7500亿美元的抵押贷款相关证券和1000亿美元的房贷公司债务。

（2）降息。

美联储为了减少次级贷款者的还款负担，减少因为违约被回收的房屋，稳定房地产市场，2007年8月17日宣布，将贴现率降低0.5个百分点，即从6.25%降到5.75%；2007年9月18日，美联储决定将联邦基金利率由原来的5.25%降到4.75%。

（3）国有化。

2008年9月7日，美国政府宣布接管陷入困境的“房利美”和“房地美”两家公司（“两房”），美国政府从“最后贷款人角色”变为直接出资者，由救助者变为当事人。措施出台的具体时间见表3－8。

表3－8 美国房地产危机的出现及应对措施

时间	危机发生及应对措施	时间	危机发生及应对措施
2007年4月2日	“新世纪”公司破产	2007年8月17日	降低贴现率，累计注资940亿美元
2007年7月11日	“两房”股票遭挫	2007年8月30日	80多家房地产公司停业
2007年7月30日	3000亿美元房市救助法	2007年9月18日	降低联邦基金利率0.5%
2007年8月6日	“两房”申请破产	2008年9月7日	政府接管“两房”

资料来源：作者整理所得。

2. 对金融市场救助。

“次贷”危机发生后，美联储以前所未有的规模和速度实施了非常规的救助措施。

(1) 救助投资银行。

2008年3月31日，美国财政部部长保尔森宣布实施金融监管体制改革计划，这一计划扩大了“总统金融市场工作小组”的权限，积极应对金融危机。2008年9月18日，美联储寻求国际合作，与加拿大银行、欧洲中央银行、英格兰银行、瑞士国民银行、日本银行宣布联手救市，向市场注资。2008年9月20日，美国财政部和美联储向国会提交总额为7000亿美元的救市方案。2008年12月13日，布什总统签署一揽子经济刺激法案，向民众大幅度退税，增加居民偿债能力。此外美国还制定了一系列其他特殊政策：比如清算了金融机构高管的高薪；整治改制后的高盛公司；设置新标准以降低投资银行在市场上的杠杆率等（见表3－9）。

表 3－9 美国投资银行危机的发生及应对措施

时间	危机出现及应对措施	时间	危机出现及应对措施
2007 年 6 月	贝尔斯登公司出现亏损	2008 年 9 月 18 日	美联储向银行注资
2008 年 2 月 13 日	布什一揽子经济刺激方案，大幅退税	2008 年 9 月 20 日	提出 7000 亿美元救市方案
2008 年 3 月 16 日	贝尔斯登公司被收购	2008 年 9 月 21 日	高盛和摩根斯坦利改制为银行控股公司
2008 年 3 月 31 日	加强市场监管，扩大金融工作小组权限	2008 年 10 月 29 日	危机发生以来连续九次降息，利率将为 1%
2008 年 9 月 5 日	雷曼兄弟公司破产	2008 年 10 月	美林银行破产

资料来源：据各媒体报道整理。

（2）救助商业银行。

为了确保商业银行信贷能力，美国把对商业银行拯救作为金融危机拯救的重点之一，采取的措施包括注入流动性、关闭银行和国有化（见表 3－10）。

表 3－10 美国商业银行风险出现及应对策略

时 间	危机出现及应对措施	时 间	危机出现及应对措施
2007 年	花旗银行严重亏损	2008 年 11 月 12 日	7000 亿美元收购计划改为注资
2008 年	25 家商业银行倒闭	2009 年 1 月 7 日	美国银行售出中国银行股份
2008 年 9 月 18 日	美联储向银行注资	2009 年 2 月 27 日	美国政府拥有 76.92 亿股，成为花旗银行第一大股东
2008 年 10 月 27 日	财政部实施 1250 亿美元的购买银行计划	2009 年 9 月 25 日	最大储蓄银行华盛顿互惠银行倒闭
2008 年 10 月 29 日	贴现率下调到 1.25%	2009 年 11 月 2 日	美最大的中小企业商业贷款公司倒闭

资料来源：作者整理所得。

对金融机构的救助有如下特点：首先是降息，以减少商业银行利息支付成本。2007 年“次贷”危机以来，联邦基金利率连续 9 次降低，截至 2008 年 10 月 29 日，联邦基金利率下调到 1%，贴现率也相应下调到 1.25%。2008 年 12 月 6 日美联储将联邦基金利率从 1% 降至 0～0.25% 的最低区间。

其次是注资，以增加大银行的资本金。2008 年 11 月 12 日，在美国政府的 7000 亿美元救助计划中，财政部部长保尔森表示：救助的主要对象是金融业，并非汽车业；焦点是大银行，且任由小银行倒闭，实现自然的市场优胜劣汰。

最后是大额持股，使部分商业银行国有化。2008 年 10 月 27 日，美国财政部负责金融机构的助理部长戴维·内森说，美国财政部本周将开始实施用 1250 亿美元购买九大银行股份的计划，这是 8500 亿美元救市方案的重要内容之一。2009 年 2 月 27 日，美国政府发表声明说，政府持有花旗银行普通股的数量将达到 76.92 亿股，占花旗全部普通股的 36%，政府事实上成了第一大股东，等于对花旗实行了国有化。

3. 对实体经济的救助。

美国救助实体经济的措施也可以概括为：降息减税、贸易保护、重振制造业、国有化及防止外国资本兼并与收购等措施。根据表 3－11 数据所示，2008 年 11 月 25 日，美联储和财政部宣布推出两项总额达 8000 亿美元的新救市方案，刺激消费和支撑楼市。2009 年 2 月 13 日，奥巴马总统提出了 7870 亿美元的经济刺激法案，其中 2810 亿美元将用于减税，其他用于基础设施建设等政府支出项目。同时，实行贸易保护，对中国等国家实施大规模反倾销和反补贴调查。

2008 年 12 月 19 日，布什政府决定从 7000 亿美元的金融救助计划资金中，提取 174 亿美元用于汽车制造商的紧急贷款。2009 年 1 月 5 日，美国财政部正式签署向花旗集团提供 200 亿美元紧急贷款以及向通用汽车公司及其子公司通用汽车金融服务公司提供 154 亿美元紧急贷款的协议。2009 年 1 月 15 日，美国众议院同意新任总统奥巴马的总额达 8500 亿美元的经济刺激方案，列入救援名单的有基础建设、钢铁、再生能源、信息技术等行业。但是名单之外的各行各业也可以提出请求救援，包括旅游、纺织、环保、零售商等。这是重整制造业。

表 3－11　　美国实体经济危机发生及拯救方案

时间	危机出现及应对措施	时间	危机出现及应对措施
2008 年 10 月 29 日	美国政府宣布启用 421 条款	2009 月 2 月 13 日	国会通过 7870 亿美元的经济刺激方案
2008 年 11 月 10 日	美国电路城电子公司申请破产保护	2009 月 3 月 18 日	购买 3000 亿美元长期国债和 1 月 25 万亿美元抵押贷款证券
2008 年 11 月 25 日	美联储、财政部推出 8000 亿美元的新救市方案，刺激消费和房地产	2009 月 6 月 1 日	通用汽车公司申请破产保护
2008 年 12 月 8 日	美国第二大报业集团倒闭	2009 月 9 月 10 日	对中国无缝钢管"双反"调查
2008 年 12 月 19 日	美国政府为汽车制造商提供 154 亿美元紧急贷款	2009 月 12 月 20 日	要求人民币升值

资料来源：作者整理所得。

降息和国有化措施并进，例如，2009 年 6 月 1 日，奥巴马宣布通用汽车公司开始进入破产保护状态，由政府控制这个一度代表美国经济实力的公司，美国政府为新通用提供 301 亿美元的破产融资援助，并持有新通用公司的 60% 股权，正式将其国有化。

二、美国财政部和美联储向社会释放了大量流动性

1. 减税、增支、扩大赤字和债务——释放了流动性。

布什总统于2008年12月签署了向民众退税1500亿美元的法案，工薪者每人退税最多可达600美元，每个儿童退税300美元，企业新购买大宗设备立即折旧50%。在《2009美国复苏与再投资议案》中，美国将2880亿美元用于实施减税计划。该计划使95%的美国家庭获得减税，每年每个人可以抵减400美元，以家庭为单位计算最高可抵免800美元。后来，《2010税收减免、失业保险授权和工作创造法案》又将投入2380亿美元用于税收减让和工作机会的创造。

减税、增加支出、赤字和发债都增加了流动性。因为减税措施增加了美国老百姓的可支配收入，等于增加了资金供给；政府税收减少的同时财政支出增加，导致赤字和债务总额不断增加(见图3-1)。其实发债就是政府向公众“借钱”，将老百姓和银行存储的资金借来用于财政支出，增加了货币的周转，等于释放了流动性。

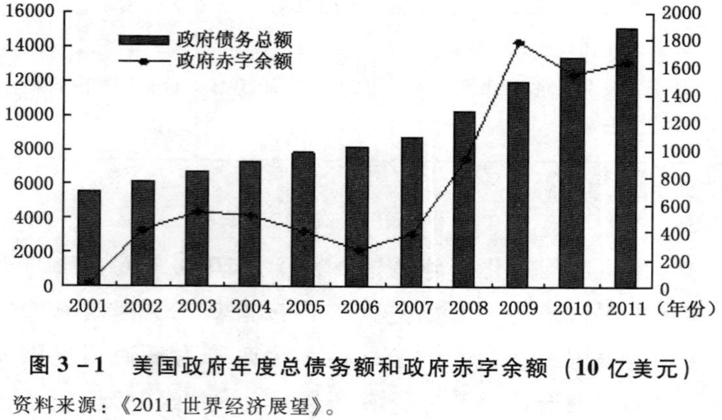

图3-1 美国政府年度总债务额和政府赤字余额(10亿美元)

资料来源：《2011世界经济展望》。

2. 美联储购买国债——再次释放流动性。

政府将国债收入用于支出，向市场注入了一定的流动性之后，美联储通过公开市场操作购买这些国债，增加了货币供给，又一次增加了流动性。从表 3-12 可以看出，除美国联邦政府之外，美联储是美国国债的主要债权人之一。

3. 近乎零利率——价格型工具被用到了极限。

2007 年 8 月 17 日，美联储宣布将贴现率降低 0.5 个百分点，即从 6.25% 降到 5.75%，这是美联储 4 年来首次降息。2007 年 9 月 18 日，美联储又决定，将联邦基金利率由原来的 5.25% 降到 4.75%，其后又连续 7 次降低利率，到 2008 年 10 月 29 日联邦基金利率下调到 1%，贴现率相应下调到 1.25%。2008 年 10 月后美联储将联邦基金利率又从 1% 左右降至 0～0.25% 的最低区间。从表 3-12 可以看见，目前 1 个月期的联邦基金贷款的年利率是 0.09%。

表 3-11　2000～2010 财政年度联邦债务额　单位：百万美元

财年	联邦总债务	减：联邦机构持额	等于：公众所持额		
			总额	美联储所持额	其他所持额
2000	5628700	2218896	3409804	511413	2898391
2001	5769881	2450266	3319615	534135	2785480
2002	6198401	2657974	3540427	604191	2936235
2003	6760014	2846570	3913443	656116	3257327
2004	7354657	3059113	4295544	700341	3595203
2005	7905300	3313088	4592212	736360	3855852
2006	8451350	3622378	4828972	768924	4060048
2007	8950744	3915615	5035129	779632	4255497

续表

财年	联邦总债务	减：联邦机构持额	等于：公众所持额		
			总额	美联储所持额	其他所持额
2008	9986082	4183032	5803050	491127	5311923
2009	11875851	4331144	7544707	769160	6775547
2010	13528807	4509867	9018941	811669	8207272

资料来源：http：//www. whitehouse. gov/omb/budget。

表 3－12　　2007～2011 年 1 月期联邦基金的年利率　　单位：%

月　份	2007 年	2008 年	2009 年	2010 年	2011 年
1 月	5. 25	3. 94	0. 15	0. 11	0. 17
2 月	5. 26	2. 98	0. 22	0. 13	0. 16
3 月	5. 26	2. 61	0. 18	0. 16	0. 14
4 月	5. 25	2. 28	0. 15	0. 2	0. 1
5 月	5. 25	1. 98	0. 18	0. 2	0. 09
6 月	5. 25	2	0. 21	0. 18	0. 09
7 月	5. 26	2. 01	0. 16	0. 18	
8 月	5. 02	2	0. 16	0. 19	
9 月	4. 94	1. 81	0. 15	0. 19	
10 月	4. 76	0. 97	0. 12	0. 19	
11 月	4. 49	0. 39	0. 12	0. 19	
12 月	4. 24	0. 16	0. 12	0. 18	

资料来源：见美联储统计发布。

所谓价格型政策，主要是再贴现和利率政策，它的高低变化能影响贷款人和借款人的成本和收益，从而影响借贷行为，政府利用它来调节货币供给和流动性。当美联储将利率水平降到 0 附近时，已经用尽了传统政策工具。

值得关注的是，美国 2008 年 12 月第 10 次降息，接近 0 的超低利率政策一直维持到 2015 年底，有 7 年之久。

4. 定向救援、“央行式国有化”——数量型工具的创新。

一般而言，数量型工具包括存款准备金政策和公开市场业务。存款准备金率就是中央银行强制要求商业银行将收储的存款按一定比例存入中央银行。设置准备金率的初始目的在于减少储户存款风险，后来却成为中央银行调节宏观经济的措施之一。

2011 年 7 月 13 日，美国法定存款准备金只有 770.16 亿美元，相对于存款机构 1.74 万亿美元的存款来说，准备金率只有 4% 多一点。2008 年 11 月 5 日，美联储降低对法定准备金付息的利率，使对超额准备金的付息利率与基准利率之间的利差从开始的 75 个基点缩减到零。目前，对所有准备金的付息利率都为 1% 。

公开市场操作是指中央银行在金融市场上公开买卖有价证券，比如国债、外汇等，用以改变商业银行等存款机构的头寸，进而影响货币供应量，实现其货币政策目标。金融危机期间，美联储充分利用了这个工具，但并不是单纯买进有价证券，而是将数量工具的使用与对“大的不能倒”机构的救助结合起来。美联储担保这些机构的债务、将持有的国债与要救援银行的股票互换、买入它们的债券和股权，达到“央行控股”的程度。这种“央行式国有化”（与财政式国有化并行）的救援，使持有这些大银行证券的人放心，止住了恐慌心理，同时又向社会释放了流动性，这是数量工具的创新使用。

美联储数量政策还有其他创新，比如提供了定期拍卖融资便利（TAF）（见表 3－13），即美联储定期提供一笔资金，拍卖完为止，这种政策是介于价格型和数量型之间的工具。另外还有主经纪商融券便利（TSLF）、主经纪商融资便利（PDCF）等货币政策工具，也是价格与数量结合型的。

表 3-13 美国定量货币宽松政策的创新工具

政策措施	引入时间	参与者	贷出	买　入
定期拍卖便利（TAF）	2007 年 12 月 12 日	主要贷款机构和储蓄机构	资金	抵押资产
商业票据融资机制资产组合 AMLF	2008 年 9 月 19 日	银行控股公司外国银行在美的分支机构	资金	高质量 ABCP
商业票据便利 CPFF	2008 年 10 月 7 日	合格的美国商业票据发行者	资金	3 个月的无担保和资产支持商业票据
货币市场投资基金便利 MMIFF	2008 年 10 月 21 日	合格的货币市场共同基金；其他货币；市场投资者	资金	美元存款凭证；商业票据；次级债
定期资产支持证券信贷便利	2008 年 11 月 25 日	所有拥有合格抵押品的个人或法人	资金	以美元计价的 AAA 级的 ABS

资料来源：Board of Governors of the Federal Reserve System，Monetary Policy Report to the Congress. p31－34. July21，2009。

5. 两次“量化宽松”——数量型工具被滥用。

2008 年金融危机全面爆发后，拯救和刺激美国经济成为美国政府的首要任务，为此，美联储在宣布将利率维持在历史最低点之余，还先后采取了两轮“量化宽松”政策。第一轮是从 2008 年 11 月到 2010 年 3 月，美联储购买了 1.7 万亿美元的抵押债券和国债，以维持低利率刺激经济。

第一轮宽松稳住了金融市场，拯救了银行业，但是对就业、消费的帮助却不大。自 2010 年 4 月份开始，美国的经济数据开始令人失望，居民失业率居高不下，第二轮“量化宽松”政策于 2010 年 11 月推出，按计划要在 2011 年 6 月底前的 8 个月期间内，购买美国国债 6000 亿美元。从后来的结果来看，为第二轮宽松设置的数量标准基本实现。

6. “补充融资账户”——财政将债直接发到美联储。

奥巴马上台后，财政部推动了7000亿美元的问题资产重组计划（TARP）和补充融资计划（SFP）。为应对大大超出原计划的融资需求，财政部贷款咨询委员会（TBAC）2008年11月4日提出了新计划：为了缓解财政资金周转困境，在这个第四季度内要通过各期公债、短期国库券在市场融资规模达5500亿美元；为了筹资，财政部在美联储新建立了一个“补充融资账户”（它是“补充融资计划”SFP的一部分）。财政部向美联储发行特殊国债，并将收入存入其在美联储的新账户，其实就是财政部直接将国债发到美联储，也就是财政部在美联储开了一个提取资金的户头。

三、美联储资产负债表膨胀

1. 提供“便利”和购买有价证券，使美联储资产增2倍多。

到2007年8月末，美联储的资产负债表数据相当稳定且简单。在资产一边，大头是7908亿美元左右的美国国债（包括联邦机构债），占美联储总资产的80%～90%（表3－14）。但是金融危机后，尤其是在雷曼破产后，美联储不断用包括TAF和TSLF在内的各种新型金融工具提供贷款，同时购买各种其他有价证券，这使美联储的资产方无论是规模还是结构都发生了重大的变化。美联储资产总量大幅增加，从2007年8月初的8748.93亿美元，上升到2011年6月末的28691.67亿美元，美联储的资产上升了2倍多（见图3－2）。

美联储资产构成也发生了变化，更加复杂和多样化，在黄金、特别提款权、财政部现金之外，有价证券大幅度增加，同时也出现了以前没有的MBS、TAF（定期拍卖工具）、CPFF（商业票据融资工具）、MMIFF（货币市场投资者融资工具）等贷款债

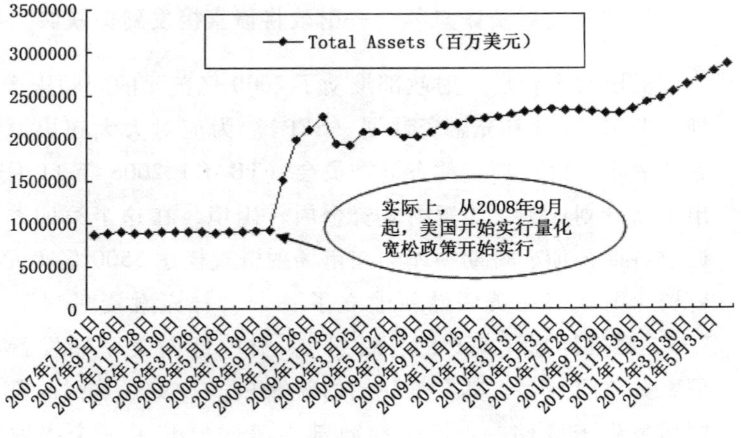

图 3-2 金融危机以后美联储总资产变化情况

资料来源：Board of Governors of the Federal Reserve System, Factors Affecting Reserve Balances - H. 4. 1. http://www. federalreserve. gov/releases/h41/。

权，还出现了持有贝尔斯登投资组合（Maiden Lane LLC）、持有 AIG 投资组合（MBS）及持有 AIG 投资组合（CDO）等资产（见图 3-3）。

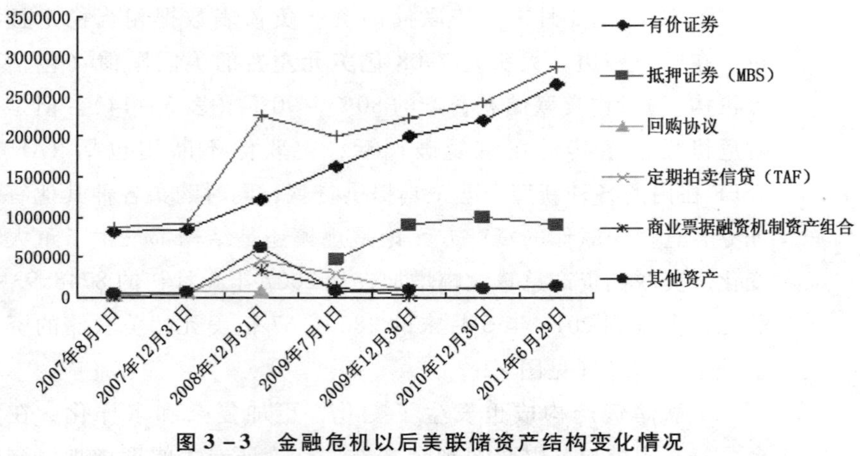

图 3-3 金融危机以后美联储资产结构变化情况

资料来源：Board of Governors of the Federal Reserve System, Factors Affecting Reserve Balances - H. 4. 1. http://www. Federal reserve. gov/releases/h41/。

2. 美联储负债增加2倍多，主要是金融机构在美联储的存款大增。

截至2011年5月，美联储负债总额比2006年增长了2倍多。

从历史上看，美联储负债方的最主要部分构成一直是流通中的现金，2007年8月初是9892.02亿美元，到2011年6月末，流通中的现金增加到11440.78亿美元，增加并不多，而金融机构在美联储的存款等储备规模却大幅增加，从2007年8月初的222.43亿美元上升到2011年6月末的17451.73亿美元，增长了77倍。其占美联储总负债的比重从1.9%上升到56.3%，超过了流通中的货币成为第一大类别。

金融机构储备规模大幅增加的原因除了银行惜贷外，美联储为商业银行在美联储的储备支付利率这一政策也是原因之一。根据美国2008年10月初通过的《2008紧急经济稳定法案》，美联储于2008年10月开始对存款机构储蓄在美联储的准备金付息。

表3－14　危机前后美联储资产负债表变化情况　单位：百万美元

科目	2007年8月1日	2007年12月31日	2008年12月31日	2009年7月1日	2009年12月30日	2010年12月30日	2011年6月29日
资产							
黄金	11037	11037	11037	11037	11037	11037	11037
SDR	2200	2200	2200	2200	5200	5200	5200
现金	1096	1169	1688	1778	2047	2164	2114
有价证券	815787	842300	1219723	1625620	2010339	2200787	2655462
直接持有证券	790802	740627	495629	1223742	1844722	2155703	2642617
国债	790802	740627	475921	663470	776587	1016102	1617060
短期国债	277019	227841	18423	18423	18423	18423	18423

续表

科　　目	2007年8月1日	2007年12月31日	2008年12月31日	2009年7月1日	2009年12月30日	2010年12月30日	2011年6月29日
中长期国债	513784	512787	457499	645047	758164	997679	1598637
联邦机构债	0	0	19708	97828	159879	147460	116704
抵押证券（MBS）	*			462444	908257	992141	908853
回购协议	24750	56750	80000				
定期拍卖信贷（TAF）	*	40000	450219	282808	75918		
其他贷款	235	4923	193874	119070	89699	45084	12845
商业票据融资机制资产组合	*		334102	114693	14072		
资本市场融资机制资产组合	*						
持 Maiden Lane LLC（I）资产净额	*		27023	25925	26667	26974	23849
持 Maiden Lane LLC（II）资产净额	*		20117	16061	15697	16197	12538
持 Maiden Lane LLC（III）资产净额	*		26785	20172	22660	23142	24244
定期资产支持证券贷款便利（TALF）	*				298	665	757
递延利息（11）	*				25000	26057	0
在途资金	3207	3021	1377	1369	519	329	396
银行房产	2053	2134	2194	2196	2249	2229	2210

续表

科　　目	2007 年 8 月 1 日	2007 年 12月31日	2008 年 12月31日	2009 年 7 月 1 日	2009 年 12月30日	2010 年 12月30日	2011 年 6月29日
中央银行流动性掉期	*			114585	10272	75	0
其他资产	39513	64711	620057	72362	91443	108707	131518
总资产	874893	926573	2266302	2007997	2237500	2423562	2869167
负债							
流通中的货币	989202	1009663	1022849	1053170	1081206	1122842	1144078
减去美联储持有货币	212249	217979	169682	181878	191528	179094	158290
美联储持有货币净额	776953	791684	853168	871291	889678	943749	985788
反回购协议	31546	40909	88352	72256	70450	59246	66607
存款	22243	47438	1248034	1006269	1209135	1318755	1741700
存款机构定期存款						5113	5087
存款机构其他存款	17084	39769	860000	726260	1025271	1020726	1622395
财政部一般账户	4769	7277	106123	78142	149819	88905	105582
财政部补充融资账户	*		259325	199939	5001	199963	5000
外国政府存款	95	98	1365	1473	2269	3670	126
其他存款	295	296	21221	454	26774	378	3511
递延可用现金	4689	4074	2868	3805	2475	1954	1636
应付美国财政部的现金利息							1411

续表

科　　目	2007年8月1日	2007年12月31日	2008年12月31日	2009年7月1日	2009年12月30日	2010年12月30日	2011年6月29日
其他负债及应付股息	5824	5249	31728	5774	13642	43256	19208
总负债	841254	889356	2224150	1959395	2185380	2366959	2816350

注：资料来源是 Board of Governors of the Federal Reserve System，Factors Affecting Reserve Balances－H. 4. 1. http：//www. federalreserve. gov/releases/h41/；＊表示新引入美联储资产负债表的项目。

现在，我们再来看，美国物价为什么没有大幅度上涨。

四、注入大量流动性后，美国经济增长慢、物价指数低

1. 自2008年的金融危机以来，美国物价水平既没有大落，也没有大涨。

由于美国绝大部分人口居住在城市，美国CPI统计范围所覆盖的人口占全美人口比例高达87%。故这里采用美国城市居民CPI月度变化率来衡量美国政府政策的有效性及其相应效率水平。从图3－4可以明显看出，2007年以来，美国全部商品中除能源和食品外，物价指数没有显著性变化，基本维持在绝对值1%范围之内。

危机开始以后，美国财政部和美联储迅速采取措施，阻止了恐慌心理，限制了危机向实体经济的蔓延，物价没有大幅度下跌。与以往危机应对机制中政府不干预或者干预不强相比，这次政府干预的力度大、手段多，效果也是很好的。

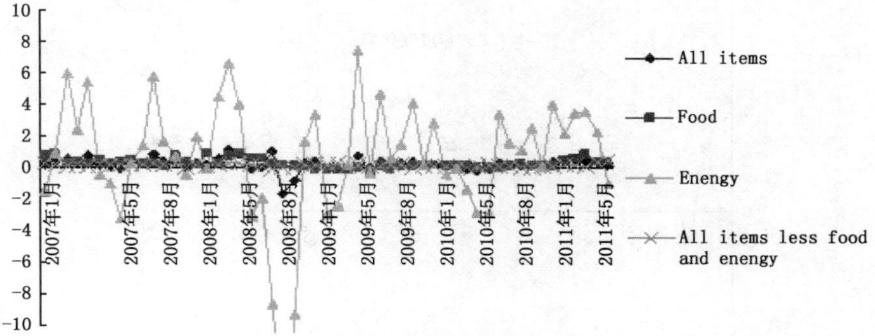

图 3-4 美国城市居民 CPI 月度变化率（CPI-U）

资料来源：Percent changes in CPI for Urban Consumers（CPI - U） http：//www. bls. gov/cpi/。

在 2007 年和 2008 年，美国救助措施释放了大量的流动性以减缓通缩压力，使其国内价格水平没有大落，这是可以理解的。但是后来美联储累计释放的货币总量是原来的 3 倍之多，物价却没有大涨，相对于世界范围内的物价不断上涨整体趋势而言，美国物价如此稳定，这其中一定另有原因。

2. GDP 先降低后恢复，之后维持在低增长水平。

图 3-5 显示，从 2001 年“9·11 事件”发生后，美国经济一度跌入谷底，随后维持了 3 年的缓慢增长和其后的再次下滑。“次贷”危机爆发后，经济开始急剧下滑，2008 ~ 2009 年经济衰退并出现负增长；先后实施的大规模救市政策抑制了经济下滑的趋势，刺激了经济增长，2010 年初开始美国经济回暖企稳，但仍然保持着低位增长，扣除通货膨胀带来的影响，美国经济并未出现明显增长的态势。到 2015 年，美国经济才有好转的迹象，但是前途仍然未卜。

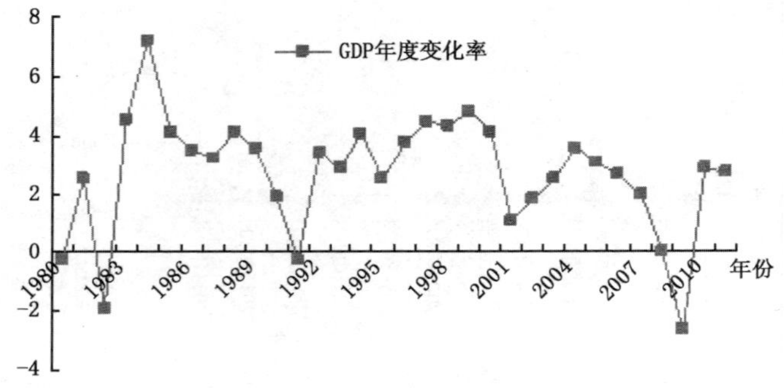

图 3－5 美国名义 GDP 年度变化图

资料来源：基础数据来源于《世界经济展望》(World Economic Output)。

五、危机后美国物价稳定的原因在于流动性要素下降了

1. 流动性有 M 和 V 两个要素。

“流动性是一个高度复杂的现象”，“对流动性分析要从宏观和微观两个方面进行”，“目前为止，讨论流动性的文献没有一个能为整个概念提供明确的衡量方法”①。《新帕尔格雷夫货币金融大辞典》明确指出，流动性概念人们常用，但是对它定义却不明确。对此，我们在这里进行一些探讨。

微观流动性概念的第一个部分是将财产作为描述对象，去评价一笔财产被变现的能力。比如现金在正常环境中是100%流动性（个人的流动性偏好达到最大就是现金偏好），在此之后的则是银行存款、股票、债券、存货、设备、厂房等，流动性逐渐降低。微观流动性概念的第二个部分是将一个企业作为评价对象。上述自现金到厂房的各类财产的构成比例决定了一个企业的流动

① 《新帕尔格雷夫货币金融大辞典》第2卷，经济科学出版社2000年版，第574、646页。

性总体状况，如果加上持续盈利能力、现金流等指标，就可以判断这个企业是否健康。微观流动性概念的第三个部分是将一个产品市场作为对象，如果该市场交投活跃，其中的产品在市场上买卖流畅，到期日（如期货）之前有很多人愿意参与交易，该产品市场的流动性高，风险就相对小。

宏观经济学中流动性概念的设置，则是用来评价国民经济发展（所有产品市场）交易中的货币便利程度，也是指全社会经济交往中货币交易工具的充足程度。根据货币数量论，流通中货币的需要量可由费雪方程式求得（PQ = MV；V = PQ/M）。宏观流动性是否合适，要看货币 M 量（可称其为流动性第一要素）和流动速度 V（可称其为流动性第二要素）的变动状况。如果一个时段内经济潜在产出数量已经知道，要达到潜在产出，流动性方面必须是 M 与 V 乘积正好与之相等。当 M 与 V 乘积正好等于潜在的 GDP 时，我们说流动性充足；如果其低于潜在的 GDP 时，我们说流动性不足；超过则是流动性过剩。

央行提供了 M，全社会信用体系创造了 V。人们常说银行等信用机构的借贷活动有资金供给或者说货币再创造的功能，其实就是通过借贷，使货币 M 的周转速度 V 增加，也就增加了全社会的流动性。

潜在 GDP、M 和 V 是我们判断宏观流动性是否过剩的三个因素。我们常说，美联储向社会注入了大量的流动性，其实是注入了流动性的 M 要素，总流动性是否超量、富余，要看 V 的大小，还要看潜在 GDP 增长的大小。

在一个时段内（比如 1 年），M 乘 V 是货币的全部流通量，它与“名义 GDP”数是恒等的：MV = GDP = PQ（价格乘产量）。如果用变动率表示，名义 GDP 恒等式为：M(1 + m%)V(1 + v%) = GDP(1 + gdp%) = P(1 + p%)Q(1 + q%)。在这里，价格与流动性是否充足的程度同时变动。

我们以不变价格，即将价格变动率定为 0，就可以判断流动性是否过剩：流动性充足就是 M(1 + m%)V(1 + v%) = PQ(1 +

q%）。流动性不足就是 $M(1+m\%)V(1+v\%)<PQ(1+q\%)$。流动性过剩就是 $M(1+m\%)V(1+v\%)>PQ(1+q\%)$。

流动性一定是M与V的共同结果，但它们的乘积（MV）只是流通量，此流通量与交易需要流通量比较“的状态”才是流动性，说“流动性”就是要从比较的角度看货币充足或便利状态；其实流动性还有更进一步内涵，不仅是描述“状态”，而且要描述“状态的级度”，就是说是否充足便利达到了何种程度。流动性（Liquidity）在英文中是一个名词，翻译成中文似乎是一个形容词，但其实这个“波粒两重性”（Wave - particle duality）的词，是对交易工具的形容“量化”，或者说是“计量式形容”：流动性就是经济交易中所需要货币工具的充足、便利和流畅度。

用微分的观点进行时点上的变动率的比较，也存在着这样一个恒等式：$(MV)'=GDP'=(PQ)'$。判断流动性是否过剩，我们就要假设价格不变，有三种情况：$(MV)'>Q'P$ 时则是流动性过剩，$(MV)'=Q'P$ 时则是流动性充足，$(MV)'<Q'P$ 时则是流动性不足。

基础货币M由央行掌控，而流通速度V则由全社会信用体系的“信心”来决定。举一个例子来说明“信用度”与“流动性”之间的数量联系。例如央行提供了10000亿元的货币（它与上年持平），而银行等机构积极进行借贷等金融活动，资金一年内周转了5.5次（比上年增加10%，上年是5次），如果实际GDP产出也比去年增加了10%，达到55000亿元（上年是50000亿元），等式就是 $10000\times5\ (1+10\%)\ =50000\ (1+10\%)$。这说明流动性充足，流动性支持了经济增长，但这个充足不是M增加，而是V增加引起的。目前美国的情况刚好与这个例子相反。

2. 危机期间，流动性中V要素降低，美联储用M要素来填补。

美国自1980年以来，流通中的货币量一直在增加（图3-6），截至2011年6月，M1的投放量几乎是1980年投放量的

4 倍多。与货币供给增长的同时，货币流通速度几度起落，总体是增长趋势，2001 年以后，流动速度的增速有所降低。

2007 年“次贷”危机开始以后，银行和各类信用机构收紧信贷，人们的消费减少，货币流动速度 V 在短时间内大幅下降，2008 年货币流通速度降到了最低点。与此对应，美国财政部门和银行采取了一系列特别措施注入 M。2008 年美联储的注资达到高潮，通过减息、拍卖式贷款、买股票、买企业债、买国债等措施，将大量货币释放出去。正如前面所说，这些政策是成功的，正是美联储及时大量注入了流动性要素 M，支持了美国经济，使美国 GDP 没有出现大幅度下跌（虽然有下降），物价指数也没有大幅度波动。

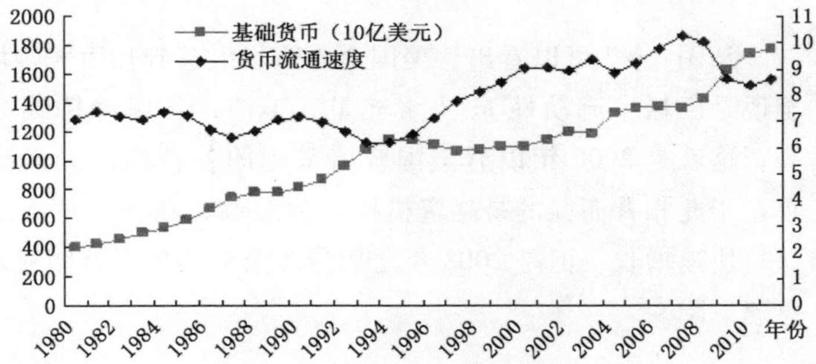

图 3-6 美国的流通货币量及货币流通速度图

资料来源：基础数据来源于《世界经济展望》（World Economic Output），IMF 和美联储美国统计局历史数据库。

3. 财政措施也能增加 V，只是被危机的大环境抵消了。

危机期间美国财政赤字稳步上升。2008 财年赤字为 4590 亿美元，2009 年赤字为 1.416 万亿美元，2010 财年赤字为 1.294 万亿美元，2011 财年前 8 个月的联邦政府财政赤字已超过 9274 亿美元，逼近万亿。

财政赤字和发债就是将人们手中储蓄的货币借来，购买货物和服务，使这些不流动的货币流动一次；按照乘数效应，财政的这些购买应当拉动相应的生产和借贷等活动，有带动经济的效应，但是因为整体经济没有复苏，乘数效应不明显，货币周转速度没有显著提高。

还应当补充说明的是，美国银行安全标准提高和强化监管，其实降低了流动性第二要素 V，因为资本充足率标准提高，要求杠杆率降低和其导致的投资活动减弱，同样使货币周转速度降低。

六、银行惜贷是流动性不足的直接原因

1. 银行资金充裕，贷款余额却没有增加。

从图 3 –7 可以看出，美国金融市场上基础货币大幅增加，甚至说是巨增，流动性 M 要素充足、丰沛，且保持持续的增长势头，这就是 2008 年以后美国政府采用的各种经济刺激措施的结果。于此相背而驰的是融资机构贷款总额，在金融危机之前一直保持快速增长，但是 2008 年之后贷款余额不但没有明显增长，却急速下降。

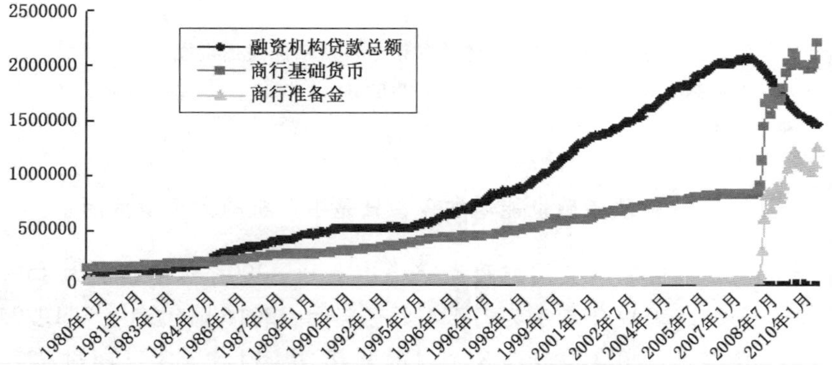

图 3 –7 美国国内融资机构贷款总额及商业银行资金状况

资料来源：Board of Governors of the Federal Reserve，http：//www. federalreserve. gov。

2. 银行惜贷不是因为利息收益低，而是为了防范风险。

当时，美联储“定量宽松”货币政策的实施和资产负债规模的扩张，使市场整体流动性得到了一定程度的提高，美国银行业信贷恶化局面得到了遏止，但是，从信贷市场来看，银行借贷意愿仍然不强，信贷市场还远没有复苏。

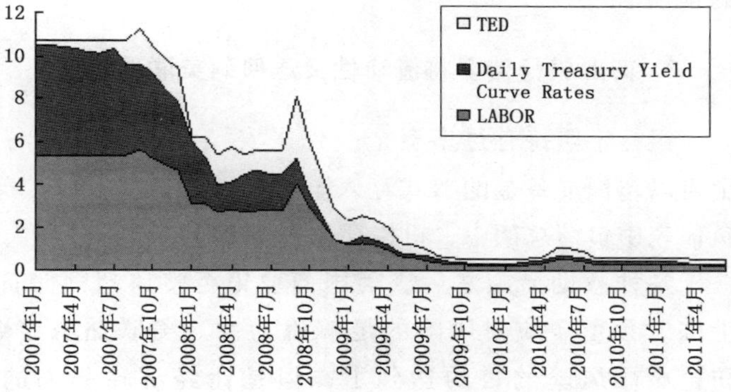

图 3－8　3 月期伦敦银行同业拆借利率与美国国库券收益率息差

资料来源：2011 MoneyCafe. com Fannie Mae，British Bankers' Association。

银行间借贷减少。图 3－8 显示，泰德息差（TED Spread，即美元 3 个月伦敦银行同业拆放利息——LIBOR 与美国国库券收益率的息差）在 2007 年 10 月达到最高，2008 年 9 月份后迅速上升，10 月份达到最高超过 450 的基点，远高于危机前 50 个基点的正常水平。由于美国国库券收益率被认为是无风险的，而 LIBOR 则反映贷款给予商业银行的信贷风险，TED Spread 的扩大，表示放款人认为银行间违约风险正在增加，银行相互拆借意愿不强。

各个行业特别是房地产业的贷款没有大的增加。尽管危机爆发后，美国连连降息，并把联邦基准利率维持在 0 到 0.25% 之间的最低点，但是银行信贷的热情并不高，2007 年到 2011 年 6 月，美国抵押贷款利率分别是每年 6.10%、5.33%、4.93%、

4.71%、4.51%。可见放出贷款还是有利可图的，但是因为整体经济没有恢复，银行不愿意放款。

凯恩斯在他的流动偏好理论中，将货币的需求划分为交易性需求、预防性需求和投机性需求。商业银行对货币的预防性需求增加，投机性和盈利性需求都减少，形成了银行惜贷的局面。银行谨慎的原因在于经济前景不明，对实体经济没有较好的预期。

3. 商业银行储蓄将流动性又送回到美联储。

银行宁愿持有过多资金“保平安”，将没有贷出去的富余资金再以超额准备金的形式存入了美联储（图3-9），美联储资产负债表中负债总额中，机构存款占56%。

各种救助措施之后，美国商业银行整体超额储备水平大幅上涨，预留了应对风险的足够流动性。美联储稳定金融市场、防范金融风险的目的达到了，但是让经济转起来的目标没有实现；银行的资金没有贷出去，经济没有增长，物价没有上涨。

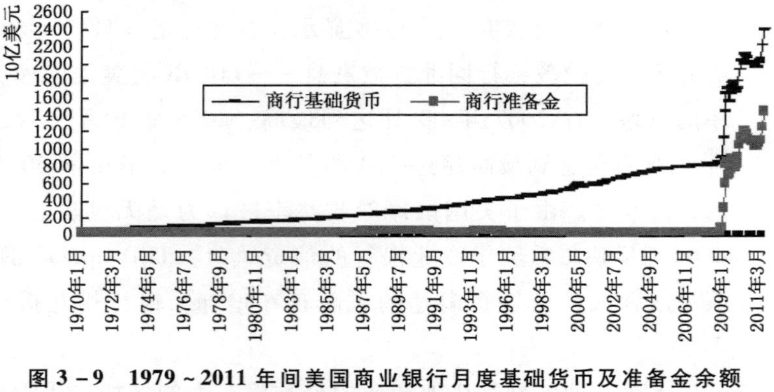

图3-9 1979~2011年间美国商业银行月度基础货币及准备金余额

资料来源：Board of Governors of the Federal Reserve, Aggregate Reserves of Depository Institutions and the Monetary Base, Money Stock and Reserve Balances (H.3); http://www.federalreserve.gov/releases/h3/current/h3.htm。

所以说，从 2008 年开始，美国进入了宏观经济调控困难时期。下面我们来分析其原因和表现。

七、一旦 V 动起来，通胀就会出现

1. M 与 V 都背离了常态。

过度膨胀的基础货币和举步不前的流通速度并存，是一种背离常态的“两要素配置”模式。这种畸形的流动性存在，维持了现存经济，但为未来发展和宏观调控埋下了隐患。这种资金不流动的局面不能维持下去，因为巨大数量的银行资金必须投资盈利，银行才能生存；让资金周转起来和恢复到常态盈利是银行业生存的内在要求。

2. V 要增加的同时 M 就要减少。

巨量的基础货币和下降的货币流通速度并存的状态是经济运转不正常的表现；经济如果要走向正常，流动性 M 与 V 的配置必须恢复常态，就要求提高货币流通速度 V，减少基础货币的发行量。我们用两种方法测算货币的流通速度。

第一种方法是用 M1 作为除数。

关于 M1，各个国家定义不太相同，但是大部分用流通中的货币加活期存款（见表 3－15）。我们这里用美国的标准，除数是流通中的货币＋活期存款＋支票性存款。

表 3－15　　对 M1、M2 的不同定义方式

IMF	M1 =（货币）Money =（通货）Currency +（活期存款）Demand Deposits
	M2 = M1 +（准货币）Quasi money Quasi money =（time deposit）定期存款 +（saving deposit）储蓄存款 +（foreign deposit）外币存款

续表

美国	M1 =（通货）Currency +（非银行发行的旅行支票）Nonbank traveler's checks +（活期存款）Demand Deposits +（其他支票存款）other checkable deposit
	M2 = M1 +（savings deposits）储蓄存款 + 小额定期存款 + 货币市场共同基金份额
英国	M1 = Currency +（Reserve balance）储备存款余额
	M2 = currency + 私人部门小额存款
日本	M1 =（现金通货）Currency in circulation +（活期存款）demand deposit
	M2 = M1 + 准货币（Quasi money） 准货币 = 定期存款（time deposit）+ 外币存款（foreign deposit）
中国	M1 = 现金（currency in circulation）+ 活期存款（demand deposits）
	M2 = M1 + 准货币（Quasi money） 准货币 = 定期存款（time deposit）+ 储蓄存款（saving deposit） + 其他存款（other deposit）+ 保证金

资料来源：黄达，《货币银行学》（第四版），中国人民大学出版社 2008 年版，第 502 ~ 503 页。

在表 3 - 16 中，用 M1 作为除数，GDP 作被除数，GDP/M1 的比值表示国民生产总值（实体经济）量下的货币周转速度，从表 3 - 16 中第 7 列可见，M1 的周转速度下降。我们再把实体经济 GDP 与虚拟经济部分（债券 + 股票 + 期货）相加（ = 全社会交易额），再与 M1 比较（第 8 列），就得到“全部交易/M1”的比值，就是社会总交易额下的货币周转速度。美国的这一指标在 2007 年、2008 年达到最大，之后就快速下降。

表 3 - 16　以 M1 为基准的美国货币流通速度测算表　单位：10 亿美元，%

	M1	GDP	Bonds	stock	option	GDP/M1	总交易/M1
1	2	3	4	5	6	7	8
1996 年	1106. 53	7838. 48	100010. 73	10216. 07	8266. 34	7. 08	114. 17

续表

	M1	GDP	Bonds	stock	option	GDP/M1	总交易/M1
1	2	3	4	5	6	7	8
1997 年	1070.13	8332.35	109680.31	13148.48	11692.83	7.79	133.49
1998 年	1080.56	8793.48	127188.27	18574.10	15164.18	8.14	157.07
1999 年	1100.03	9353.5	115506.15	31862.49	23218.78	8.50	163.58
2000 年	1103.60	9951.48	130507.10	29040.74	36275.28	9.02	186.46
2001 年	1140.32	10286.18	185731.38	25371.27	26138.05	9.02	217.07
2002 年	1196.23	10642.3	229826.63	15547.43	23028.16	8.90	233.27
2003 年	1190.16	11142.18	274416.49	19354.90	22737.47	9.36	275.30
2004 年	1338.38	11867.75	298894.12	21509.98	27875.85	8.87	269.09
2005 年	1371.43	12638.38	335329.88	33267.64	34567.58	9.22	303.19
2006 年	1374.12	13398.93	325974.57	42613.21	43940.59	9.75	309.96
2007 年	1372.09	14061.8	370440.11	36467.43	66135.91	10.25	355.01
2008 年	1433.60	14369.08	377277.35	46735.93	82012.45	10.02	363.00
2009 年	1636.68	14119.05	297345.42	30454.80	59850.00	8.63	245.48
2010 年	1744.04	14657.8	346693.43	27712.73		8.40	223.08

注：基础数据来源于《世界经济展望》（World Economic Output）；美国统计局历史数据库；Federal Reserve Bank of New York，Municipal Securities Rulemaking Board，FINRA；SIFMA。表中，总交易/M1 =（GDP + stock + Bonds + option）/M1。

第二种方法，是用美联储公布的基础货币（Monetary Base，Mb）作除数。关于基础货币或者货币基础，美联储有如下定义：基础货币 = 全部（法定和超额）存款准备金 + 流通中货币（银行系统的库存现金 + 社会公众手持现金）。以基础货币（Mb）为基准测算的美国货币流通速度，相对于与 M1 为基准而言，变化趋势是一致的，但变化频率更加剧烈（见表 3 - 17）。从表中可见，

GDP/Mb 的流通速度（V1）从 2007 年的 17.35 降为 2010 年的 7.31。“全部交易”/Mb 的流通速度（V2）从 2007 年的 594.03 降为 2010 年的 193.92。（全部交易额是指实体和虚拟经济的全部交易，它等于 GDP 加上股票、债券、期货等虚拟经济交易值，其与基础货币的比值能更全面地反映流动性的状况。）

表 3-17　以基础货币（Mb）为基准的美国货币流通速度测算表

单位：10 亿美元，%

年份	M-base	GDP	V1 = GDP/Mb	V2 = 总交易/Mb
1996	441.57	7838.48	17.75	286.10
1997	464.38	8332.35	17.94	307.62
1998	495.34	8793.48	17.75	342.63
1999	543.20	9353.50	17.22	331.26
2000	578.14	9951.48	17.21	355.92
2001	610.40	10286.18	16.85	405.52
2002	662.86	10642.30	16.06	420.97
2003	704.34	11142.18	15.82	465.19
2004	737.95	11867.75	16.08	488.04
2005	772.83	12638.38	16.35	538.03
2006	803.18	13398.93	16.68	530.30
2007	819.99	14061.80	17.15	594.03
2008	979.81	14369.08	14.67	531.12
2009	1769.90	14119.05	7.98	227.00
2010	2006.35	14657.80	7.31	193.92

资料来源：《世界经济展望》；Board of Governors of the Federal Reserve，http：//www.federalreserve.gov/releases/h3/current/h3.html。表中，V2 = 总交易额/Mb =（GDP + stock + Bonds + option）/ Mb。

3. 如果M不减少的情况下，V增加，通货膨胀就会出现。

根据费雪方程式 MV = PQ，在Q、V保持不变的情况下，货币供给M过度增长，会推动物价水平P的不断攀升。目前美国物价没有大幅度上升，主要是M大幅增加与V大幅降低互相抵消的结果。一旦货币流通速度恢复到正常年份的速度，如果M不相应地缩减，美国经济将出现通胀。

八、超量的货币供给没有带动实体经济增长

1. 只有实体经济起步恢复，才能消弭流动性畸形状态

(1) 大量货币供给下，实体经济没有起色，却维持了虚拟经济的繁荣。

无论是为了拯救危机期间采取的第一次“量化宽松”政策，还是为了促进经济企稳、控制失业率高涨而实施的第二次“量化宽松”政策，都向经济体中释放了大量的流动性。然而它们没有推动实体经济发展，表现为美国的投资、出口、就业等没有较大增长。

由于实体经济增长有限，多余的货币供给为保护原来虚高的资产价格提供了便利，第二次“量化宽松”之后，与实体经济低迷相反，美国的股市价格（见表3－18）和债市交易量有一个大幅度的上涨（见图3－10），2010年1月到2011年2月纽约证交所股价指数上涨了22.7%，达到1547点。

表3－18　　美国股票价格指数

时　间	2008年	2009年	2010年	2010年1月	2010年12月	2011年1月	2011年2月	2011年3月
纽约证交所 1965＝50	8030.86	6100.64	7233.54	6814.61	7837.43	8093.40	8361.70	8274.78

续表

时　间	2008 年	2009 年	2010 年	2010 年 1 月	2010 年 12 月	2011 年 1 月	2011 年 2 月	2011 年 3 月
标普公司 1943 = 10	1220.03	948.05	1139.97	1079.80	1241.53	1282.62	1321.12	1304.49
美国交易所 1973 = 50	2000.47	1590.77	1939.79	1865.27	2137.62	2170.74	2291.87	2333.36

注：见美联储统计的 Stock Market, Selected Statistics (1.36)。

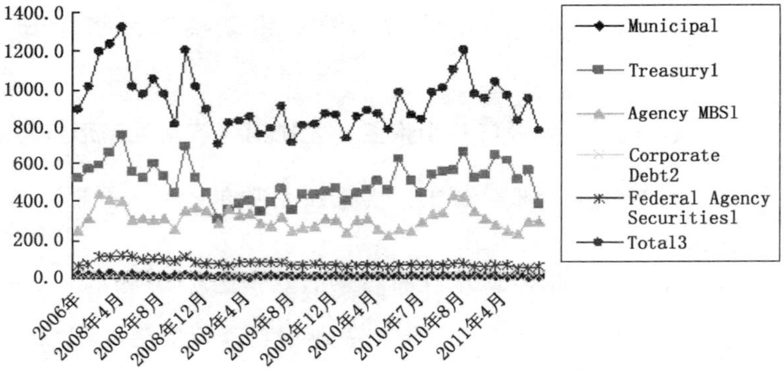

图 3-10　美国债券市场各类债券日平均交易量（10 亿美元）

资料来源：美国证券行业和金融市场协会（SIFMA）。

（2）只有实体经济增长，才有货币乘数效应。

实体经济的恢复是 M 减少和 V 正常的基础。货币乘数能够“乘”起来，必须有一个个企业或公司作为借款人存在。有了第一个企业到银行借款，并形成购买支出，才有下一个企业收到款项再存在银行、银行再贷给第三个企业等等，如此延续，乘数才能够成立。这些连续活动背后的基础是实体经济真正恢复，企业个人借贷活跃起来，V 就增加了。

为了使美国经济恢复，美国政府应加快结构性调整，促进实体经济快速增长，保持物价水平稳定，适度减少流通中的基础货币 M，加快货币流通速度，充分利用乘数效应，实现理想的经济增长模式。

2. 实体经济恢复难。

（1）消费还在还旧账。

“超前消费——负债消费——低储蓄”是美国社会主导的消费模式。美国是典型的高收入、高消费、低储蓄的国家，借贷消费是经济增长的主引擎。美国消费信贷反映了美国个人消费开支情况，其个人消费开支余额约占美国国内生产总值约70%。美国联邦存款保险公司（FDIC）的数据显示，美国银行业对个人购买家具、家电与汽车的消费性放款余额每年都超过1万亿美元。

危机期间银行消费性贷款呆账激增，消费趋势走疲，借贷者还贷发生困难。根据美国FDIC公布的季度银行概况显示，现在与2007年同期比较，还款拖欠30天以上的消费性贷款虽然有所下降，但仍然维持在较高水平，可见，消费者仍处于还款阶段（见图3-11）。

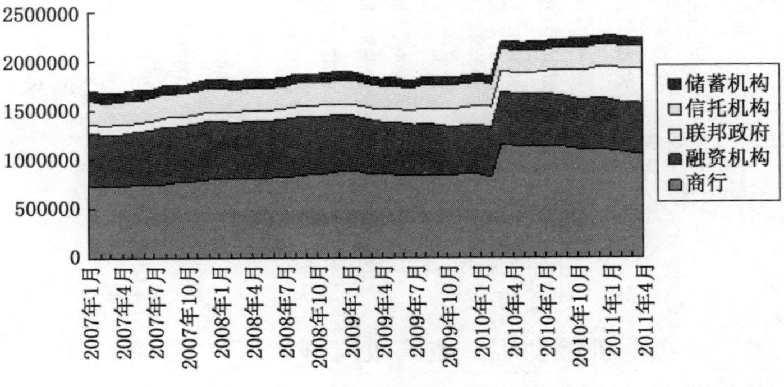

图3-11 美国不同机构持有的个人消费信贷额（百万美元）

资料来源：Board of Governors of the Federal Reserve。

（2）出口有所增长，但是后劲有限。

奥巴马在美国国会发表其任内首份国情咨文时承诺，要在

5年内使美国的货物出口量增长一倍。他企图调整其经济增长模式，改变持续出超的局面，甚至由进口大国转型为出口大国。2007年“次贷”危机爆发以后，美国频繁对中国及其他国家发动贸易保护措施，同时鼓励本国企业出口。从图3－12可以看出，这些保护措施使美国出口额略有增长，但是与进口增长比较，增速仍然不高。由于各国产业结构、国际分工、劳动力成本等不同，美国扩大出口的空间有限；其优势产业如飞机、汽车等需求上升空间也不大，且面临海外同行激烈的竞争；新兴产业如新能源等领域产品短期内难以突升；而制造业遇到中国等新兴国家的竞争。因而短时间内美国出口增长极其有限。

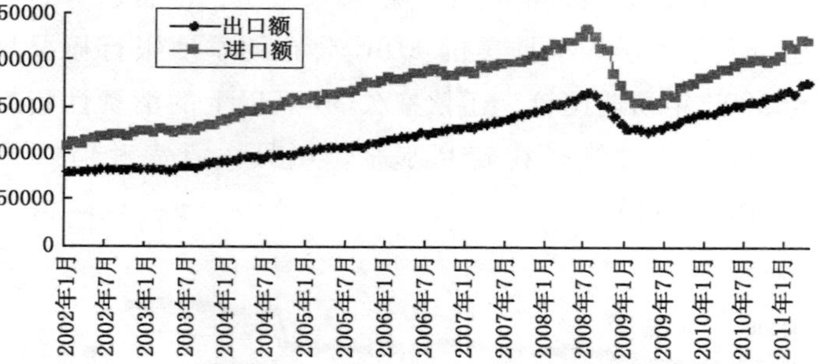

图3－12　美国进出口额月度数据变化（百万美元）

资料来源：基础数据来源于美国统计局及商务部历史数据库。

（3）投资总量不足。

金融危机爆发后，美国政府开展了“投资美国计划”，以此吸收更多的资本到美国去，推动美国经济复苏，实现经济更加强大的目标。从图3－13可以看出，从2006年末，美国国内投资总额占GDP比重开始急剧下降，到2009年中旬降到历史最低水平，目前虽有小幅上扬趋势，但是远没有达到2005年的水平。企业竞争力不强、盈利有限，缺乏强劲的投资动力，致使投资总量不足。

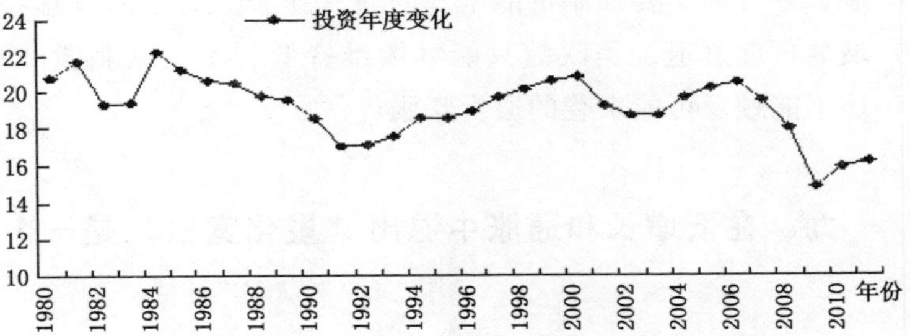

图 3－13　美国年度投资额占 GDP 比重变化

资料来源：基础数据来源于《世界经济展望》（World Economic Output），IMF 和美联储、美国统计局的历史数据库。

3. 实体经济一直低迷限制了美国下一步的宏观政策。

(1) 实体经济没有恢复，银行不敢放款，V 的速度不能增加。

商业银行的信贷活动具有推动经济周期形成和加剧经济周期性波动的作用，呈现明显的顺周期性。在宏观经济萧条时期，信用违约、信用风险增大时期，银行顺周期的效应表现为信心低、放款少。

美国的银行及其他金融机构放款意愿不强、放贷量始终没有明显增加的主要原因在于，只要美国实体经济没有复苏，失业率继续攀升，市场对消费和投资就会一直持谨慎态度，信贷反弹力度低。银行宁愿将资金放在美联储收取利息也不愿意冒险进行投资（见图 3－9）。商业银行信贷无法解冻，美国企业资金紧缺状态难以改变，这阻碍了经济的恢复。

(2) 实体经济没有恢复，保护虚拟经济的措施就不能撤销。

到 2011 年，美国经济仍在低速增长，出现了复苏的迹象，特别是消费者和商业性支出持续增长，但仍旧面临着房地产市场和建筑支出萎靡、失业率居高不下，就业市场不稳定的挑战。这时，美联储面临着双重任务，一方面要继续刺激、推动经济发展，一方面又要抑制可能出现的通货膨胀。为了防止虚拟经济领域的再度衰退，美联储只能继续维持低利率政策刺激经济增长，还不能顾及可能来袭的通货膨胀。

九、在低增长和通胀中退出“量化宽松”是一个难题

1. 美国当时面临着通胀的压力。

2007 年开始的经济危机是因为以前的长时期低利率，借贷过于活跃，结果使流动性过剩，最终带来了房地产泡沫（见图 3－6）。美国政府 2007 年以来的救助措施，又增加了超过两倍的货币供给，用更宽松的货币政策以拯救以前过度宽松货币政策造成的问题。但是直到 2011 年，其银行借贷仍不活跃，正如前面所说，一旦 V 增加，必然引起通胀。

2. 在防通胀的压力中退出“量化宽松”：美联储必须增加 V 的同时减少 M。

为此，美联储可以采取的措施是：

出售各类债券。这是收回流动性的首选策略，比如，路透社 2011 年 4 月 7 日报道，美国联邦储备理事会（FED）将发标出售 Maiden Lane II（危机期间美联储成立的一个基金收购贝尔斯等银行的有毒资产）规模逾 300 亿美元投资组合中的部分资产。这部分资产受到交易商和散户投资者等的关注。期待着经济恢复、证券市场向好，出售美联储 56% 以上的资产，收回 1.5 万亿美元左右的货币，是美联储最好的愿望和期待。但是实现这个愿望的条件并不成熟。

提高利率水平。当时，有关报道称，美联储已经有部分人士开始放出年内加息的口风，有专家认为美联储很有可能在年内，甚至在 3 季度之内便进行一次加息操作。这虽然是美联储可以使用的措施，但是直到 2015 年才被采用。

降低存款准备金利息。美国联邦基准利率是0.25%，而法定和超额存款准备金的利息率是1%，各商业银行有稳定的收益。提高基准率和降低存款准备金率，就可以倒逼商业银行发放贷款。

3. 美国经济的低增长可能持续。

在经济低迷的情况下退出"量化宽松"是很难的。2011年5月11日，美国公布的对外贸易逆差达481.8亿美元，较上月454.4亿美元的逆差数还有扩大；2011年7月10日，美国公布的失业率仍然在9%以上，比上月还有增加。就当时美国经济的增长数据来说，并无对冲流动性的需要，但是对于防止通胀来说，对冲是必要的。美国宏观管理当局在政策选择上，遇到了防通胀和低增长的矛盾。

4. 经济增长可能低迷，美国金融机构倒闭的风险却不大。

根据上面所述，在美联储释放的巨量M转化为商业银行在美联储资金储备之后，金融机构预留了足够的头寸并拥有丰富的流动性，这使银行可以防止外界波动对他们的冲击。可以这样设想，如果经济再次出现波动，这些大银行资金充足，应对挤兑和破产清算的能力大大增强了。当然，一旦有风吹草动，银行还会挤压贷款，收紧银根，继续影响实体经济，却不会出现银行大量倒闭的风潮。经过几十年的精心调控和打造，形成了金融机构不会倒闭的局面，是美联储这些年来的最大功绩。

5. 继续实施"量化宽松"政策的动力和阻力。

2011年6月30日实施的第二轮"量化宽松"政策即将结束时，对第三次"量化宽松"政策的实施，当时的人们作出了不同的猜测。其实，是否继续实施"量化宽松"政策，美国要对其利弊进行权衡。

"量化宽松"政策的动力在于发行货币能带来巨大的收益：

第一，购买国债，可以弥补赤字，美国国债的上限要提高，再次宽松就可以再次购买国债；第二，继续增加 M 以弥补流动性 V 的不足，使股市、债市、其他虚拟经济维持在高位，不至于崩盘；第三，可以促进出口，促进就业。

然而，继续实施“量化宽松”政策的阻力也很大，主要在于通胀风险。防范通胀是美联储在宏观经济度过危机后的主要任务。从防通胀来看，除非经济继续低迷而通胀不严重，才有继续实施“量化宽松”的可能。实施越多的“量化宽松”，美国经济就为未来埋下越大的隐患。

6. 美联储有压力。

在当时的美国，应对危机的中心机构是美联储，左手买国债保财政支出，右手就势发行货币保银行有充足流动性，美联储成了美国经济“产值”最高的国民经济部门，是美国经济的救星。但是美联储是站在一块不动的冰面上做这种左右手游戏的，是因为 V 降低才有了左手买国债右手发行货币的条件，一旦 V 提高，这一块冰动起来甚至加速的话，情况又会怎么样呢？2015 年末 2016 年初，美联储为了应对经济复苏而谋求提高利率时，受到了全世界的关注，不得不谨慎再谨慎，可见美联储采取任何政策都面临着巨大的压力。

思考题

1. 美国政府和美联储救助房地产、金融和实业采取了哪些措施？

2. 如何理解“价格型工具使用到了极限”、“数量型工具被滥用”？

3. 如何理解“央行式国有化”？

4. 危机期间美联储“资产增加了 2 倍多”，财富从哪里来？

5. 为什么美联储释放的货币又被商业银行存回美联储？

6. 流动性概念有几种解释，宏观经济学上的流动性有哪两个要素？

7. 如何判断宏观经济学上的流动性是否过剩？

8. 若干年后美国宏观经济调控的难点在哪里？

补充材料

美国何以未出现严重通胀？[①]

巨额赤字和超低的利率截至目前本应在美国引发严重的通货膨胀。过去3年里存在的巨大奥秘揭示出它们为何未造成上述后果的原因。

通胀不升反降令人迷惑

过去3年的经济形势已通过各种方式令专家和政策制定者感到迷惑不解，但最大的谜团还是最近出现的通胀率下降的现象。这在经济萧条时期似乎并不值得注意，但所有的主要经济理论都认为，当前的物价应处于快速上涨通道。目前没有发生严重通货膨胀的现象有助于人们了解真正的经济现状。

非常简单，当流通中的货币量超过可购买商品的总价值时就会发生通货膨胀。联邦政府财政出现大额赤字会导致货币供应增加，因为上述情况的出现不是意味着政府开支加大就意味着实施减税政策让每个人拥有了更多的可支配收入。低水平的利率同样可以加大流通中的货币量，因为这表明美联储正帮助人们以更少的成本更加容易地获得银行贷款。而美联储进行干预的一种甚至

① 参见2012年9月10日《参考消息》，原文为美国《时代》周刊网站2012年9月5日的文章，题为“为何没有出现更加严重的通货膨胀？”，作者是迈克尔·西维。

更为有效的手段是通过执行所谓的“量化宽松”政策，也就是说，收购政府债券并有效地凭空印制额外的货币。最令人震惊的是，目前上述三种因素的作用都发挥到了极致，本应为通货膨胀火上浇油：每年超过1万亿美元的赤字已创下历史新高；短期利率近乎为零，达到30多年来的最低水平；美联储的货币基金数也正以史无前例的速度增加着——而不同寻常的是，上述因素都没有导致出现严重的通货膨胀。过去3年中，一些不稳定的商品价格，如食品和汽油价格的确有所提高，但整个经济领域尚未出现持续、大范围的物价上涨。

一般而言，通胀率超过3%后就会面临风险。去年美国的通胀率确实开始攀升并于9月达到3.9%，形势令人不安。但自那时起，情况非但没有变化，通胀反而再次减速，通胀率也随之降至1.4%的低水平。对此的解释是，除非人们愿意也有能力支付货币，否则全世界处于流通领域的货币将不会推高物价。

刺激措施无助经济增长

2007~2009年的衰退对金融领域造成的冲击尤为严重。各家银行都纷纷抑制放贷，以重新积累资本。许多负债过重的消费者试图用现金偿还债务，而不是继续借债。在某些情况下，他们的信用额度遭到削减，或是因贷款增加而艰难度日。压低的房价不仅降低了房地产业的资金周转速度，而且致使人们无法使用一种成本最低的贷款方式——房屋净值贷款。最终，各家公司尽管正在积累大量现金，但在消费者需求受到压制、金融和政治前景仍如此不明的情况下，它们没有理由大举扩张业务或进行新的商业冒险。

单单采取更多的刺激措施无法再次推动经济增长。政府可以积累下巨额财政赤字，美联储可以调低利率，美联储主席本·伯南克可以通过采取第三轮“量化宽松”政策向市场注入现金，但这些都未必能促使经济加速增长，至少都不是正确的方法。另一方面，财政悬崖的出现，加上开支减少和税收增加等情况，将会进一步削弱美国经济。对全球银行系统构成打击的欧元区危机和中东形势动荡引发的石油价格飙升也会发挥相同的作用。

经济实现全面复苏真正所需的是时间和稳定性。一旦美国银行业进行内部整顿并重建其资产负债表；一旦消费者将自己的债务置于可控范围之内，而他们的住房价格也停止下滑；一旦各家公司不得不开始投入现金开展业务，人们的开销将会增加。达到这一临界点时，房地产价格将有可能企稳，然后开始再次上扬。石油价格也有可能开始上涨。相反，债券尤其是低收益政府债券的前景却并不乐观。如果美联储提高利率，债务价格将会下跌。如果通胀卷土重来，那么债券本金的购买力将逐渐遭受侵蚀。如果上述两种情况同时发生，将使债券市场陷入最不利的境地。

当然，没有人能准确预测出上述任何变化出现的时间。值得注意的是，许多相关情况或许是任何人都无法掌控的。政策制定者可以向流通领域注入更多货币，且他们无法令其真正流通。而他们对欧元区的影响力甚至更小。当前的经济停滞或许只能任其自然发展。然而，一旦停滞状态结束，经济真的开始反弹，通胀可能会令人震惊地随之迅速卷土重来。

附表 3－1　　2000～2014 财政年度联邦债务额　　单位：百万美元

财年	联邦总债务	减：联邦机构所持额	等于：公众所持额		
			总额	美联储所持额	其他所持额
2000	5628700	2218896	3409804	511413	2898391
2001	5769881	2450266	3319615	534135	2785480
2002	6198401	2657974	3540427	604191	2936235
2003	6760014	2846570	3913443	656116	3257327
2004	7354657	3059113	4295544	700341	3595203
2005	7905300	3313088	4592212	736360	3855852
2006	8451350	3622378	4828972	768924	4060048
2007	8950744	3915615	5035129	779632	4255497

续表

财年	联邦总债务	减：联邦机构所持额	等于：公众所持额		
			总额	美联储所持额	其他所持额
2008	9986082	4183032	5803050	491127	5311923
2009	11875851	4331144	7544707	769160	6775547
2010	13528807	4509867	9018941	811669	8207272
2011	14764222	4636035	10128187	1664660	8463527
2012	16050921	4769790	11281131	1645285	9635846
2013	16719434	4736856	11982577	2072283	9910294
2014（估算值）	17892637	4989977	12902660	N/A	N/A

资料来源：http：//www. whitehouse. gov/omb/budget/Historicals。

附表 3-2　2007～2014 年美联储 1 月期联邦基金的年利率　单位：%

	2007 年	2008 年	2009 年	2010 年	2011 年	2012 年	2013 年	2014 年
1 月	5. 25	3. 94	0. 15	0. 11	0. 17	0. 08	0. 14	0. 07
2 月	5. 26	2. 98	0. 22	0. 13	0. 16	0. 1	0. 15	0. 07
3 月	5. 26	2. 61	0. 18	0. 16	0. 14	0. 13	0. 14	0. 08
4 月	5. 25	2. 28	0. 15	0. 2	0. 1	0. 14	0. 15	0. 09
5 月	5. 25	1. 98	0. 18	0. 2	0. 09	0. 16	0. 11	0. 09
6 月	5. 25	2	0. 21	0. 18	0. 09	0. 16	0. 09	0. 1
7 月	5. 26	2. 01	0. 16	0. 18	0. 07	0. 16	0. 09	0. 09
8 月	5. 02	2	0. 16	0. 19	0. 1	0. 13	0. 08	0. 09
9 月	4. 94	1. 81	0. 15	0. 19	0. 08	0. 14	0. 08	0. 09
10 月	4. 76	0. 97	0. 12	0. 19	0. 07	0. 16	0. 09	—
11 月	4. 49	0. 39	0. 12	0. 19	0. 08	0. 16	0. 08	—
12 月	4. 24	0. 16	0. 12	0. 18	0. 07	0. 16	0. 09	—

资料来源：美联储历史数据库，http：//www. federalreserve. gov/releases/h15/data. htm。

附表 3－3　　危机前后美联储资产负债表变化情况　　单位：百万美元

科　目	2007 年 12月31日	2008 年 12月31日	2009 年 12月30日	2010 年 12月30日	2011 年 12月21日	2012 年 12月31日	2013 年 12月31日	2014 年 9 月30日
资产								
黄金	11037	11037	11037	11037	11037	11037	11037	11037
SDR	2200	2200	5200	5200	5200	5200	5200	5200
现金	1169	1688	2047	2164	2316	2103	1955	1899
有价证券	842300	1219723	2010339	2200787	2614151	2670180	3952587	4399417
直接持有证券	740627	495629	1844722	2155703	260517	2669592	3756158	4208523
国债	740627	475921	776587	1016102	1663438	1666118	2208775	2455345
短期国债	227841	18423	18423	18423	18423	0	0	0
中长期国债	512787	457499	758164	997679	1566954	1580472	2103871	2340392
联邦机构债	0	19708	159879	147460	103994	76783	57221	39700
抵押证券（MBS）			908257	992141	837739	926691	1490162	1713478
回购协议	56750	80000			0	0	0	0
定期拍卖信贷（TAF）	40000	450219	75918					
其他贷款	4923	193874	89699	45084	8980	587	171	234
商业票据融资机制资产组合		334102	14072					
资本市场融资机制资产组合								
持 Maiden Lane LLC（I）资产净额		27023	26667	26974	7239	1413	1541	1674
持 Maiden Lane LLC（II）资产净额		20117	15697	16197	9143	61	63	0

续表

科 目	2007年12月31日	2008年12月31日	2009年12月30日	2010年12月30日	2011年12月21日	2012年12月31日	2013年12月31日	2014年9月30日
持Maiden Lane LLC (III) 资产净额		26785	22660	23142	17788	22	22	0
定期资产支持证券贷款便利（TALF）			298	665	811	856	109	24
递延利息（11）			25000	26057				
在途资金	3021	1377	519	329	514	187	165	102
银行房产	2134	2194	2249	2229	2182	2331	2289	2259
中央银行流动性掉期			10272	75	99823	8889	272	22724
其他资产	64711	620057	91443	108707	149866	216474	24579	30024
总资产	926573	2266302	2237500	2423562	2920069	2918753	4023640	4474360
负债								
流通中的货币	1009663	1022849	1081206	1122842	1075543	1354322	1197920	1448055
减去美联储持有货币	217979	169682	191528	179094		227461	315924	195839
美联储持有货币净额	791684	853168	889678	943749	1032534	1126861	23359	1252216
反回购协议	40909	88352	70450	59246	88111	103271	103271	221149
存款	47438	1248034	1209135	1318755	1726984	1622799	2445620	2935548
存款机构定期存款				5113	0	0	0	0
存款机构其他存款	39769	860000	1025271	1020726	1581549	15088661	2249070	2820736
财政部一般账户	7277	106123	149819	88905	87031	84458	162399	101413
财政部补充融资账户		259325	5001	199963	0			

续表

科目	2007年12月31日	2008年12月31日	2009年12月30日	2010年12月30日	2011年12月21日	2012年12月31日	2013年12月31日	2014年9月30日
外国政府	98	1365	2269	3670	125	6310	7970	5242
其他存款	296	21221	26774	378	58279	23359	26181	8156
递延可用现金	4074	2868	2475	1954	2411	1193	1127	1057
应付美国财政部的现金利息								1578
其他负债及应付股息	5249	31728	13642	43256	16230	9448	8035	6387
总负债	889356	2224150	2185380	2366959	2866269	2864033	3968627	4417934

注：资料来自 Board of Governors of the Federal Reserve System，Factors Affecting Reserve Balances – H. 4. 1. http：//www. federalreserve. gov/releases/h41/。

第三节 “量化宽松”的作用和后果[①]

美国的“量化宽松”使全球进入流动性过剩时代。

一、全球堆积了超量的流动性 M 要素

2008 年金融危机以来，特别是雷曼兄弟公司倒闭后，全球金融形势急剧恶化，传统货币政策传导渠道严重受阻，各国中央银行通过各种创新工具向市场注入流动性，央行资产负债表显著扩

① 本节主要部分原载财政部财政科学研究所《研究报告》2011 年第 87 期。

张，其中美联储资产负债表的扩张幅度最大，中国与日本基本相当（见表3-19）。

美联储在刺激经济方面表现得非常激进，设立各种计划和工具如购买商业票据、股票、债券等，向市场投放资金。金融危机全面爆发前的2007年末，美联储资产负债表规模仅为9251.04亿美元，2008年年末，规模迅速增长至22593.56亿美元，增长151.23%。2009年年末，规模达到22372.58亿美元，增幅回落，2010年再次增加。二次“量化宽松”以后，截至2011年5月，规模已达27928.2亿美元，比2007年同期增长了217.44%。

2007年6月末，日本银行资产负债表规模为1112844.5亿日元；2008年年末，规模增大至1227708.5亿日元，增长了10.32%，考虑到日本银行资产负债表规模本来已经很庞大，按照如此速度增长仍然是较为激进的；2009年末达到1195135.4亿日元，资产负债表规模出现小幅回落；2010年再次增加，到2011年5月，资产增加到134621.34亿日元。

2007年年末，中国人民银行资产负债表规模为169139.80亿元，2008年年末，规模增长为207095.99亿元，增长了22.44%，为经济稳定增长提供了有力的支持；2009年年末，资产负债表规模为227535.02亿元，增长了9.87%，截止到2011年5月末，央行的资产负债额达到274612.12亿元，比2007年同期增长了88.86%。

欧元区央行资产从2006年12月的11509.8亿欧元增加到2010年12月的20044.32亿欧元，然后是下降到2011年5月仍然有19006.1亿欧元，比2006年末增长了65%。

从表3-19可见各国央行资产负债的膨胀，这表示央行向社会释放了基础货币，就是流动性M要素增加。

表 3-19 主要经济体央行资产负债表规模扩张情况

经济体	单位	2006 年 12 月	2007 年 12 月	2008 年 12 月	2009 年 12 月	2010 年 10 月	2010 年 11 月
中国	亿元	128575.00	169139.80	207095.99	227535.02	253688.60	256453.74
美国	亿美元	8797.84	9251.04	22409.46	22372.58	23033.95	23496.96
欧盟	亿欧元	11509.8	15112.44	20888.78	19049.35	18956.79	19159.61
日本	10 亿日元	115544	111284.45	122770.85	119513.54	121417.13	127045.71
英国	亿英镑	616.14	777.63	977.68	1673.11	2441.63	2453.66

经济体	单位	2010 年 12 月	2011 年 1 月	2011 年 2 月	2011 年 3 月	2011 年 4 月	2011 年 5 月
中国	亿元	259274.89	268988.79	266050.05	268818.05	271765.01	274612.12
美国	亿美元	24234.57	24726.62	25491.15	26265.89	26951.44	27928.15
欧盟	亿欧元	20044.32	19655.68	19522.78	19403.78	18941.01	19006.10
日本	10 亿日元	128710.45	127999.64	130118.16	149781.95	142925.00	134621.34
英国	亿英镑	2469.06	2411.31	2450.70	2424.84	2402.21	2393.90

经济体	单位	2011 年 12 月	2012 年 12 月	2013 年 12 月	2014 年 8 月
中国	亿元	237898.06	241416.90	272233.53	280184.03
美国	亿美元	29284.85	29187.53	40236.40	44155.87
欧盟	亿欧元	47003.57	52880.72	40730.29	36737.41
日本	10 亿日元	143021.9	158362.7	224189.7	240450.2
英国	亿英镑	2765.56	4103.81	4012.61	4054.55

资料来源：从各国央行资产负债表历史数据整理所得，其中，日本银行资产负债表数据为 2014 年 2 月份数据。

二、流动性 M 要素的堆积还在持续

1. 危机期间美国和其他国家都采取了极端的刺激措施。

2007 年中期至 2010 年 2 月，美国经济处于危机期间，为了防止金融恐慌漫延，减少人们抛售股票、债券的情况，拯救银行和企业，美国财政部和美联储采取了前述一系列极端的政策，从将利率降低到 0，到购买公司和企业的债券和股票等。三年多的时间内，美国财政债务增加了 4 万多亿美元；美联储的资产从 9000 亿美元增加到 2010 年初的 2.3 万亿美元。

危机期间，除美国之外，欧盟、日本以及主要的发展中国家都先后采取了金融救助方案，实施了扩张性财政政策和货币政策，这一系列政策措施，阻挡了经济危机的进一步发展，稳定了宏观经济。这些经济刺激方案和措施力度之大、范围之广、数额之巨，为世界经济史上所罕见。

2. 发展中国家退出经济刺激政策时，美国等发达国家没有退出，继续实施极端的刺激措施。

据报道：“美国东部时间 2010 年 2 月 18 日下午 4 点 30 分，美联储宣布了它的最新货币政策调整，将面向银行机构的基础贷款利率（the primary credit rate）亦即通常所说的贴现率（the discount rate）从 0.5% 提高至 0.75%，并于 2 月 19 日生效。”这个时间点的加息措施应当是美国宏观经济“拯救危机”阶段结束的标志。在此之前，2008 年 11 月到 2010 年 3 月，美联储购买了 1.7 万亿美元的抵押债券和国债，以维持低利率刺激经济，这些政策起到了效果，让美国经济度过了危机。此时，美国经济有了起色，出口增加，就业有转好的趋向。

也就在此时，人们在世界范围内开始讨论刺激政策退出的问题，发展中国家也开始采取了退出措施，比如中国 2010 年 3 月提高房贷利率，印度 2010 年 4 月两次提高利率，巴西、澳大利亚等也在 4 月提高利率（这些措施标志着全球危机的结束）。

但是后来，美国经济却没有再向好的方面发展，虽有增长，但是依然缓慢，失业率后来又回升和居高不下。与此对应，美联储停止了最初的退出尝试，反而继续刺激政策，而且力度加强了，继续着接近 0 的低利率政策之外，2010 年 11 月又推出了第二轮“量化宽松”政策。全球性危机结束，但是美国没有结束，在发展中国家退出的时候，美国宏观政策却从拯救危机走向刺激经济增长。

3. 危机期间有赤字，危机后继续打赤字。

以 2010 年初为界，危机期间各国都大幅度增加了财政赤字。即使欧盟国家之前对赤字有明确限定（《马斯特里赫特条约》），在 2009 年也不得不面临赤字率超过警戒线的危险。据欧盟委员会统计，2009 年、2010 年两年间，出现了包括德国等主要工业国在内的 13 个欧盟成员国赤字率超过警戒线。英国政府 2008 财政年度的预算赤字是 1750 亿英镑，2008 年 11 月前预算报告提出的预算赤字是 4340 亿英镑，2008 年到 2010 年英国政府赤字占 GDP 比重从 4.88% 上升到 10.44%。2009 财年法国赤字为 1040 亿欧元，赤字率为 7.57%，2010 年为 7.74%。

2010 年之后，部分国家赤字虽然略有减轻，但是仍然在很高水平上（见表 3－20）。IMF 曾预测，2011 年和 2015 年法国的赤字占 GDP 的比重将在 6.02% 与 2.21% 之间。英国的赤字将在 8.56% 与 2.29% 之间。日本的赤字将在 9.99% 与 7.37% 之间。

表 3－20 主要经济体当年财政赤字占 GDP 比重的统计和预测 单位：%

年份	2006	2007	2008	2009	2010	2011	2012	2013	2014	2015
中国	－0.68	0.90	－0.39	－3.09	－2.58	－1.58	－0.94	－0.48	0.002	0.50
法国	－2.32	－2.73	－3.34	－7.57	－7.74	－6.02	－5.04	－4.04	－3.00	－2.21
德国	－1.60	0.26	0.11	－3.03	－3.27	－2.35	－1.53	－0.98	－0.41	－0.06
俄罗斯	8.33	6.75	4.88	－6.31	－3.56	－1.57	－1.71	－1.93	－2.76	－3.31
英国	－2.65	－2.67	－4.89	－10.30	－10.44	－8.56	－6.94	－5.02	－3.42	－2.29
美国	－2.04	－2.74	－6.48	－12.67	－10.59	－10.79	－7.54	－5.72	－5.21	－5.51
日本	－4.00	－2.39	－4.17	－10.30	－9.50	－9.99	－8.40	－7.83	－7.40	－7.37

注：基础数据来源于 IMF，《世界经济展望》（World Economic Output）；2011 年起所列数据为预测值。

表 3－21 2009 年各国政府债务余额占 GDP 比重

	实际	实际	预计	预计	预计
	2008 年	2009 年	2010 年	2011 年	2012 年
发达国家	79.2	91.4	96.5	101.0	103.6
美国	71.2	84.6	91.2	97.9	102.0
欧元区	69.6	78.9	84.3	87.1	88.7
法国	67.5	78.1	84.0	87.4	89.4
德国	66.3	73.5	76.6	77.1	77.1
意大利	106.3	116.0	118.7	120.1	120.1
西班牙	39.8	53.2	63.1	68.4	72.6
日本	195.0	217.4	220.7	227.5	232.8
英国	52.0	68.3	77.2	82.1	84.5
加拿大	71.3	82.5	83.9	85.4	84.8
新兴经济体	35.4	37.2	36.9	36.8	36.4

续表

	实际	实际	预计	预计	预计
	2008 年	2009 年	2010 年	2011 年	2012 年
中国	17.0	17.7	18.4	18.1	17.6
印度	74.0	77.8	75.7	75.2	74.8
俄罗斯	7.8	10.9	10.4	10.8	12.1
巴西	70.7	67.9	65.7	67.5	66.9
墨西哥	43.0	44.6	44.5	45.0	43.9
南非	27.3	31.5	35.9	39.5	41.6
G－20 发达国家	84.5	97.6	102.7	107.4	110.2
G－20 新兴国家	35.2	36.4	35.6	35.3	34.9

资料来源：January 2011 WEO; and IMF staff calculations. All country averages are PPP－GDP weighted using 2009 weights.

美国联邦政府报告中 2009 年的财政赤字攀升至 1.42 万亿美元，是上一年度财政赤字的 3 倍多，赤字率达到 9.77%（2008 财年为 6.48%），创历史记录，为第二次世界大战以来的最高水平。当时美国政府估计 2010～2019 年赤字总额则为 7.1 万亿美元。

连续的赤字使各国政府债务总额增加（见表 3－21）。其中，发达国家国债余额增长速度较快，欧盟各国为刺激经济而超额发行的国债，使部分国家国债负担率超出了 60% 的警戒线。美国国债余额的增长速度则更令人吃惊，在 2005 财年国债余额为 46060 亿美元，至 2008 财年增至 58030 亿美元，2009 财年美国国债余额增至 71930 亿美元（不包括政府间债务）。2010 年 9 月 30 日，美国联邦政府债务余额为 13.58 万亿美元，约占 GDP 的 94%，2011 年 5 月 16 日，美国国债终于触及国会所允许的上限，达到 14.29 万亿美元。在后来的两年时间内，美国还需要增加 2 万亿美元以上的新债务。

4. 极端扩张性政策长期延续，其背后隐藏着风险。

美国第一轮“量化宽松”是为了解救危机中的美国经济，第二轮“量化宽松”是为了刺激经济增长，但是第二次“量化宽松”的刺激政策值得商榷。

货币供给仅仅是经济增长的外在条件，如果没有新技术、新产品、新市场，如果劳动力成本仍然居高不下，企业组织形式没有创新，经济增长就不可能很快实现。在美国真实经济增长条件不充分的情况下，美联储期望经济增长并且主观蓄意制造增长，继续维持接近0的低利率使之长达3年，继续供给过多的货币使之达到原来的3倍多，实际上他们有货币工具万能的思想成分和偏执的主观意愿的体现。长期持续的、剧烈的向一个方向用力的扩张性政策隐藏着风险，这就是美元泛滥之后流动性过剩和通胀的风险。

美国如此大规模、超常规的经济救助政策，也带动了日本等发达国家的追随，共同向世界市场内释放着流动性，也带来全球宏观经济的不稳定。

三、美国过量发行增加了流动性，带动了国际货币贬值竞争

美元有双重角色：第一是美国货币，它在美国经济中发挥着货币的计价、交换、储备等功能；第二是国际货币，在世界范围内发挥着计值、交换中介和储备功能。美国政府和美联储操纵美元作为调控工具时，其实同时发挥着其调节美国经济和世界经济的作用。但是当“美国经济”与“世界经济”两者发生矛盾时，维护美国国内经济利益就成为美元的首要目标。

1. 美国拿“世界货币”来实施“定量宽松”。

美国向市场释放过量的货币时，既是为了刺激美国经济，也

是为了使美元保持一个贬值状态，促进美国出口。根据美国《联邦储备法》，经济危机时期，美联储拥有无限发行货币、向任何人发放贷款的权力，无需通过国会批准。当美国货币周转速度下降时，给了美国大量发行美元的机会。于是，美国以自身利益为出发点，先后两次推出了“量化宽松”政策，特别是在2010年前半年印度、巴西、中国推出加息和退出刺激政策的时候，美国的2010年后期再次用超量宽松的、扩张的财政和货币政策刺激经济增长，这带来了流动性过剩，促使美元与其他国家的比值差距扩大。

2. 美元过量发行带给美国三大好处。

第一，购买美国国债，可以弥补财政赤字。金融危机爆发后，美国实施的积极财政政策，造成政府开支不断增加，赤字率严重超出了3%的国际警戒线。为了弥补赤字，美国政府大量发行国债，以进一步增加赤字的方式筹集资金，用以减少或消除赤字，集中投资扩大，促进了经济整体的复苏。美联储用“世界货币”来购买美国国债，为美国经济服务。

第二，挽救美国金融证券市场，刺激美国经济。危机爆发后，美联储连连降息，使联邦基准利率降到了0～0.25%水平，实施实质上的零利率政策，然而金融机构破灭的趋势并没有得到改善，银行惜贷。在没有降息空间的“零利率”时期，美联储通过直接注资，购买长期国债的形式，向金融机构注入了流动性，避免了金融债券市场的大面积崩盘，实现了推动经济企稳的目标。

第三，带来美元汇率贬值。美联储通过增加美国货币供给刺激经济，实行“量化宽松”政策，被约瑟夫·斯蒂格利茨贬斥为“以邻为壑”的“货币贬值策略”。根据货币需求理论，流通中的货币量超过实体经济能够承载的货币量时，必然会导致货币贬值。美国的两轮“量化宽松”政策，造成了过剩的流动性，美元贬值是必然的结果。

3. 美元贬值有利于自己，有损于世界，导致了贬值竞争。

首先，美元贬值有利于美国出口，美元贬值10%等于美国出口产品降价10%。其次，美元贬值有利于美国偿还巨额债务。全世界60%的储备货币是美元，美国国债的1/3是由外国政府和机构拥有。美元贬值，这些美元资产将蒙受损失。换言之，美联储用自己制造的美元来注销自己对别人的负债，侵吞了债权人的资产，这是一种掠夺行为。

美元贬值带给美国的好处就是其带给美国以外的全世界的损失，除美元资产贬值之外，第一，美元的贬值导致以美元计值的国际商品价格，包括能源、矿产与农林产品以及非美元计值的资产价格的大幅上涨，引发以实体经济为主的经济体，包括新兴经济体的通胀，而这些经济体将不得不提前采取紧缩政策。2011年初以后，在“量化宽松”和美元汇率较快的贬值中，原油、煤炭、矿产品等价格已经出现了又一轮大幅度上涨。第二，美元贬值等于其他国家货币升值，使这些国家的出口受阻。

为了找回平衡，一些国家采取了国内多注入货币的做法使本币贬值；一些国家通过干预外汇市场，阻止本国货币升值；或者两种手段同时使用。不论哪一种方法，美元的大幅度“量化宽松”带来的贬值和贬值的连锁反应，在加剧国际金融和外汇市场的不稳定的同时，增加了全球的流动性。

四、日本在2011年大地震后的“量化宽松”是借机蓄意贬值

1. 日元一直面临着升值的压力。

虽然在危机期间日本也向市场注入资金，但是总注入量远远低于美国。日本央行的资产在2007年末为1112844.5亿日元，到2010年末为1287104.5亿日元，增长了14.1%，相对于美国，同

期增长了162%，日本央行注入日元资金相对较少。

另外值得注意的是，按照日美之间的协议，危机期间日本银行除向市场提供日元资金外，还与美联储合作，在日本公开市场操作中提供美元资金供给。日本于2008年9月18日与美联储签署了总额为600亿美元的货币互换协定，公开引入美元资金供给日本市场，以缓和市场对美元流动性的需求；9月29日该限额扩大至1200亿美元；10月14日，日本银行与欧美四国央行联合宣布向日本短期金融市场提供“实际上无限制的美元资金”。

在日本市场由日本央行向市场注入充裕的美元，当然会加剧日元对美元的升值。事实上从图3-14也可以看出，日元从2007年120左右比1美元一直上升到2010年1月的80~90日元比1美元之间。日本人肯定不情愿出现这样的结果。这样，我们回头再看日美之间的货币互换协议，似乎看出其中有美国对日本的政治经济控制和日本不情愿的服从。

2. 在美国的“量化宽松”后，日元面临着更大的升值压力。

一边是暴跌的美元，另一面又是“高处不胜寒”的日元，日本央行一直在寻找机会采取措施应对日元升值。日本银行决定“先发制人”，2010年8月开始决定实施总额为5万亿日元的金融资产购买计划，还以固定利率、资金供给担保等形式为市场提供30万亿日元流动性；并且进行外汇市场上进行收购美元的操作（对比无限供给美元）。2010年10月5日，日本重启了将银行间无担保隔夜拆借利率降至实质零利率的政策。短期内日元有一个贬值过程（见图3-14中2010年10月15日后的趋势图）。

美国于2010年10月21日推出了第二轮“量化宽松”，日元兑美元汇率为81.1，已经低于1995年4月19日以来的历史最低水平81.12。此后日元逐渐升值到2010年12月末的高位水平，又开始贬值和波动。实际上，随着美国的“量化宽松”政策逐渐

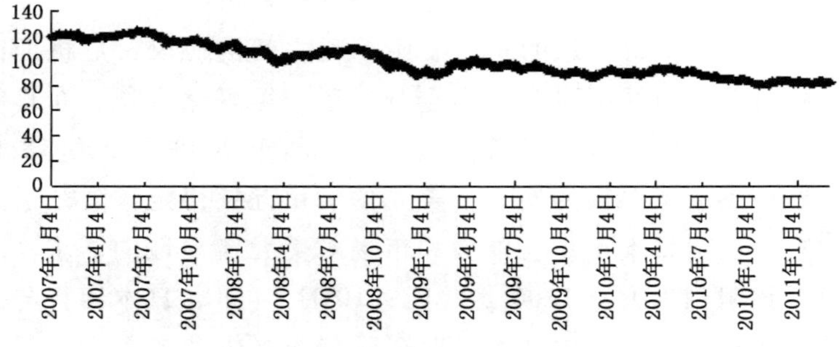

图 3－14　2007～2011 年期间日元对美元日汇率变化表

资料来源：日本银行。

地实施，不断注入的美元在逐渐抵消着日本“先发制人”以来的所有策略的效果。

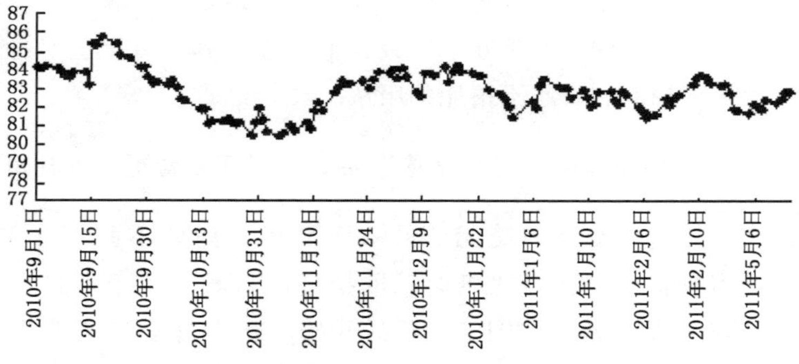

图 3－15　日元对美元汇率变化表（美国二次“量化宽松”后到 2011 年日本大地震前）

3. 2011 年地震使日本有了注入货币减缓升值的机会。

尽管日本央行不断向市场注入流动性且宣布进一步扩大资产购买规模，但受日本资金汇回及避险因素的影响，日元汇率一直维持强劲涨势（图 3－15）。2011 年 3 月 11 日，日本大地震突然爆发。受日本大地震影响，亚洲股市大挫，日本股市跌逾 6%，避险和海外资金回流迅速推高了日元兑其他主要货币的汇率，日元强劲反弹。为缓解震灾造成的金融市场资金不足，日本央行从3月14日上午8点起通过公开市场操作向金融市场供应资金（见表3－22），并在随后的4天内不断扩大注资规模，截至3月17日上午累计注资达51.8万亿日元，约合6539亿美元（以17日汇率为准），超过了美国第二次“量化宽松”的6000亿美元。

日本央行注资，使日元升值的压力得到了暂时性缓解。从图3－16看，日元与3月以前比较，处于贬值状态。但长期升值趋势并没有得到根本性的改观。

表3－22　地震后日本央行输血救市举措

时　间	注　资　举　措
3月14日（周一）	上午8点，日本央行向金融市场注入7万亿日元。 10点，日本央行将注入资金提高至12万亿日元。 午间，日央行将注资规模提高至18万亿日元。
3月15日（周二）	上午，日本央行向银行间短期金融市场追加5万亿日元。 中午，日本央行再注资3万亿日元，累计达26万亿日元。 下午，日央行宣布向短期金融市场追加20万亿日元资金，其中8万亿日元即日投放，其他12万亿日元将在16日和17日投放。
3月16日（周三）	上午，再向短期市场紧急注资3.5万亿日元。 中午，追加了1.5万亿日元。 下午，周四和周五再向市场投入8.8万亿日元的流动性。
3月17日（周四）	上午，再次向金融系统注资5万亿日元，总规模达51.8万亿日元。

资料来源：从日本央行网站整理所得。

五、实际上欧盟也进行了欧洲版的“量化宽松”

1. 危机期间欧洲央行通过注资和购买资产，扩大了货币供应。

危机期间，欧盟各央行采取各种措施增加市场的流动性。欧

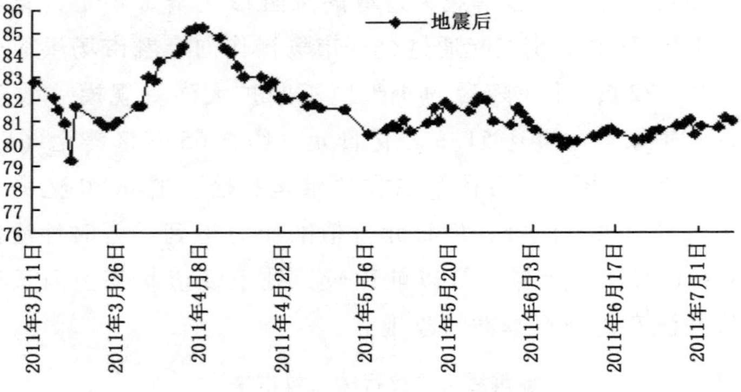

图 3－16　日本地震后日元对美元日汇率变化表

盟初期 15 个国家中注资、国有化的国家有 13 个，其中德国和英国注资数额较大（见表 3－23）。到 2008 年 11 月份，欧洲央行先后向瑞士、丹麦和匈牙利央行提供了流动性，还通过拍卖机制向欧元区注入美元和欧元流动性，尽量满足银行的资金需求。2009 年 5 月 7 日，欧洲央行计划购买总额达 600 亿欧元的资产担保债券，用以缓解欧元区金融市场的紧张形势，这标志着欧洲开始实行“量化宽松”的货币政策。由于欧元区 3/4 的企业融资是直接来自银行，欧元央行通过向银行购买债券的形式向银行注资，扩大了流通中的货币量，对缓解整个金融系统的资金紧张状况起到显著作用。

表 3－23　　欧盟主要成员国注资国有化的规模

	救助金融部门（10 亿欧元）		
	贷款担保	注资、国有化	占 GDP 比
比利时	300	16.2	10%
丹　麦	0	13.5	5% ~10%
德　国	499.8	106.6	5% ~10%
希　腊	15	5	1% ~5%

续表

	救助金融部门（10 亿欧元）		
	贷款担保	注资、国有化	占 GDP 比
西班牙	200	0	1% ~5%
法　国	320	43	1% ~5%
意大利	0	20	1% ~5%
卢森堡	0	2.876	5% ~10%
匈牙利	5.2	1	1% ~5%
荷　兰	200	36.8	5% ~10%
奥地利	75	15	10%
葡萄牙	20	4	1% ~5%
芬　兰	50	0	1% ~5%
瑞　典	150	4.8	5% ~10%
英　国	286	6.3	5% ~10%

资料来源：根据相关国家的央行网站整理所得。

2. 舒缓成员国债务危机的措施，就是另外一种“量化宽松”。

为应对金融危机，欧美发达国家推出了大规模的经济刺激计划，这些国家公共开支剧增的同时税收在减少，导致公共债务剧增。2009 年 11 月，希腊债务危机暴露，爱尔兰、西班牙、意大利等国家先后被传染。为避免危机恶化，导致灾难性后果发生，欧洲央行联合 IMF 多次斥资救助希腊、爱尔兰等成员国，同时出台总额达 7500 亿欧元（约合 1 万亿美元）的巨额紧急救助基金，并用此基金继续购买成员国国债，并采取各种措施向成员国银行注资。欧洲央行为舒缓成员国债务危机而提供的特别借款及成立的专项基金，是变相的“量化宽松”政策。随着各个成员国主权债务的持续（尤其是意大利、西班牙的动向）和对其救助的增加，其向市场持续地注入大量的流动性。

六、发展中国家被迫跟进贬值，但是受到本国通胀压力的限制

1. 本币不是世界货币的国家，货币贬值意味着通胀。

进入2010年，美国、欧盟和日本等发达国家竞相通过继续维持低利率和实施“量化宽松”政策来引导本币贬值，这一“羊群效应”造成全世界的流动性泛滥，也实际上造成了全球性通货膨胀。美元、欧元和日元等货币的竞相贬值引起了原材料、石油和农产品等大宗商品价格的上升，从而先引发行货币贬值、继而引起成本推动性通货膨胀。仅2010年下半年，美元贬值已经引起小麦、玉米和棉花等价格的大幅度上升，涨幅已接近或超过50%。这对于本币不是世界货币的绝大多数国家，外汇储备大幅缩水，投资和结算成本急剧增加，再加上投机性资金流入，迫使本国货币升值和要素成本增加，使通胀加剧（见表3－24）。

表3－24 金融危机以来部分国家消费价格指数（年度通货膨胀率） 单位：%

	2008年	2009年	2010年	2011年1月	2011年2月	2011年3月	2011年4月	2011年5月
加拿大	2.37	0.30	1.78	2.35	2.16	3.29	3.28	3.70
法国	2.81	0.09	1.53	1.75	1.66	2.00	2.08	2.03
德国	2.60	0.38	1.12	1.96	2.14	2.13	2.41	2.31
日本	1.38	－1.35	－0.70	0.00	0.00	0.00	0.30	0.30
韩国	4.68	2.83	2.93	4.12	4.54	4.70	4.15	4.06
英国	3.61	2.17	3.29	4.00	4.34	4.05	4.47	4.46
美国	3.84	－0.36	1.64	1.63	2.11	2.68	3.16	3.57
欧盟	3.90	1.20	2.40	2.83	2.89	2.97	3.13	3.31

续表

	2008 年	2009 年	2010 年	2011 年1月	2011 年2月	2011 年3月	2011 年4月	2011 年5月
巴　西	5.68	4.89	5.04	5.99	6.01	6.30	6.51	6.55
中　国	5.90	-0.70	3.30	4.90	4.90	5.40	5.30	5.50
印　度	8.35	10.88	11.99	9.30	8.82	8.82	9.41	8.72
印　尼	10.23	4.39	5.13	7.02	6.83	6.65	6.16	5.98
俄罗斯	14.11	11.65	6.86	9.55	9.51	9.44	9.60	9.59
南　非	10.07	7.23	4.07	3.56	3.63	4.05	4.23	4.58

资料来源：OECD. StatExtacts。

2. 恩格尔系数高的国家承受通胀能力小。

流动性泛滥加大了全球范围内的通胀压力。随着世界主要货币的竞相贬值，小麦、玉米等大宗农产品价格大幅上涨，而粮食、肉禽蛋菜等食品属于居民生活必需品，不会因为价格上涨而使需求产生较大幅度减少，因而居民食品支出增加。恩格尔系数较高的国家因为食品等价格提高，人们的实际生活水平下降。巴西、印度、印尼和中国等国家，恩格尔系数很高，承受通胀的能力小（见表3-24），经济运行压力大。欧美等富裕国家恩格尔系数低，食品价格的上涨不会对居民消费产生太大的影响。

3. 在美国、日本、欧洲“量化宽松”时，发展国家却不得不进行货币紧缩。

美国、欧盟和日本凭借各自强大的经济影响力以及美元、欧元和日元作为主要国际货币的有利地位，强行推行本币贬值政策。加之美元占全球储备货币的比重超过60%，占国际贸易结算货币的比重超过50%。这样一来，中国等发展中国家深受其害，巨额的外汇储备缩水，国际逐利资金的流入，本币被迫升值，并助推了原材料、能源、农产品等大宗商品价格上涨，生活、生产成本上升，通货膨胀严重。为抑制通胀，提振消费者信心，维护市场的稳定，这些国家不得不频繁加息，收紧银根。

七、全球流动性 V 要素如果提高，可能带来严重的后果

1. 到 2011 年，各国 V 值普遍很低，尤其发达国家出现下降趋势。

表 3－25 是将 M1 作为除数、GDP 作为被除数计算出来的。从表 3－25 可以看出，为应对危机，各国都不同程度地超额发行了本国货币，货币流动性非常充足，但是货币流通速度没有比危机期间升高，反而普遍出现下降趋势，尤其发达国家下降幅度明显。

表 3－25　　部分国家货币 M1 流动速度（V）表

年份	中国	美国	日本	俄罗斯	印尼	南非
2000	1.87	9.02	0.85	24.27	10.35	3.36
2001	2.13	9.02	0.79	19.45	10.26	3.23
2002	1.89	8.90	0.69	17.42	10.34	3.27
2003	1.79	9.36	0.66	15.26	10.16	3.28
2004	1.81	8.87	0.66	13.74	10.19	3.36
2005	1.87	9.22	0.64	13.40	10.75	3.12
2006	1.91	9.75	0.64	12.44	10.98	2.92
2007	1.94	10.25	0.64	11.17	10.52	2.73
2008	2.02	10.02	0.63	11.14	11.29	3.03
2009	1.78	8.63	0.58	11.14	11.88	3.01
2010	1.65	8.40	0.59	10.40	12.02	3.10

注：基础数据来源于 IMF 以及各国央行。V = GDP/M1。

各国基础货币都快速增长，从表 3 - 26 可见，中国 M2 自 2007 年到 2011 年增加了近 1 倍，美国增加了 1.5 倍，俄罗斯和印尼都增加了 70%。

表 3 - 26　　部分国家基础货币年度平均数变化情况

年份	中国		美国	日本	俄罗斯	印尼
	M1	M2				
	亿元		百万美元	亿日元	百万卢布	百万卢比
2000	5314.70	13461.00	578141.67	645078.92		95584.83
2001	5152.61	13480.61	610400.67	693020.17		100224.08
2002	6372.88	16891.69	662861.00	871110.58	100488.33	108992.33
2003	7593.15	20302.77	704343.17	1014294.33	146186.67	121862.67
2004	8830.61	23775.97	741207.75	1086542.58	195806.67	164141.92
2005	9873.39	27650.53	772832.33	1107975.92	239007.50	204599.33
2006	11305.34	32261.15	803179.42	960982.25	322398.33	250779.75
2007	13678.55	37922.43	819994.50	886305.33	451637.50	296973.50
2008	15538.73	44213.89	979814.83	887616.83	518673.33	335716.08
2009	19172.99	55981.76	1769902.42	939185.00	479337.50	334116.39
2010	24187.03	67495.51	2006351.58	984287.67	672820.00	416528.08
2011	26176.50	73388.48	2185542.92	1053424.83	730705.00	482518.03

注：基础数据来源于各国央行。除中国其他均为基础货币。2011 年的数据到 5 月、6 月份，各国不同。

我们可以用 GDP 与基础货币的比值（GDP/MB）来说明流转速度变化（见表 3 - 27），美国、日本基础货币对 GDP 流转速度明显下降。俄罗斯、印尼相当于以前年份的平均数。中国也下降了。

表 3－27　以基础货币为除数计算各国货币对 GDP 的流通速度

年份	中国		美国	日本	俄罗斯	印尼
	M1	M2				
2000	1.87	0.74	17.21	7.80		145.40
2001	2.13	0.81	16.85	7.18		164.26
2002	1.89	0.71	16.06	5.64	107.67	167.15
2003	1.79	0.67	15.82	4.83	90.35	165.24
2004	1.81	0.67	16.01	4.59	86.96	139.87
2005	1.87	0.67	16.35	4.53	90.41	135.60
2006	1.91	0.67	16.68	5.28	83.49	133.15
2007	1.94	0.70	17.15	5.82	73.62	133.04
2008	2.02	0.71	14.67	5.68	79.56	147.41
2009	1.78	0.61	7.98	5.01	80.94	167.72
2010	1.65	0.59	7.31	4.87	66.13	154.20
2011	1.74	0.62	6.97	4.55	74.65	151.47

资料来源：各国央行、IMF 数据。

2. 一旦 V 恢复——美国、欧洲、日本都不能免于通胀。

流动性过剩就是价格不变情况下，货币和流速的增加超过了实际产量的增加，即出现 $M(1+m\%)V(1+v\%) > Q(1+q\%)P$（价格不变），就是流动性过剩。这个公式也可以这样表述，在 $\Delta M/M$ 增加的情况下，必须保证 $\Delta q/Q$ 合理增长，才能消化过多的流动性，达到维护物价稳定的目的，如果不是这样，$\Delta q/Q$ 没有增长，$\Delta M/M$ 的增加只能带来 $\Delta P/P$ 的增加。

美国、欧洲、日本等国为降低债务危机的风险，不断推行购买国债－发行货币的“量化宽松”政策，那么 $\Delta M/M$ 已经有很大的增加。然而如果世界实体经济没有恢复增长，这些发达国家经济增长速度不会明显上升，即 q% 的变化不大，此时一旦资金流动速度 V 恢复正常（即 ΔV/ V 比目前增加），若没有其他相应的政策出现，美国、欧洲、日本都不能免于通胀。

3. 要防止通胀加速效应出现。

根据历史经验，通货膨胀具有明显的加速效应，当物价上涨到一定程度以后，人们对市场的信心降低，物价指数将更加恶化。此时，消费者急于将手中的货币出手，转化为能够保值增值的实物，货币似乎变为烫手的山芋，烫手的货币就会造成“货币飞翔”，货币周转速度大大超过平时，通胀问题将会更加严重。因此，世界各国必须联合起来，减少基础货币量，并使货币周转速度降低，防止通胀加速效应的出现。

4. 各国必须采取统一措施。

通胀问题已经演化成一个国际性的问题，任何一个国家发生通胀都会对地区经济乃至世界经济的发展造成影响。发展中国家的原料、燃料等短缺成本推动型、输入型通货膨胀的压力加大，与本国货币超发带来的货币贬值通胀合力，使通胀呈现扩大化的趋势。为抑制通胀，稳定物价，发展中国家只能实施紧缩措施。但是如果发达国家仍处于观望状态，在全球化形势下，仅靠单个或部分国家的力量已经不能从根本上解决通胀问题，只有在各国加强内部结构调整的同时，世界各国通力合作、多种措施并举才能给全球的通货膨胀降温。

5. 美国必须在新“量化宽松”与通胀之间进行选择。

美国仍然处于经济发展的十字路口。虽然美国的经济情况正在逐步地好转，但还没有完全恢复到正常运转，赤字仍在不断增加，美联储购买国债的必要性还在。但是面对日益严重的全球通胀压力，美联储也要找到一个平衡点，既不能让通胀预期走得太高，同时也不能把正在恢复的经济拉下来。目前来看，他们更关注经济恢复问题，刺激经济仍然是主要议题。在美国这样经济态势和相关政策的带动下，全球货币贬值竞争、注入流动性、以及由此造成的通胀的压力依然存在。

思考题

1. 了解美国、日本、欧盟的货币贬值竞争及其采取的手段。

2. 发展中国家为什么不能参与这种贬值竞争？

3. 中国不参与贬值竞争会带来何种后果？

4. 全球货币泛滥，一旦货币周转恢复会带来何种后果，目前为什么还没有出现？

第四章

通胀是对国民收入超额分配的消解[①]

一、希腊、意大利等欧元区国家的债务是硬债务

2008年后，为抵御金融危机，刺激经济增长，欧盟成员国政府纷纷实施扩张性财政政策，使政府税收减少的同时，支出膨胀，进而财政赤字和公共债务激增，其中部分国家陷入主权债务危机。2009年11月，全球三大评级公司标普、穆迪和惠誉分别下调了希腊的主权债务评级。随后希腊政府宣布，国家负债高达3000亿欧元，这相当于该国2375亿欧元国内生产总值的126%，远超欧盟设定的60%警戒线（见图4－1）。希腊主权债务危机爆发之后，西班牙、葡萄牙、意大利等欧盟成员国像滚雪球一样，相继出现主权债务问题。

欧元区各个成员国的国家银行被收归欧元央行以后，他们各自就失去了“向央行透支”的条件，部分成员国债务到期以后，不能再走财政发债、央行买债，甚至直接将国债发到央行的老路了。这些国家丧失了自己的央行，也就丧失了央行买回本国国债，向市场释放货币，使国债得以再发行以及造成通胀从而增加

① 本章主要部分原载财政部财政科学研究所《研究报告》2011年第88期。

财政收入的机会。因此，我们可将希腊等国的债务称之为“硬债务”，即不可转移的“石头债”。

背负“硬债务”的国家无法通过中央银行直接和间接地购买本国国债筹集资金，无法通过增加发行货币和通胀消解偿债压力和再发债压力。失去央行，就是切断了国家债务与货币发行之间的关系，一国政府无法再将国债直接或间接地卖给央行，以获得不断的债务收入；也就无法利用有意无意的通胀手段稀释债权人手中持有国债的价值，减轻国家债务的偿债压力。

希腊、葡萄牙、爱尔兰、意大利、西班牙等国家，在欧元央行建立以后，无法借助自己原来的“央行之水”来灭火，才使各自的债务危机的大火愈演愈烈，四处蔓延。

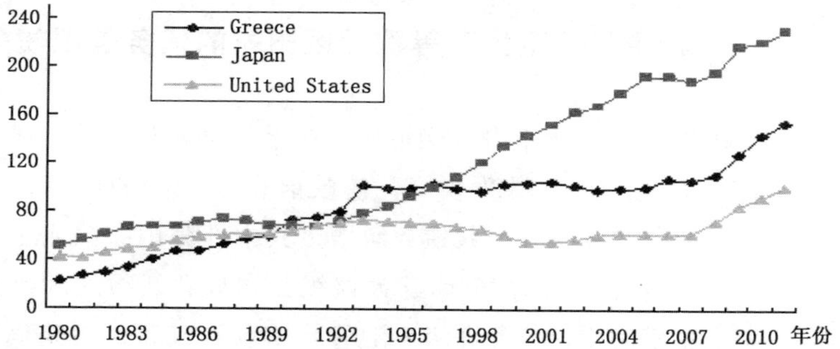

图 4-1 美、日及希腊年度债务总额占 GDP 比重

资料来源：2011 World Economic Outlook in IMF。

二、大部分国家的债务是软债务

国际货币基金组织的数据显示，2008 年金融危机后许多国家的政府债务总额都呈上涨趋势，原本不存在或有少量赤字的国家，其赤字率也增加了。到 2011 年，大部分国家的赤字和债务远远超出欧盟为自己设定的 3% 和 70% 的警戒线。日本的政府债务总额相对于 GDP 的比例已从 1998 年的 120% 攀升至 2010 年的

229%，其规模是美国（92%）和意大利（118%）的两倍，甚至比希腊目前的政府债务占 GDP 的比例（123%）还要高。与希腊比较，日本政府的情况糟糕得多。

表 4－1　美、日、欧盟 27 国国债总额及相应央行持有国债额 单位：百万美元

年份	美国		日本		欧洲 27 国	
	总国债额	美联储持有额	总国债额	日本银行所持额	欧盟 27 国总债务额	欧洲央行所持额
2000	5628700	511413	6634673	522705	5261413	538117
2001	5769881	534135	6221696	622925	5238049	615537
2002	6198401	604191	6333578	665778	5679186	420660
2003	6760014	656116	7079712	808101	7077228	482864
2004	7354657	700341	8210102	879224	8217427	513942
2005	7905300	736360	8741258	899257	8645604	499046
2006	8451350	768924	8347625	693034	9036170	494192
2007	8950744	779632	8222093	598866	10019395	507948
2008	9986082	491127	9488833	609020	11446905	551094
2009	11875851	769160	10903107	692080	12230650	504374
2010	13528807	811669	17357737	1261908	13349688	475962

资料来源：基础数据来源于 IMF、美联储和日本银行网站。

但是，以日本为首的大部分国家并没有爆发债务危机。有潜在危机却未爆发的原因是多方面的，其中一个主要的原因是这些国家的中央银行可以通过公开市场操作购买政府发行的国债（见表 4－1）。财政用新债偿还旧债，新债被本国央行购买，央行通过购买本国国债多发行货币，多发行货币引起通胀稀释本国国债，这是有中央银行的国家有意无意所惯用的政策手段。政府和央行合作完成了新赤字的“弥补”和旧债务的“结转”和“偿还”工作。

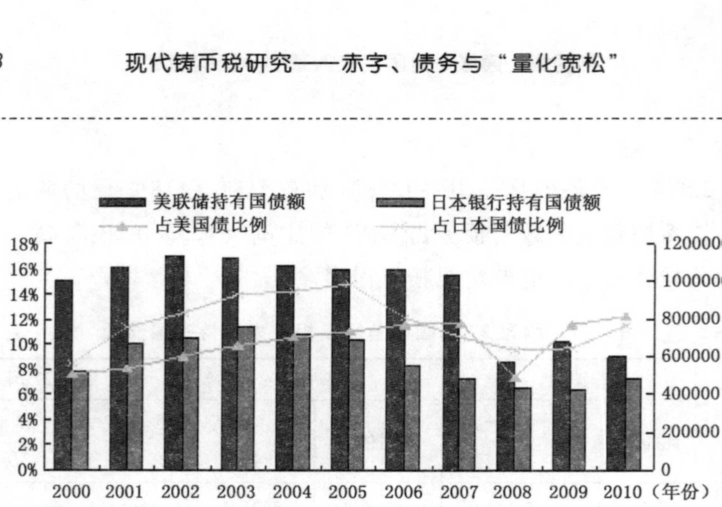

图 4－2　美联储、日本银行所持国债额及占其本国国债总额的比重（10 亿美元）

资料来源：基础数据来源于 IMF、美联储和日本银行。

有央行的国家，央行成为本国国债的最大买家之一，也就避免了希腊国债没有人买的局面，避免了债务危机；央行也可以根据财政的状况随时吞吐国债，调节债务发放的波峰和利率。从图 4－2 可见，美联储和日本银行资产中原本持有国债的比例就很高，后来有所降低（因为危机期间买了其他有价证券），但仍然都是本国国债的最大持有者。截至 2011 年 6 月，美联储所持国债额高达 16170.6 亿美元，约占国债总额的 6.5%，日本银行所持国债额为 808279.0 亿日元（约 10208.6 亿美元），约占日本国债总额的 7.6%。虽然总比例不高，但是有一个自己的“央行”，随时可以帮助财政缓解债务危机。

央行支持本国财政，将铸币收入转移到财政是不遗余力的。在很多国家，央行持有的国债占自己资产的比例已经很高，美国曾经达到 90%，日本曾经达到 80% 左右。美国自危机以来，美联储购买了 1.7 万亿美元的企业债券、股票等，总资产增加后，国债占比才下降。但是买企业有价值债券和实行“央行式国有化”，其实央行是代替财政救企业，央行代替财政负债。

我们把类似美国、日本等大部分国家所持有的债务称之为“软债务”，即可以蒸发的“水债”。所谓“软债务”是指某一国家的中央银行可以通过公开市场操作购买本国国债，增加流通中货币供给量，通过通胀冲淡原来债务的价值、消解偿还压力的债务。

三、软债务及其机制是国家政治的缓冲剂

1. 国民收入超额分配的概念。

国民收入超额分配的概念最早是许毅教授提出来的，用来解释计划经济时期的通货膨胀。就是说计划盘子过大，超过了实际产品生产能力，导致财政支出规模过大和货币超额发行（那时财政支出不足时直接发行货币）。这样，在全社会再分配过程中，其货币分配的价值，超过了实际产出物品和劳务的价值，结果造成了名义 GDP 超过了实际 GDP。

假设国民生产总值的实际值是 X，因为政治、财政等原因，使分配结构固化，按照这个固定比例，各个要素（如工资增加）和政府（支出增加）共分配和使用了 X + x 的货币值，x 货币值就是超额分配的部分。

实际的 GDP 是不可能被超额分配和使用的。货币分配中超额分配的部分就是物价上涨的部分，表现为通货膨胀。通胀之后全部 GDP 就是 X + x，按照 GDP 缩减指数计算出来的就是实际 GDP，就是 X。在一个国家的宏观经济中，这种过多的货币值 x 如何被制造出来的呢？它是在 GDP 的再分配过程中，即通过再分配两个主要途径种生成的：

第一，信贷分配。信贷是以偿还为条件，通过筹集社会闲散资金贷给使用单位来实现再分配的过程。如果央行过多地增加了货币投放，会因引起流动性过剩或者通胀；或者央行没有采取适当手段约束商业银行的信贷行为，比如过分降低存款准备金率、利率等，商行和民间出现大量超常规的借贷，会加速资金周转即 V 增加，也会带来流动性过剩，超量货币追逐某个定量的 GDP。就是说，人们通过过多的借贷进行投资、消费，就会造成通胀。

这种情况是央行犯错，超额信贷分配导致的通胀。

第二，财政分配。财政一方面以利润和税金的形式筹集一部分国民收入，另一方面又把这部分收入通过经常性支出、项目支出、转移支付等形式分配到各部门和地区中去。如果财政的支出额（比如40% GDP）超过了财政收入额（比如30% GDP），产生赤字（有10% GDP），财政向商业银行借贷或者发债，扩大信用总量，商行又向央行要求贷款，最终导致央行增加发行数量为（10% GDP/V）的货币。这种情况是财政犯错，财政的超分配导致的通胀。

但是这里要强调一点，财政大量发债就是财政向社会大量借贷，即使这种借贷没有压迫央行多发行货币，但也增加了社会信用，造成货币流转V的加速。在经济低迷时期，这个加速会刺激经济，使之达到正常；在经济正常时期，这个加速刺激就造成超量的分配和最终的通胀。这其实是通过改变V而实现的通胀。

不论是增加了超量M，还是增加了超常规的V，或者M与V同时超常增加。在一个时点，货币与货币流速乘积的增量超过不变价格GDP的增量就会带来货币的超额分配动向。一个时段内的货币超分配，就会形成“国民收入的总需求大于总供给的一个差额”（见郭树清《中国GNP的分配和使用》一书），也就形成了流动性过剩和通货膨胀的压力。

2. 财政“超分配”的部分也就是所谓的“通胀税”。

央行多发行货币，引起通胀，财政在通胀中得到流转税和所得税收入，这是通胀税。财政发债能获得通胀税。

不是所有的财政债务都引起通胀和获得通胀税。财政如果严格控制向市场借贷的规模，市场其他借贷也因财政发债相应地减少了，V没有增加，没有引起通胀，整个债务就不是超分配，财政也没有得到“通胀税”；如果财政发债被央行收购，且没有多发行货币（因为减少了其他途径发行），也没有通胀税。

但是，第一，如果财政发债（而且肯定偿还），引起货币周转速度增加，带来通胀，财政在通胀中得到好处，即获得通胀税。大部分国家的国债是引起通胀并且得到了通胀的好处，因为财政往往发债量过大，都引起V增加和通胀。第二，很多国家财政的债务被央行收购且多发行货币引起通胀，更甚者在央行的资产负债表上记账财政直接拿钱支出引起的通胀。

通胀就是货币贬值，通胀率就是名义GDP向实际GDP的缩减指数。如果债务引起通胀，债务数就是对GDP的缩减，就是向全社会征收了一种税收。财政超分配引起的通胀被称为“通胀税”，它是以最隐蔽的形式对所有流通中的财富征税（物化不流通的财富不负担“通胀税”）。通胀税没有有形的征收形式，也没有收支科目，但是有产生资金的渠道，这就是债务收入。

从不同角度看，通货膨胀税有三个概念，不论哪一种，财政在通胀中都得到收益，可以总结如下：第一，财政多支出，导致通胀，百姓手中货币贬值了，“多支出”与贬值相对应。第二，财政多支出，导致通胀，原来的债务减轻了，“多支出”与债务冲淡相对应。第三，财政多支出，导致通胀，人们收入虚高，税收征收额增加了。实际上，三个利益相加就是所谓的通胀税，虽然财政没有直接征收。多发债——央行买债——多发行货币——货币贬值稀释债——继续发债，是一个持续的过程，则中央财政就不断地得到了通货膨胀税的隐蔽收益，（如果央行买国债、甚至超发行货币买国债，财政还得到新铸币税和超额铸币税）。

3. 存在着国民收入超额分配的政治要求。

西方国家现代政治经济中存在着“五化”。第一，民主政治妥协化。各国议会政治中，左派和右派政党之间往往在斗争中达到政治妥协，妥协是政党政治的运行特征，妥协是政党之间，其实也是资本与劳动力、政府与民众、当权者与老百姓的妥协。第二，妥协政治福利化。首先是形成一系列就业、劳动和报酬的立法和政策，工资不能降低、工作保护措施条件要提高、劳动工时要减少、雇员解雇受限制；其次是政府福利支出增加，救济、失业、退休、医疗等社会保险和保障支出增加。第三，福利分配赤字化。各个国家福利连年增加，财政收入已经不能弥补福利支出的需求，普遍出现了财政赤字。第四，财政赤字债务化。各个国家都积累了大量债务，且居高不下长期不还。即使偶尔有结余，也没有还债的打算。第五，债务负担货币化。债务不能偿还，最后通过货币发行来弥补。当然，最后就是通胀。

表 4－2　IMF 统计的财政收入、支出占 GDP 的比重

收入/GDP（%）	2006 年	2007 年	2008 年	2009 年	2010 年	2011 年 1 季度
澳大利亚	35.6	35.6	34.1	33.4	31.9	31.9
加拿大	41.0	40.7	39.5	39.4	38.5	38.5
欧元区	45.3	45.3	45.0	44.5	44.6	44.6
法　国	50.6	49.8	49.9	48.8	49.8	49.8
德　国	43.7	43.8	43.9	44.5	43.4	43.4
意大利	45.3	46.4	46.1	46.5	46.1	46.1
日　本	34.9	33.2	35.1	32.8	..	..
荷　兰	46.0	45.4	46.7	45.9	46.2	46.2
西班牙	40.4	41.1	37.1	34.7	35.7	35.7
英　国	41.5	41.3	42.5	40.3	40.6	40.6
支出/GDP（%）						
澳大利亚	34.3	33.8	34.5	37.8	37.7	37.7
加拿大	39.3	39.3	39.9	44.3	44.0	44.0
欧元区	46.7	46.0	47.0	50.9	50.6	50.6
法国	52.9	52.5	53.3	56.5	56.9	56.9
德国	45.3	43.5	43.8	47.5	46.7	46.7
意大利	48.7	47.9	48.8	51.8	50.6	50.6
日本	35.9	36.2	38.3	42.3	..	..

续表

收入/GDP（%）	2006 年	2007 年	2008 年	2009 年	2010 年	2011 年 1 季度
荷兰	45.5	45.2	46.2	51.4	51.5	51.5
西班牙	38.4	39.2	41.3	45.8	45.0	45.0
英国	44.2	44.0	47.4	51.4	50.9	50.9

注：见 IMF Current Query：Government Finance Statistics for General Government。

从表 4－2 可以看见两点：第一，财政收入占 GDP 的比重已经很高，近 40%～50% 的 GDP 被财政分配，因此政治—财政在国民经济分配中起着重要的作用。第二，财政支出占 GDP 的比重永远高于财政收入占 GDP 的比重。也就是说，各国都有一个很大的常年赤字或借债额。

从表 4－3 中可见，各国都有赤字，这些年赤字在增加。

表 4－3　IMF 统计的财政收入赤字占 GDP 的比重

赤字/GDP	2006 年	2007 年	2008 年	2009 年	2010 年	2011 年 1 季度
澳大利亚	1.3	1.8	－0.4	－4.4	－5.8	－5.8
加拿大	1.6	1.4	－0.4	－4.9	－5.6	－5.6
欧元区	－1.4	－0.7	－2.1	－6.3	－6.0	－6.0
法　国	－2.3	－2.7	－3.4	－7.6	－7.1	－7.1
德　国	－1.6	0.3	0.1	－3.0	－3.3	－3.3
意大利	－3.3	－1.5	－2.7	－5.3	－4.5	－4.5
日　本	－1.0	－2.9	－3.2	－9.4	..	..
荷　兰	0.5	0.2	0.5	－5.5	－5.3	－5.3
西班牙	2.0	1.9	－4.2	－11.1	－9.2	－9.2
英　国	－2.6	－2.7	－4.9	－11.2	－10.2	－10.2

资料来源：IMF Current Query：Government Finance Statistics for General Government。

从表 4－4、表 4－5 中可见，到 2009 年，各国累积的债务在增加，而且在之后的2年内还会继续增加。

表4－4　　IMF统计的财政债务占GDP的比重

债务/GDP	2006年	2007年	2008年	2009年	2010年	2011年1季度
澳大利亚	92.7	89.0	93.5	107.7	108.4	108.4
加拿大	71.6	69.8	73.5	83.3	89.5	89.5
欧元区	68.4	70.5	74.5	85.6	89.1	89.1
法　国	67.7	65.0	66.5	73.7	83.5	83.5
德　国	110.1	107.3	109.8	119.8	123.0	123.0
意大利	53.7	51.5	62.7	65.6	68.5	68.5
日　本	44.2	41.3	45.5	59.8	66.8	66.8
荷　兰	46.1	46.8	54.8	71.0	78.8	78.8
西班牙	92.7	89.0	93.5	107.7	108.4	108.4
英　国	71.6	69.8	73.5	83.3	89.5	89.5

资料来源：IMF Current Query：Government Finance Statistics for General Government。

表4－5　　主要经济体国家债务总额占GDP比重情况

	实际	实际	预计	预计	预计
	2008年	2009年	2010年	2011年	2012年
发达国家	79.2	91.4	96.5	101.0	103.6
美　国	71.2	84.6	91.2	97.9	102.0
欧元区	69.6	78.9	84.3	87.1	88.7
法　国	67.5	78.1	84.0	87.4	89.4
德　国	66.3	73.5	76.6	77.1	77.1
意大利	106.3	116.0	118.7	120.1	120.1
西班牙	39.8	53.2	63.1	68.4	72.6

续表

	实际	实际	预计	预计	预计
	2008 年	2009 年	2010 年	2011 年	2012 年
日　本	195.0	217.4	220.7	227.5	232.8
英　国	52.0	68.3	77.2	82.1	84.5
加拿大	71.3	82.5	83.9	85.4	84.8
新兴经济体	35.4	37.2	36.9	36.8	36.4
中　国	17.0	17.7	18.4	18.1	17.6
印　度	74.0	77.8	75.7	75.2	74.8
俄罗斯	7.8	10.9	10.4	10.8	12.1
巴　西	70.7	67.9	65.7	67.5	66.9
墨西哥	43.0	44.6	44.5	45.0	43.9
南　非	27.3	31.5	35.9	39.5	41.6
G20 发达国家	84.5	97.6	102.7	107.4	110.2
G20 新兴国家	35.2	36.4	35.6	35.3	34.9

资料来源：January 2011 WEO；and IMF staff calculations；

All country averages are PPP - GDP weighted using 2009 weights；

1 Fiscal balances do not include policy lending to the Brazil's。

4. 各国都打开了财政债务货币化的通道。

过去，出现赤字时政府首先考虑增加税收、消减支出的办法弥补赤字，但是，增加税负和消减开支往往会引起社会不满，影响政治家和政党的政治前途，政治家们增加税收、减少支出的主观意愿减少了，而发债解决问题的意愿增加了。奥巴马减税和搞全民医保的动力远远高于今后要增加税收的动力。

于是，财政赤字增加，财政就不断地通过主权信用向公众发行政府债券，财政将发债收入用于支出，而央行再通过公开市场操作购买政府债券。一旦政府持续地发债，央行不断地买债，就增加了基础货币的供给。甚至有时央行可以直接向财政提供货币，记作财政在央行的负债。目前，许多国家的中央银行成了其国的最大债权人之一，这种行为打开了各国财政债务货币化的通道。这样看来，央行被财政绑架了。

同时，央行也被操纵了。国家间实际上存在着货币贬值的竞争，货币贬值对本国出口有利。在国家意志之下，央行保持币值稳定的原定目标发生了偏移，有意无意、半推半就地肩负起了贬值本国货币的任务。

当绑架和操纵结合在一起时，“福利－赤字－债务－货币－贬值”的链条就形成了。全球通胀的链条也就形成了。

四、欧盟各国的超额分配和硬债务使欧元区遇到了巨大的压力

1. 各小国的困境——失去了央行的超分配结构。

高福利是战后欧洲的标签。高福利政策已经制度化（如生育补助、高额的失业保险金、近乎免费的教育、完善的医疗服务和社会保障体系等），并在人们心中根深蒂固。财政支出大于收入的分配结构是“超额的”，也是固化的。

在欧洲央行建立以前，各自有中央银行，财政可以逐年打赤字，债务可以逐年增加、货币可以逐年增发、通胀也在民众可接受区间内出现，福利还在，但是被通胀“拿回去”了一部分，大家在“朝三暮四”和不知不觉中过着幸福的日子。我们前面说过，独立央行存在及其与财政的配合，才是他们各自实现“超分配”和获得“通胀税”的条件。

但是欧洲央行收回了各成员国的央行，也就收回了各自超分配分配结构的缓冲器。

在危机前，《马斯特里赫特条约》在部分国家从来就没有严

格实施，从揭露希腊等国的财政行为看，做假是很方便的事情。虽然没有了自己的央行，靠做假、欧盟补助等还能过日子。

金融危机以来，问题显露和激化了，不仅赤字突破限制，债务也失去了借新还旧、转圆缓和的余地，旧债偿还不了，新债发行困难。不仅如此，欧洲央行为了维护欧元地位，订立了严格的通胀限制，原来债务在通胀中贬值消解即获得“通胀税”的通道，现在被切断了。

伴随着债务危机的蔓延，各国开始紧缩开支，高福利首当其冲：取消生育补贴，将高额的失业保险金转化为再上岗的就业培训，冻结公务员工资增长，推迟退休年龄，且将退休金不再与通货膨胀挂钩等。希腊、西班牙、法国等国民众纷纷集会示威，反对政府消减财政开支和降低福利，说明欧元区各国的超额分配结构具有很强的顽固性，在短时间内难以改善。可见，高昂的福利成本和国民经济竞争力的下滑，才是造成欧洲高债务和高财政赤字的根源，且很难轻易解决。

2. 各成员国的超分配结构——转为欧洲央行－欧盟的压力。

在遭遇债务危机时，美国、日本、英国等主权国家的中央银行可以把债务货币化，并通过货币贬值和通货膨胀消解债务压力，因而这些国家的市场有一定的空间容纳和消化债务。但是欧元区各成员国无法单独控制欧洲中央银行，无法将其债务货币化，也就不能通过货币贬值来释放其政府债务压力。当希腊债务危机爆发后，理论上欧洲央行可以独立行动，在不造成债务货币化的前提下，不经别国同意，实施强行救助。但是，当时的问题是结构性问题，且经过长期积累，需要救援的数量很大，欧洲央行的操作空间和能力就很有限了。法国和德国是欧元区核心国家，尤其是德国的内政，影响甚至左右着欧洲央行的行为。

为了防止希腊等成员国主要债权人的金融机构倒闭，以及避免欧元区出现大面积的债务危机，欧洲央行不得不实施7500

亿欧元的“量化宽松”政策，购买部分国家的债务。欧洲央行在德国的倡议下，各成员国出资加上欧洲央行注资，成立一个专门基金，以购买出现危机的主权债务，但是这个基金毕竟太少。

对欧元来说，当前的危机是一个坎，对欧盟来说，也是一个坎。这里的关键是货币统一与政治不统一的矛盾，在“福利分配－赤字－债务－央行－政治”环节中，决定着这种超分配的“财政—政治”在17个各成员国国内，管理着用央行补偿超分配的“货币—政治”，在德国，两个政治打架。要么各国政治家认清形势，团结起来，解决问题；要么放弃外围国家，重心重新回到核心国家。各国民主政治有很多变数，特别是福利的刚性带来的选民投票的变数，难以支持政治家们具有长远眼光和一致行动。欧盟就希腊债务已经达成的协议，是一个值得赞扬的妥协。

3. 欧元区的妥协——欧元要贬值。

一方面压、一方面救，这是德国等核心国家对付各个欧元区小国的基本策略。希腊在压迫之下已经接受了消减支出的建议，并且在议会内得到通过；以此为条件，欧盟和IMF同意以各种救援，缓解矛盾。意大利和其他国家也会面临同样的境遇，也会走“被救援”和“被改革”相结合的道路。

但是救援毕竟要发行货币。欧洲央行必然走这样一条路，买各成员国国债，发行欧元，并且这个过程要持续较长一段时间。

这个解决计划的另一面是问题，即带来流动性过剩，其实欧元区通货膨胀的苗头（2%以上）已经出现。欧洲央行当地时间2011年4月7日宣布，将基准利率上调25个基点至1.25%，于4月13日正式生效。2011年7月6日，欧洲央行宣布加息25个基点使基准利率达到1.5%。（2008年7月利率由4%上调至4.25%至最高后，危机期间数次下调，2009年5月利率调至1%）。

既要救援、又要防通胀。即在目前V要增加的时候，还要在救援中增发行货币M，欧洲央行很为难。最后的结果可能是提高通胀的上限，欧元缓慢贬值，允许物价超过原来限度的上涨。如此以来，在欧洲央行的领导下欧盟又走回各国消解债务的老路，在货币贬值中消解各国因为财政分配结构固化和超额分配带来的矛盾。后来的事实证明，欧元还是走上了贬值之路。

五、美国特殊的超分配：民间超前消费转为财政和美联储的压力

1. 超额消费转为金融危机。

美国民间借贷投资房地产和消费自2001年以来有一个极大的增长。家庭债务余额自2001年的7.66万亿美元增加到2007年13.8万亿美元，接近14万亿美元，6年几乎翻一番。家庭负债中主要是抵押贷款负债，从2001年的5.3万亿美元增加到2007年10.5万亿美元；其次是消费贷款负债，从2001年的1.89万亿美元增加到2007年2.56万亿美元。住房抵押贷款违约不能及时偿还是这次美国金融危机的主要起因：次贷违约、衍生工具坏账等，引起银行、投资银行破产、金融恐慌和实体经济衰退。

2. 金融危机转为财政的负债。

为了支持家庭消费和减少消费信贷违约，布什和奥巴马两任总统都大幅减税。2008年向民众退税1500亿美元，《2009美国复苏与再投资议案》减税2880亿美元，后来《2010税收减免、失业保险授权和工作创造法案》，又投入2380亿美元用于减税等。从表4－6可见，危机以来，家庭债务减少了

大约5000亿美元，从14万亿美元左右降到近13万亿美元，而美国联邦政的债务却每年增加1万多亿美元，从2007年5.1万亿美元增加到2010年9.4万亿美元。目前总债务已经达到14万多亿美元。家庭通过财政减税而减少负债，财政因减税却增加了负债。

表4-6　美国信贷机构债务总余额及其构成　单位：10亿美元

年份	国内非金融机构债务余额								国内	国外
	总计	建庭合计	其中：抵押贷款	消费信贷	商业合计	其中：公司	州县政府	联邦政府	金融机构	外国人
2001	19297.4	7657.6	5305.4	1891.8	6957.0	4826.7	1303.4	3379.5	9155.9	865.4
2002	20716.0	8482.4	6009.9	1997.0	7148.7	4860.5	1447.9	3637.0	10042.5	1072.8
2003	22443.7	9508.9	6894.5	2102.9	7333.3	4966.1	1568.4	4033.1	10949.3	1253.3
2004	24444.7	10575.9	7838.2	2220.1	7791.3	5163.1	1682.5	4395.0	11935.6	1438.8
2005	26769.5	11763.7	8877.3	2320.6	8449.4	5472.3	1854.5	4701.9	12996.0	1513.9
2006	29179.9	12943.2	9866.5	2416.0	9343.3	5943.4	2008.2	4885.3	14291.4	1882.6
2007	31699.4	13805.6	10540.2	2555.3	10572.2	6703.0	2199.2	5122.3	16217.5	2126.3
2008	33601.5	13843.8	10495.7	2594.1	11145.6	6950.6	2250.7	6361.5	17123.1	1708.8
2009	34633.6	13611.2	10342.1	2478.9	10857.2	6963.9	2359.8	7805.4	15618.4	2013.6
2010	36112.7	13386.2	10055.4	2434.7	10876.1	7176.3	2464.7	9385.6	14171.3	2115.4

资料来源：美联储统计报告，2011年1月9号。

3. 金融、财政的负债转为美联储的资产和负债。

为了救市场，美联储购买债券和贷款，资产中的有价证券部分大幅增加。注入市场的流动性，被商业银行又存回美联储，存款是美联储的主要负债。总结一下可见，民间超分配转为财政和美联储的被动“超分配”，民间的负债转为财政和美联储的负债

（参考表4－7）。

表4－7　美联储各年末资产负债表中的负债增长情况　单位：亿美元

	2006年	2007年	2008年	2009年	2010年	2011年5月
1. 流通中的货币	781347	791684	853168	889678	913760	1142530
2. 2006年流通中货币＝100	100	101	109	114	117	146
3. 反回购协议	29742	40909	88352	70490	67370	68179
4. 存款	26529	47438	1248034	1209135	1246820	1706278
5. 2006年存款＝100	100	179	470	456	470	643
6. 递延资产	6100	4074	2868	2475	2278	1899
7. 其他负债及应付款	5461	5249	31728	13642	14938	19190
9. 负债总额	849180	889356	2224150	2185380	2245165	2778744
10. 2006年负债总额＝100	100	105	262	257	264	327

资料来源：Board of Governors of the Federal Reserve System，Factors Affecting Reserve Balances－H. 4. 1. http：//www. federalreserve. gov/releases/h41/。

六、货币贬值的动力继续存在

1. 美国有三种现实力量推动美元贬值。

第一，财政要继续赤字预算。我们已经讨论过，美国财政的超额分配结构导致基础赤字和债务持续增加，也导致基础货币大量增加。2009财年，美国政府赤字创下1.41万亿美元的历史纪录，在2010财年也达到1.29万亿美元，2011财年由于奥巴马政府前期实施的减税政策要兑现，财政赤字预计达到1.65万亿美元的历史新高。正是在不断高企的赤字推动下，美国国债突破了14万亿美元的大关，相当于美国人均负债4.53万美元。

第二，贬值有利于发债和偿债。我们也讨论过，美国用世界货币来定量宽松，蓄意使美元贬值，最终导致全球通货膨胀。美元作为全球主要国际储备货币和投资货币，通过内外贬值在全球范围内征收通货膨胀税，以度过因为内外政策失误带来的危机。

第三，贬值有利于贸易。我们也指出过，美国是国际货币贬值竞争的源头。

总结起来：美国赤字要增加、国债上限要提高；入超加剧、货币要贬值；国债要偿还，贬值有利于偿还贷款，这些压力最后都会转为通胀来释放。目前的态势是，基础货币极大增加的同时，美国银行惜贷，美联储下一步的手段主要是鼓励和刺激借贷，这样 V 要增加，通胀的压力就出现。

2. 不论被动和主动，日元也要贬值。

美元的内外贬值，日元面临升值压力。日元也要贬值以抵消美元贬值带来的部分损失，就是加入到贬值竞争行列中去。日本政府为减缓危机和进行震后重建，借机也向市场注入了巨额资金，一定程度上缓减了日元升值的压力。日本内阁政治不稳定的现实，也减弱了政府治理财政“超分配”的能力，实际上，增加税收减少支出是一个很难的事情。

3. 发展中国家也面临通胀的压力。

危机爆发后，其他大部分国家也采取了扩张性的财政政策，税收减少的同时财政支出膨胀，财政赤字和国家债务剧增。虽然他们早在 2010 年已经开始实施的紧缩性货币政策，竭尽全力遏制通胀的恶化，也已经取得一定成效，但是任务仍然艰巨。

4. 结论：通胀压力或时大时小，但将持续存在。

除了工资上升、原材料等需求增长等推高物价（论题当另行讨论），当前的通胀是因为财政超额分配结构导致的、与各国家国际货币贬值竞争合力、由美国超前消费债务链断裂引发的，美国通过世界货币获取铸币和通胀收入推高了全球性通胀，它将在很长一段时间内存在，任何单个或部分国家的力量都不可能抑制通胀的发展趋势。

发展中国家早在2010年初开始流动性收缩，从2010年4月到2011年7月，印度的利率连续上涨10次，在2011年7月26日的货币政策会议中再次（第11次）上调基准利率25个基点至7.75%；巴西央行2011年第5次提高利率，2011年7月20日宣布的基准利率已经达到12.5%。发展中国家的这些措施对世界范围内防通胀作出了很大贡献。

通胀的趋势得到了遏制，通胀在短期内不会恶化，但是从长期看，只要各国超分配的基本结构及以美国为源头的各国贬值竞争格局仍然存在，就会不断地带来通胀压力。

七、几个相关观点和提示

1. 各国已经积累的财政债务将来都不可能由财政去清偿。

很难设想，在“超分配”的情况下，各国有能力通过增加税收筹集额外一笔收入，偿还这些相当于一年GDP甚至更多的债务。政治家努力使当年赤字减少到零或许略有结余是可能的，清偿以前积累起来的巨额债务的可能性却很小。欧元区在希腊和意大利实行了所谓激进的紧缩措施，也不是为偿还旧债，只是减少了部分新债增加额；美国人放开14.2万亿美元的债务上限，条件是减少赤字数量，而不是消灭赤字，就是说总债务将继续增加。

2. 旧债务通过几十年货币发行及通胀已经“偿还”了。

换句话说，这些财政债务的累积，与一年又一年的货币超额发行和贬值的累积是对应着的。从宏观经济角度看，因为当年财政打赤字，就引起当年央行货币调控政策变动，往往是增加了流动性，最终都借助当年和后来年份的通胀达到“供需均衡”了。

当年的赤字在当年货币发行和当年及后来的货币贬值中“宏观经济地偿还”了。累积的国债已经是一张不断变薄的皮，一个账单，部分挂在央行的账单上，剩余的部分在社会上流通；财政只要能付得起债息、借新还旧，继续负债运行就行。如果真的有一个政治家决心停止一部分财政支出，准备一大笔财政资金去偿还旧债，则总需求将减少，宏观经济反而不均衡了。欧元区因为货币与政治不统一、或者说财政政治与货币政治不统一，打破了这个隐蔽的“偿还”机制，甚至要挑破这张皮，把账单矛盾转为现实矛盾，要求希腊等国立刻减少支出，政治上是不可行的。最终，欧元区的矛盾只能通过妥协来缓解，在要求各国节支（不引起剧烈反弹）的同时，欧洲央行还是要通过发行欧元购买各国国债，即通过通胀税来偿还；如此一来，又回到“通胀偿还”的老路上去了。

3. 各国国债目前还在累积，只有通过逐渐贬值或剧烈贬值来清偿。

就是说，事情拖到最后，还是要通过货币手段，即大幅度贬值、甚至币制变动来清偿。剧烈到极限就是“倒币”，这在很多国家出现过。币制改换，用新币换旧币，其实就是剧烈贬值，近10多年来的例子就是巴西、俄罗斯、缅甸。

各国债务矛盾在积累，要关注世界政治和有关国家的国内政治变化，特别要密切关注美国的相关动向；美国联邦政府所欠外债高达4.5万亿美元，美国人又掌握着美元发行权，美国人还可通过发行美元购买国债缓减财政压力和增加财政动力，贬值是难免的事情。

4. 政治家应努力维持货币本身的价值、功能、机制。

维护货币机制才能带来国家长治久安，才能带来经济稳定和持续增长。超分配和通胀补偿是政治平衡的结果，不是一个蓄意行为。如果有人认识到通胀税的存在并且蓄意征收通胀税，将给他个人和国家带来危险。日本债务已经被“宏观经济地偿还”了，如果真要筹集一笔钱偿还债务的话，日本经济内需会更少，宏观经济反而不平衡了。但是，日本财政 2010 年近 10.6% 的财政支出是用于偿还国债利息，加上还旧债，需要 22.4% 的财政支出，这是一个沉重的负担。努力减少赤字和债务是每一个政治家的责任，通过扩大赤字和债务捞取政治资本的人是历史的罪人。

5. 全球货币改革和人民币国际化应当实事求是。

应当提议讨论全球货币问题，给美国施加一定的压力，使其少发货币，但是真正改革和建立一个世界货币的条件远未成熟（如欧元）。政治、财政的统一和经济一体化是货币统一的条件，这样看，欧元是脆弱的。

但是欧元也是有潜在生命力的。欧元提供了欧洲国家国际经济交往的便利、并且在美元不负责任的肆意行为引发的货币竞争环境中被激发和注入了活力。欧元的潜在价值和欧元脆弱的矛盾将导致欧盟加快在政治、经济、财政甚至军事领域一体化的进程。

地区性经济货币联盟甚至区域国家的统一货币是国际货币必然步骤。人民币首先要自己强大起来，然后走向下一步，建立地区性国家联合货币，再在此基础上与世界上其他地区货币联盟在一起，建立世界货币。

大国和地区性国家集团之间正常的货币竞争是建立一个统一的国际货币的前提和准备。竞争是各种货币寻找自己边际均衡、确认价值的过程，在政治、经济、财政、军事和管理甚至文化的综合能力的边际比较和均衡中，一个货币的价值和地位才被确立。美元的国际地位与美国 11 个航母群有关系，后者又与美国经济实力以及制度的某些优势有关系。国家间国际交往增加和共同利益增加是货币一体化的动力，而不同主体间可选择性和竞争是促使形成一体化的过程，这样才最终使一个国家接近另一个国家、一个地区接近另一个地区，形成经济货币联盟，甚至某种程度的政治联盟，也才使货币覆盖区域逐渐增加和最后统一。

人民币因此要参与国际竞争，在竞争中使自己强大起来，并且要争取自己的利益，利用一切机会进行国际化和市场化的尝试。但当事者必须要小心谨慎和实事求是，与我们的国内、国际政治、军事、经济力量相适应。在国际化过程中，政策措施要不断地进行调整。目前及以后，政府应当不断地进行预期压力的测试，比如测试在我国经济增长势头下降、遇到衰退或危机、国际持有者抛售人民币时，现实可能对我们的伤害以及我们的承受能力。

据报道，美国一些有政治倾向的社区已经出现一种现象，故意不用美元，而用社区货币结算。我们不敢设想这种情况在美国国内扩大以后的结果。国际上，人们也在减少使用美元。

美国发行了如此多的美元，人们如果不信任美元而抛售它的话，谁用美元作为资产储蓄谁就遭殃了，美国人早已经将这部分货币代表的实际财富以铸币税的形式消费了，现在仅剩一副贬值的皮囊留在债权人手里，如果再赖账，美国人又占了一次大便宜。但是从另一个角度看，美元果真到这一步的话，其作为交换工具的交易功能就被破坏了，美国经济自身会因为货币这个“统一交换工具”的破坏会受到巨大打击。美元利率很低但借贷清淡就是显示出人们对美元信任度的降低，大量美元、超低利率、却不流转的状况，其实已经开始损害美国经济了。因此，美国过度地贪婪以至于依赖货币发行，靠铸币税和通胀税来补充国力，已经开始和将继续损害美元这个交易工具和“交易制度”，其带来的损失会超过所谓的铸币税。

在国际上，在积极斗争、竞争和争取自己的正当货币利益之外，中国的政治家们不应当有意地将中国货币国际化与在境外获得铸币税（甚至通胀税）的利益目标联系起来，因为它会导致我们超过人民币在国际综合竞争中应有“边际”的主观行为，带来如同其带给美国现在和今后一样的问题。有一个完备的货币交易制度，保持交易工具健康和稳定，就能带来十几亿人口大国持续的繁荣和增长。

思考题

1. 什么是国家财政的“硬债务”或“软债务”，欧盟各国家的国债是如何由“软债务”变成“硬债务”的？

2. 什么是“国民收入超额分配”？

3. 如何理解“欧盟小国的困境：失去了央行的超分配结构”？

4. 如何理解“各国已经积累的财政债务将来都不完全由财政去清偿”；它们将有如何的结局？

第 五 章

国民收入超额分配的补偿途径

第一节 在衰退中实行财政紧缩

一、凯恩斯主义只有“半个周期的正确性”

1. 理想的凯恩斯主义。

经济周期有四个阶段，即繁荣、危机、萧条和复苏，或者说波峰、衰退、波谷和复苏。凯恩斯研究各个历史阶段的经济周期，特别是20世纪30年代的大危机后，出版了《就业、利息和货币通论》，其中提出了他对经济危机和周期的解释：需求不足只是衰退和经济混乱的症状，但是，真正的原因是市场不能进行及时和有效调节。他分析说，原来古典经济学家认为的，价格、工资和利息率会自动调整，能使总需求趋向于充分就业水平的结论在实践中失灵了；这个自动调节机制没有起作用，经济就不会正常运行或者走出危机。

然而进一步说，导致市场失灵的原因是前述生产要素的价格刚性。需求不足与人们的三大心理定律有关：它们分别是消费边际倾向递减规律、资本边际效率递减规律和流动性偏好规律。即人们收入越高，人们将新增收入用于消费的比例越低；随着资本投资的增加，资本过剩和产品过剩会导致人们的新投资得到的回报越来越少；人们在利用货币的交易、预防和投机三种用途的过程中，有喜欢以货币形式保持一部分财富的愿望或动机，凯恩斯称之为“流动偏好（Liquidity Preference）”。人们的财富增加而消费减少和人们对资本边际效率递减的预期引发了投资下降的时候，人们的流动偏好导致人们手握现金，这就使得这一部分财富既没有被这个人自己消费，也没有储蓄到银行后再贷给其他人形成购买，导致总消费减少。三大规律共同导致全社会有效需求不足，带来了必然的资本主义市场经济的过剩危机。

走出危机和经济萧条，仅仅靠市场是不行的，需要政府进行干预，主要是增加有效需求，所以要想使经济复苏，凯恩斯主张国家采用扩张性的经济政策，并且只能来考虑增加政府投资和支出。

凯恩斯主义认为，在危机期间或经济衰退期间保持预算平衡，会加深经济的衰退。因此他们主张在萧条时期可以出现预算赤字，通过额外的财政支出来增加市场上额外的需求，以弥补市场上的需求不足。这就是扩张性财政赤字政策的来历。

经济繁荣时期，会出现财政预算盈余，用这个盈余来偿还前期出现的债务，实现经济全周期内的政府收支平衡，这被称为“补偿性财政政策”，或者“相机抉择财政政策”，或者“周期性平衡的财政政策”，即政府以繁荣年份的财政盈余补偿萧条年份的财政赤字，从而实现财政收支在一个经济周期中的动态平衡。这种论证说，在一个周期中可以实现财政预算平衡，被称为“长期预算平衡论”或“周期预算平衡论”。这是美国及西欧各国20世纪50年代经济政策和财政预算指导思想的基调，其后它虽然不断受到挑战、批评，但一直到2008年全球金融危机前，补偿性财政预算思想和政策都是各国宏观管理的主要政策思想和方针。

2. 不能补偿——实践中的凯恩斯主义有政治缺陷。

各国的实践证明，凯恩斯主义在危机的前半期是有效的，当出现危机和社会总购买力下降的时候，政府通过打赤字增加支出，形成大量政府购买，弥补了有效需求的不足，这样，就会减缓危机的程度，如减少失业、减少企业破产和金融业的坏账，防止股市崩盘和危机的蔓延。就是说，在繁荣走向危机、低谷和萧条阶段，凯恩斯主义是有效的。但是，当衰退结束，走向繁荣的阶段，扩张性的财政政策所积累的债务在经济繁荣时期应当偿还的时候，各国财政都没有如理论上期望的那样去“补偿”。实际上因为财政支出台阶被连续地抬高，各国财政此时都没有出现很大的结余；即使有结余，也没有用来偿还前期积累的财政债务，最好的状况是不增加新债务而已。由此各国政府债务开始不断积累。纯理论的凯恩斯主义是完美的，但是实践中的凯恩斯主义只有在前半个周期是正确的，在后半个周期就不能正确了，政治不允许，制度不允许，所以“补偿”、“周期平衡”或者“长期平衡”的论证成为空话，实际上是长期不平衡。

3. 走向高福利——每次危机和调控政策后福利财政支出都爬上一个更高的台阶。

社会福利是刚性的。危机有破坏的功能，但也有调整供需、减少超额分配和恢复真实平衡的功能。但是扩张性财政政策一定程度上削弱了危机的这些功能。财政刺激和保护减弱了危机的程度，使得市场不能有效逼迫低效能企业退出、不能促进技术更新和创新，也冲淡了经济危机应当有的调整分配和减少消费的“消炎”功能。在民主政治和选票的权力追逐中，财政赤字政策为超额分配提供了便利，危机期间福利不降低、危机之后福利再增加，台阶逐步抬高，使得福利逐步走向了高福利。

二、国民收入超额分配带来的压力

1. 财政收入占 GDP 比例过高。

欧盟各国平均来看，财政收入占 GDP 的比重在 50% 左右，这远远高于美国和日本（大约在 35% 左右），如此高的比重意味着高福利，使得人们的劳动工作的积极性降低；如此高的比重也意味着高税收负担，使企业经营困难。见表 5－1。

表 5－1　　政府支出占 GDP 的比重　　单位：%

年　份	2007	2008	2009	2010	2011	2012	2013
欧盟 28 国	44.9	46.5	50.3	50.0	48.6	49.0	48.6
欧元区 19 国	45.3	46.6	50.7	50.5	49.1	49.7	49.6
比利时	48.2	50.3	54.1	53.3	54.4	55.8	55.6
希腊	47.1	50.8	54.1	52.5	54.2	55.2	60.8
德国	42.8	43.6	47.6	47.3	44.7	44.4	44.5

资料来源：欧盟统计局数据库《database－eurostat》。

2. 财政赤字在经济繁荣时期也继续出现。

本来在经济危机期间出现赤字是可以理解的，但是危机以前的繁荣时期应当有财政结余，但是实际上，欧盟 28 国 2007 年仍然有占 GDP 将近 1% 的赤字。部分国家比如希腊赤字的比重就更高，达到 6.7%，危机期间希腊的赤字就更高了，其 2009 年赤字占 GDP 的比重高达 15.2%。见表 5－2。

表 5 -2 政府赤字占 GDP 的比重 单位：%

年份	2007	2008	2009	2010	2011	2012	2013
欧盟 28 国	-0.9	-2.5	-6.7	-6.4	-4.5	-4.3	-3.3
欧元区 19 国	-0.6	-2.0	-6.3	-6.2	-4.3	-3.7	-3.0
比利时	0.1	-1.1	-5.4	-4.0	-4.1	-4.1	-2.9
希腊	-6.7	-10.2	-15.2	11.2	-10.2	-8.8	-12.4
德国	0.2	-0.2	-3.2	-4.2	-1.0	-0.1	-0.1

资料来源：欧盟统计局数据库《database - eurostat》。

3. 财政债务占 GDP 比例过高。

各国在危机以前的年份就积累了占 GDP 超过 60% 的债务。危机期间这个比重就更快地增加。见表 5 -3。

表 5 -3 政府债务占 GDP 的比重 单位：%

年份	2003	2004	2005	2006	2007	2008	2009
欧盟 28 国	60.7	61.2	61.8	60.4	57.8	61.0	73.0
欧元区 19 国	68.1	68.4	69.2	67.3	65.1	68.7	78.6
比利时	101.1	96.5	94.6	90.9	86.9	92.4	99.5
希腊	101.2	102.7	107.3	103.5	103.1	109.4	126.7
德国	63.0	64.7	66.9	66.4	63.6	65.0	72.5

资料来源：欧盟统计局数据库《database - eurostat》。

三、判断——欧盟各国每年有占 GDP1%的超额分配

1. 在通胀消解的前提下，过去几十年欧盟各国仍然累计债务占 GDP 70%。

以希腊为例，我们来看看国民收入超额分配的通胀消解。

由奥地利、比利时、法国、德国等11个国家于1999年1月1日起成为欧元区国家，正式使用欧元，于2002年1月1日取代上述11国的货币。希腊于2000年加入欧元区，成为欧元区第12个成员国，也在随后放弃希腊货币“德拉克马”（Drachma）正式接受欧元，以欧元作为唯一的流通货币。

正如我们前文所述，在由本国中央银行发行货币的时候，希腊的超额分配结构主要靠通胀来消解或者平衡，中央银行通过多发货币得到铸币税之外（数据已无法考察），还造成通货膨胀，又带来的财政额外收入。比如1991年，希腊有14.8%的通胀，由通胀带来的额外GDP的40%以上的财富转化为财政收入，意味着财政这一年得到了额外的占GDP大约5%～6%左右的（通胀税收）收入，这自然会减少财政赤字。即使在如此连年的通胀和通胀消解超额分配的前提下，仍然有债务积累，希腊债务占GDP的比重在2002年是100%左右，说明过去几十年每年有超过1%以上的真实（通胀消解后）的超额分配。如果没有通胀消解，超分配结构下的超额分配比例会更高。见表5－4。

表5－4　希腊各年GDP缩减指数（按照不变价格计算的通胀率）　单位：%

年份	1991	1992	1993	1994	1995	1996	1997	1998	1999	2000
通胀	19.8	14.8	14.4	11.2	9.8	7.5	6.6	5.1	3.6	1.6
年份	2001	2002	2003	2004	2005	2006	2007	2008	2009	2010
通胀	3.5	3.3	3.5	3.1	2.2	3.5	3.4	4.3	2.6	0.7
年份	2011	2012	2013							
通胀	0.8	－0.4	－2.8							

资料来源：世界银行数据库。

申请加入欧元的过渡时期，希腊央行2000年前开始减少发行，到2002年后发行权被取消，希腊既丧失了发行权收入，又丧失了通胀税收入。整个分配结构没有变化，财政赤字增加和由此积累的债务迅速增加。希腊债务占 GDP 的比重在 2003 年时候是 101.2%，到 2013 年的时候是 161% 左右。这是在欧盟政治压力下大幅度压缩财政支出的基础上实现的。

欧盟或者欧元区其他国家，在使用欧元以前，也曾经有通胀消解，但也都积累了占 GDP 的比重 70% 左右的债务，也说明它们都有大约占 GDP 大约 1% 以上真实的超额分配。

2. 欧元发行后的繁荣阶段，欧盟每年还有占 GDP 大约 1% 的财政赤字。

2007 年是欧央行正式管理发行的第五年，依照德国的“厌恶通胀”的理念管理的欧央行，谨慎地发行欧元，没有蓄意通胀的意图，实际上危机前这些年通胀都控制在 3% 之下，但是仍然有超过占 GDP 1% 的赤字，总债务在逐渐地积累着。经济繁荣和温和膨胀时期仍然增加了债务，说明实际的超额分配仍然存在，占 GDP 的比重应当超过 1% 以上。

3. 财政支出水平导致欧盟税收负担高于世界其他国家，企业负担高、盈利水平相对低。

我们没有欧盟国家企业税收负担和赢利水平的数据，也不能进行横向的比较，但是，仅仅从企业负担这个方面看，从财政收入占 GDP 的比重看，欧盟国家的财政税收负担率是世界上最高的。这影响到了其企业的国际竞争力。

四、危机和萧条时期实行紧缩的财政政策——放弃凯恩斯主义

1. 希腊在危机期间的紧缩措施。

2008 年金融危机开始后，2010 年希腊出现主权债务危机，当

时的总理帕潘德里欧与欧盟和国际货币基金组织达成协议，3 年内额外削减预算 300 亿欧元以换取紧急救援，随后，希腊议会批准财政紧缩法案，这包括：养老金改革，提高女性的退休年龄与男性等同为 65 岁；冻结政府的退休金计划；削减公共部门员工 12% 的假期补贴；政府等部门雇员的奖金也将下调 30%。此外，将对奢侈品和烟酒等产品实施高额税负，对企业的增值税也将由 19% 提高到 21%。2011 年 5 月希腊还推出一系列私有化项目，比如出售港口、公共电力等部门，目标是到 2015 年前筹集 500 亿欧元来抵偿即将到期的债务。

2. 法国在危机期间的紧缩措施。

2011 年 8 月 24 日，法国总理弗朗索瓦 24 日在巴黎宣布：根据新制订的财政预算计划，法国政府将加大紧缩力度，进一步节省公共开支，今明两年共节省 120 亿欧元外，同时加大一系列税收项目的征收力度，包括对高收入人群征收临时所得税，上调对烟草、酒类产品和软饮料的税率，进一步减少合理避税项目，与德国协调统一公司税等以增加政府收入，争取在 2012 年将财政赤字占国内生产总值的比例从原定的 4.6% 降至 4.5%。（见 2011 年 2 月 26 日《东方早报》）

3. 其他国家也在紧缩，起码没有采取扩张性的财政政策。

西班牙、葡萄牙等国都采取了增加税收、削减福利、减少支出的措施。各国没有鼓励进行政府举债投资，没有实行扩张性的政策。虽然在消减支出，同时加税，但是经济增长减缓，财政赤字增加了。

五、紧缩导致经济增度更大幅度的下降和人民生活水平的降低

1. 经济增速大幅度地下降。

德国除外，其他国家本来在经济危机中经济是会下降的（表5－5），但是为了减缓主权债务危机的压力，不得不实行增加税收、减少福利的政策措施，这是与传统凯恩斯主义相反手法的政策措施。

表5－5　真实GDP增长　单位：环比,%

年　份	2007	2008	2009	2010	2011	2012	2013
希腊	3.3	-0.3	-4.3	-5.5	-9.1	-7.3	-3.2
西班牙	3.8	1.1	-3.6	0.0	-1.0	-2.6	-1.7
意大利	2.4	0.2	-2.9	2.0	2.1	0.2	0.7
法国	5.2	2.1	-7.4	-1.7	-0.3	-2.2	-1.1
德国	7.7	-5.4	-14.7	2.5	7.6	5.2	1.6

资料来源：欧盟统计局数据库《database－eurostat》。

2. 人民生活水平的降低。

从表5－6中可以看到，部分国家居民的最终消费水平有一定幅度的下降。特别是希腊居民2013年最终消费支出比2008年减少了21%。

表5－6　居民最终消费支出　单位：百万欧元

年　份	2007	2008	2009	2010	2011	2012	2013
希腊	155912.2	168064.9	165365.0	159492.9	148093.5	137464.9	133257.6

续表

年　份	2007	2008	2009	2010	2011	2012	2013
西班牙	629402.0	646998.0	617430.0	631012.0	634350.0	627629.0	615975.0
意大利	960750.1	978916.1	957938.6	983043.7	1012781.2	1001015.0	989290.7
法国	1032730.0	1066598.0	1051463.0	1082395.0	1106881.0	1119646.0	1132688.0
德国	1314268.0	1343244.0	1340434.0	1372877.0	141850.0	1450987.0	1502229.0

资料来源：欧盟统计局数据库《database - eurostat》。

六、几点认识

1. 国民收入超额分配最后必然要得到补偿。

这个补偿不是通胀补偿就是低增长补偿。前文我们讲到通胀补偿，如果通胀这一条路堵死了后，就只能用经济的低增长或者负增长来补偿。欧洲的事实证明，在欧央行再启动过量货币发放导致通胀补偿超额分配的途径实现以前（下一节谈及），只有通过减少财政支出、调整分配结构、在萧条中紧缩的方法来补偿，这导致了经济增长放缓，居民消费水平下降。实践中的凯恩斯主义不能实现他所预想的“周期内补偿”，人民就只能在长周期内补偿。在这个长周期内，如同2008年以来欧洲表现的那样，在衰退中实行增加税收和财政紧缩，当局实际上是放弃了凯恩斯主义，甚至是进行了反凯恩斯主义的操作，结果是经济增长停滞。据报道，裁减公务人员、延长退休年龄、降低退休标准、希腊年轻人在此期间有超过50%的失业率等现象，实际上是这种强制补偿的表现。

2. 广义的国民收入超额分配有五个标准。

由于财政赤字及其造成的信贷膨胀，真实物质财富和服务的现价超过了不变价，这种分配就是国民收入超额分配。狭义地看，财政不过多地打赤字和及时偿还债务，不形成巨大的债务积累，就是没有实现国民生产超额分配。而且我们还可以深入地探讨这个概念。

广义地看，防止超额分配有五个相关并且递进的标准。第一，财政收入占国民经济的比重不要过高，财政赤字控制在一个经济周期基本可以偿还的幅度以内，以保证财政不会积累债务，不会挤占信贷和过多地增加流动性，不会造成3%（温和的、可以接受的）以上的通货膨胀。这个标准就是“合理赤字”。第二，企业负担不要过重，财政收入占GDP比重，目前除了欧洲外，其他国家大部分在35%上下，这就是“适度负担”。第三，税收负担和其他劳动者保护等福利措施是必要的，但是都不应当由此过多地增加企业负担并且造成企业盈利能力和国际竞争能力的下降，本国企业应当得到国际市场内的“平均利润”，不然会造成资本逃离。第四，货币不要超额发行，以保证通货不贬值；资金能得到一个“自然利率”，资金要素才能正常地参与交易和生产要素配置。第五，社会福利应当是保护性的，而不是炫耀性的或者高福利；福利实施的合理限度在于它能保护人们基本生存权，还能保持每个人有为自己正常和幸福生活而努力的活力，即保持人有向上努力的“基本道德”。五个标准就是：“合理赤字”、“适度负担”、“平均利润”、“自然利率”和“基本道德”。

总结起来就是：通过市场尊重人与通过财政尊重人同样重要，市场分配与财政分配要达到一个均衡。从生产组织、持续再生产和创新的角度看，分配结构应当以市场为主，同时政府进行有限的调节；政府干预要素价格，比如包括土地、资金、劳动力、组织管理和创新各个要素中的任何一种，带来了短期利益，却都会导致其他要素价格的失衡，从而损害长期利益。对于危机政府应动态地干预，以不导致危机蔓延为准，还要发挥危机的本来正面效应；对于危机的社会干预，应当以基本生存为准，不应当形成高福利。危机减缓之后，在地步上升之前，即没有系统性风险的时候，就应当“撤火”，而不能为保护一个高增长或者其他目标，继续对市场进行干预。政府应随时准备放弃干预，使经济回复到一种均衡状态，这个均衡状态的标准就是：各个要素都有正常的收入，功能正常，没有伤害人们心理中的人性平衡。其实，高福利侵蚀了人性的平衡，从而侵蚀了经济，最后人们不得不用在经济危机和长期萧条中的痛苦来补偿。

第二节

开启欧洲版的“量化宽松”①

一、“问题债务”与“救助能力”的集中对比

1. 欧元区多数国家能偿还本国的到期债务。

（1）2012 年欧元区债务总额预计达 8.6 万亿欧元。

国际货币基金组织（IMF）于 2012 年 4 月份在《世界经济前景》中曾预测，未来五年内欧盟整体债务水平仍处于上升趋势，2009 年欧盟债务年度平均涨幅达最高值 12.97%，比 2008 年长了 1 万亿欧元之多，之后数年逐年下降，预计到 2017 年年度涨幅将降到 1.35%。此外，欧元区债务额约占欧盟债务总额的近八成，除爱沙尼亚、芬兰、卢森堡、斯洛伐克、斯洛文尼亚外，其他国家的国债/GDP 占比均超过了《马斯特里赫特条约》规定的 60% 的上限，其中希腊在欧盟中有最大的公共债务（2012～2017 年债务/GDP 比分别为 153.24%、160.93%、158.15%、150.93%、143.70% 和 136.79%），紧随其后的是意大利（2012～2017 年债

① 本文主要内容曾经载于财政部财政科学研究所《研究报告》2012 年第 87 期，原文题目为“动荡还会加剧，但不会出现系统性风险（上）”。

务/GDP 比约为 122.07%），爱尔兰（2012～2017 年债务/GDP 比约为 114.07%），葡萄牙（2012～2017 年债务/GDP 比约为 112.44%），比利时（2012～2017 年债务/GDP 比约为 94.46%）。

整体而言，2013～2014 年欧元区主要债务国将达到债务年度涨幅的峰值，出现拐点，预计于 2013 年后半年至 2014 年前半年间上涨趋势将趋缓。非欧元区多数国家的债务水平在可容忍的范围之内，2012～2017 年期间，国债/GDP 占比多小于 60%。其中，英国、匈牙利的国债/GDP 占比却早早突破了 60%，英国债务总额约占非欧元区债务总额的 70% 左右，是非欧元区国债水平最高的国家。详见表 5－7。

表 5－7　　欧盟各国债务水平未来发展趋势　　单位：10 亿欧元

国家	项目	2009 年	2010 年	2011 年	2012 年	2013 年	2014 年	2015 年	2016 年	2017 年	备注
欧盟	总债务	8754.84	9744.38	10413.44	10908.07	11371.12	11747.05	12049.33	12274.67	12439.93	—
欧元区	总债务	7126.52	7839.70	8296.16	8599.49	8901.53	9145.61	9349.56	9511.50	9643.08	—
欧元区	占欧盟总债务比（%）	81.40	80.45	79.67	78.84	78.28	77.85	77.59	77.49	77.52	—
比利时	总债务	326.32	340.74	363.46	374.33	382.70	387.75	389.70	390.97	391.22	2011
比利时	占 GDP（%）	95.86	96.15	98.51	99.12	98.54	96.73	93.97	90.91	87.51	2011
法国	总债务	1492.70	1591.20	1721.23	1835.52	1921.72	1993.55	2048.26	2080.70	2093.96	2010
法国	占 GDP（%）	78.99	82.39	86.26	89.02	90.75	90.64	89.61	87.52	84.59	2010
德国	总债务	1767.00	2061.00	2095.36	2085.87	2107.35	2118.98	2131.53	2137.41	2142.13	2011
德国	占 GDP（%）	74.42	83.21	81.51	78.87	77.45	75.84	74.39	72.74	71.09	2011

续表

国家	项目	2009 年	2010 年	2011 年	2012 年	2013 年	2014 年	2015 年	2016 年	2017 年	备注
希腊	总债务	298.71	328.59	350.26	315.84	330.35	332.73	330.30	327.45	324.95	2010
希腊	占 GDP（%）	127.10	142.76	160.81	153.24	160.93	158.15	150.93	143.70	136.79	2010
爱尔兰	总债务	104.65	144.27	164.18	180.28	193.69	201.04	205.23	209.71	213.51	2010
爱尔兰	占 GDP（%）	65.16	92.49	104.95	113.13	117.73	117.45	114.74	112.16	109.19	2010
意大利	总债务	1763.68	1842.86	1897.95	1938.44	1966.21	1993.24	2020.63	2046.52	2069.67	2011
意大利	占 GDP（%）	116.06	118.65	120.11	123.36	123.80	123.40	122.26	120.67	118.92	2011
荷兰	总债务	347.30	369.87	400.05	427.62	458.31	488.65	514.93	536.92	554.15	2011
荷兰	占 GDP（%）	60.77	62.86	66.23	70.13	73.66	76.45	77.96	78.69	78.63	2011
葡萄牙	总债务	139.95	161.26	183.33	188.48	196.67	201.65	205.49	208.94	212.36	2011
葡萄牙	占 GDP（%）	83.05	93.44	106.79	112.40	115.32	114.36	112.75	110.69	109.15	2011
西班牙	总债务	565.08	643.14	734.96	839.95	907.68	972.48	1027.16	1079.30	1130.91	2011
西班牙	占 GDP（%）	53.93	61.17	68.47	79.04	84.03	87.43	89.31	90.72	91.85	2011
非欧元区	总债务	1628.32	1904.68	2117.27	2308.58	2469.59	2601.45	2699.78	2763.17	2796.85	2009
英国	总债务	1070.27	1284.71	1453.14	1607.39	1742.46	1855.58	1941.51	1995.32	2025.19	2009
英国	占 GDP（%）	68.37	75.12	82.50	88.37	91.37	92.79	92.24	90.14	86.77	2011

续表

国家	项目	2009 年	2010 年	2011 年	2012 年	2013 年	2014 年	2015 年	2016 年	2017 年	备注
英国	占非欧元区债务比（%）	64.30	62.14	65.73	67.45	68.63	69.63	70.56	71.33	71.91	2011
匈牙利	总债务	75.52	78.25	81.49	80.08	83.43	87.13	90.56	93.83	97.13	2011
匈牙利	占 GDP（%）	79.70	81.31	80.45	76.25	76.04	75.37	74.30	73.12	71.92	2010

注：资料来自 IMF 和欧洲统计局数据整理；备注为起始估计年份。

（2）欧盟总债务中六成债务能偿还。

这一预测中，预计未来 5 年中，欧盟 27 国中，至少有 20 国能够偿还本国债务，合计能偿还欧盟债务额的 68% 左右。另外还要指出，欧盟非欧元区国家，比如英国、匈牙利等国家有独立的中央银行，主权债务过高时，它们可以通过央行超发行货币来自我消化。

在欧元区内，除希腊、爱尔兰、葡萄牙、西班牙、意大利等重债国家外，其他国家基本能够自行偿还债务。

2. 2012～2016 年欧洲债务国不能自行偿付，需要外部援助解决的债务估算。

（1）2014 年前，每年至少需要约 7000 亿欧元的援助资金。

根据 IMF 和意大利财政经济部预测，2012～2016 年，意大利年度未偿债务总额约为 2 万亿欧元，每年需赎回的长期债务额约为 1500 亿欧元。从 2012 年 4 月到 2013 年 3 月这 12 月内，如果意大利长短期债券维持现有水平不变，仍需要赎回的债务总额达 3190.59 亿欧元。自欧洲央行推出两轮 3 年期低息长期再融资操作（LTRO）以来，西班牙与意大利的银行已分别从欧洲央行贷款 1950 亿欧元与 1140 亿欧元，其中用于购买政府债券的资金分别为1020亿欧元与730亿欧元，而西班牙银行业的最终剩余可用资金为200亿欧元，意大利银行业不但没有剩余，还要动用其他办法弥补480亿欧元的缺失。这意味着，意大利银行业很可能已经没有额外的低息资金来应付持续的债务融资需求了。

根据西班牙财政部2012年5月31日公布的数据，西班牙每年需赎回的长期债务额约为600亿欧元，加上每年新发国库券、票据等，在2012～2016年西班牙每年需偿还债务额约800亿～900亿欧元。IMF预算数据显示，在2012～2017年西班牙每年财政缺口分别为639.86亿欧元、614.33亿欧元、582.18亿欧元、521.4亿欧元和506.06亿欧元。截至2011年底，西班牙银行不良贷款总额约为1440亿欧元，不良贷款率超过8%。国际金融协会（IIF）根据爱尔兰银行业在危机中遭到的打击做出估计称，西班牙银行业的损失会在2160亿～2600亿欧元之间。IIF认为，需要政府救助的西班牙银行数量很多，主要为储蓄银行，而且并非所有的西班牙银行都能在国内得到足够的新增资本。到2012年，西班牙的危机只是集中在银行业而非政府财政，西班牙政府就无需申请“三驾马车”（欧盟、欧洲央行和国际货币基金组织）通常带有严厉紧缩政策的救助计划，从而避免重蹈希腊、葡萄牙和爱尔兰的覆辙。西班牙对其银行业进行重组，可能需要800亿～1000亿欧元的重组资金。2012西班牙还需发行360亿欧元的债券，如果债券大门关闭，需求全面救助将成为必然选择。

2012年6月5日葡萄牙政府公布的《葡萄牙的政策、成就和挑战》指出，未来五年葡萄牙政府每年未偿公债总额约为2000亿欧元，预计到2016年公债/GDP占比将降为111%，到2020年将回落到103%，公共债务问题逐年缓解。根据IMF预测数据，2012～2016年葡萄牙的财政缺口将从75.93亿欧元降到34.7亿欧元。期间，每年需赎回的政府债务额约为600亿欧元。

根据希腊《2012～2015年中期财政预算》，在这期间如果希腊不采取紧缩措施，赤字率维持在10.4%～14.4%区间，到2015年公债/GDP比将上升到198.9%，中央政府利息支付将会快速上升，2011 年的 160 亿欧元快速上升到 2015 年的 280 亿欧元，其中 2012～2014 年分别需支付利息为 169 亿欧元、205 亿欧元、244 亿欧元。2012～2015 年间，希腊的财政缺口将分别为 125.84 亿欧元、195.10 亿欧元、272.10 亿欧元、335.83 亿欧元。

根据爱尔兰《2012 年稳定计划》和 IMF 预测数据可知，2012～2015 年爱尔兰赤字率将从 8.3% 降到 2.8%，年度财政缺口分别为 131.15 亿欧元、123.55 亿欧元、81.4 亿欧元和 49.5 亿欧元。爱尔兰债券管理局数据显示，该国 2011 年所需资金总额为 235 亿欧元，2012 和 2013 年则分别需 207 亿欧元和 189 亿欧元。

(2) 救政府之外还要救银行，需要救助的资金可能更大。

主权债危机问题与银行业坏账问题同时出现。西班牙因为银行问题的求援，暴露了欧洲债务问题的另外一个方面。西班牙的银行问题只是欧洲银行系统“大的不能倒”问题冰山的一角，意大利、葡萄牙已经纷纷用纾困金为银行注资，希腊银行业出现了挤兑潮的窘境，而塞浦路斯也可能效仿西班牙向欧盟寻求银行业救助。可见，欧债不能偿还问题带来的影响已经延伸到银行业，政府债务与银行债务共同造成的资金缺口，远比已公布的救助数据更大。

(3) 每年需要的救助金至少为 1 万亿欧元。

根据 IMF 预测数据推断，2012～2016 年期间部分欧洲国家年度资金缺口近 1 万亿欧元之多，其中意大利资金缺口最大，约为 5000 亿欧元，西班牙次之，约为 3000 亿欧元，葡萄牙资金缺口位列第三，约为 600 亿欧元，希腊资金缺口约为 300 亿～700 亿欧元左右，爱尔兰资金缺口约为 200 亿欧元。当债务蔓延到西班牙和意大利以后，两年内大幅增加的到期巨额债务规模和银行风险敞口升至近 2 万亿欧元，救火也就刻不容缓了。可见，2012～2016 年，针对欧洲债务问题，每年需要救助的资金至少为 1 万亿欧元。

3. 救助能力估算。

（1）当时的救助机制及其救助能力统计。

A. EFSF 可贷资金余额为 2500 亿欧元。根据规定欧盟和 IMF 达成的协议，“欧洲金融稳定便利”是一项临时性安排，成立于 2010 年 6 月份，整个计划将在 2013 年 6 月到期。该机制从出资方来看，包括欧元区国家、欧盟委员会和 IMF 三方；从融资渠道来看，包括财政拨款、市场融资、国际组织融资、双边贷款和部分自筹等多种方式；从占款比例来看，欧元区成员国出资 4400 亿欧元，占比 59%，欧盟委员会出资 600 亿欧元，占比 8%，IMF 出资 2500 亿欧元，占比 33%。EFSF 为扩大自身救助实力 2010 年 12 月曾提出扩容方案，2011 年 10 月中旬通过了欧元区 17 国议会的投票后，目前资金规模从原来的 4400 亿（可贷资金约 2500 亿）欧元增长至 7800 亿（可贷资金约 4400 亿）欧元（见表 5－8）。由于 EFSF 实际援助爱尔兰与葡萄牙及承诺援助希腊已经耗费可贷资金近 2000 亿欧元，目前 EFSF 可贷余额剩余约 2500 亿欧元。见表 5－8。

表 5－8　　EFSF 扩容前后欧元区成员国出资份额清单

排名	国家	初始承担份额（100 万欧元）	占比（%）	扩容后承担份额（100 万欧元）	占比（%）
1	德国	119390.07	27.13	211045.90	27.06
2	法国	89654.45	20.38	158487.53	20.32
3	意大利	78784.72	17.91	139267.81	17.86
4	西班牙	52352.51	11.90	92543.56	11.87
5	荷兰	25143.58	5.71	44446.32	5.70
6	比利时	15292.18	3.48	27031.99	3.47

续表

排名	国家	初始承担份额（100 万欧元）	占比（%）	扩容后承担份额（100 万欧元）	占比（%）
7	希腊	12387.7	2.82	21897.74	2.81
8	奥地利	12241.43	2.78	21639.19	2.78
9	葡萄牙	11035.38	2.51	19507.26	2.50
10	芬兰	7905.2	1.80	13974.03	1.79
11	爱尔兰	7002.4	1.59	12378.15	1.59
12	斯洛伐克	4371.54	0.99	7727.57	0.99
13	斯洛文尼亚	2072.92	0.47	3664.30	0.47
14	卢森堡	1101.39	0.25	1946.94	0.25
15	塞浦路斯	863.09	0.20	1525.68	0.20
16	马耳他	398.44	0.09	704.33	0.09
17	爱沙尼亚			1994.86	0.26
合　计		440000	100	779783.16	100

资料来源：欧洲央行。

B. EFSM 剩余可贷资金 115 亿欧元。欧洲金融稳定机制（EFSM）成立于 2011 年 1 月 5 日，是由欧盟委员会创立的紧急救助基金，以欧盟预算为担保，在金融市场筹资，通过救助欧盟中经济困难的成员以确保欧洲金融稳定。EFSM 由 27 个欧盟成员国支持，可筹集 600 亿欧元。从目前来说，只有爱尔兰与葡萄牙接受了 EFSM 的救助资金。在 2010 年到 2013 年期间，EFSM 计划向爱尔兰提供 225 亿欧元，截止到 2012 年 1 月已累计提供了 154 亿欧元。在 2011 到 2014 年期间，EFSM 计划向葡萄牙提供 260 亿欧元，截止到 2012 年 1 月已累计提供了 156 亿欧元。扣除向爱尔兰和葡萄牙提供的援助资金外，EFSM 现还可筹集资金 290 亿欧元，其中仅有 115 亿欧元为可贷资金。

C. ESM 的可贷资金额约 5000 亿欧元。为了保护各成员国的金融稳定，于 2010 年 5 月由欧盟与国际货币基金组织成立了“欧洲稳定机制”（ESM），并且设立了“稳定基金”。ESM 原计划将在 2013 年年中前取代欧洲金融稳定便利（EFSF）以及欧洲金融稳定机制（European Financial Stability Mechanism，EFSM）成为欧元区常设救援基金。欧元区国家将按照欧洲央行（ECB）实收资本原则，对 ESM 贡献出资。但人均 GDP 少于欧盟平均水平 75% 的那些国家，将在加入欧元区后的 12 年里减少出资。这些国家将依照以下公式贡献出资：ESM 份额 = ECB 原则份额 − 0.75 ×（ECB 原则份额 − 国民总收入（GNI）份额），其中德国的现金出资额将达到约 220 亿欧元现金。经 2012 年 3 月 30 日，欧元区 17 国财长同意将欧洲稳定机制（ESM）规模从 5000 亿欧元（7090 亿美元）扩大至 7000 亿欧元，其中包括爱尔兰、葡萄牙救助计划以及为希腊提供的第二轮救助方案。ESM 将由 800 亿欧元的实收资本及 6200 亿欧元的即缴股本（为欧元区成员国的承诺资本或担保）组成，以欧元区成员国的信用作为抵押发行债券融资，当前有效放贷能力维持在 5000 亿欧元（见表 5－9）。2012 年 7 月起引入 ESM，其放贷能力约为 5000 亿欧元，将与 EFSF 并存。如果 EFSF 和 ESM 融合，可以筹建近 1 万亿美元的“超级防火墙”。

表 5－9　ESM 出资百分比

国家	德国	法国	意大利	西班牙	荷兰	比利时	希腊	奥地利	葡萄牙
出资占比（%）	27.146	20.386	17.914	11.904	5.717	3.477	2.817	2.783	2.509
国家	芬兰	爱尔兰	斯洛伐克	斯洛文尼亚	卢森堡	塞浦路斯	爱沙尼亚	马耳他	—
出资占比（%）	1.797	1.592	0.824	0.428	0.25	0.196	0.186	0.073	—

资料来源：欧洲央行。

（2）“欧洲稳定基金”可以进行杠杆化操作——救助能力被大幅度扩大。

EFSF，EFSM，ESM 三个专项救助机制，现合计救助能力约为 1 万亿欧元。2012 年，这三个金融稳定机制的信用级别仍然是 AAA 级别，可以通过成员国给予担保方式，或者通过引入若干基金购买欧洲债权的方式进行杠杆化操作，以此扩大救助欧元区重债国的能力，一些专家学者（比利时布鲁塞尔研究机构 Re－Define 执行董事索尼·卡普）也认为这不失为一个选择，但难点是，杠杆化操作可能导致为该基金担保注资的欧元区成员国债务上升，从而对德国和法国等仍拥有 AAA 主权信用评级的欧元区核心成员国构成压力。实施杠杆化操作向全球融资，这一操作虽有较大风险，但是可以实现为危机救助融得所需资金的目的。如果欧盟成员国允许 EFSF 等实施杠杆化操作，按 3 倍实施杠杆化操作的话，可以筹到资金约为 3 万亿欧元。如果形势特别严峻，且经过政治决策，才能“高杠杆化”和“全部贷出”。

（3）现有救助基金仅能满足欧元区一年的资金需求。

到 2014 年，欧元区成员国尽管六成能够通过“自行融资”偿还本国债务，但是占比较高的“重债国”和“潜在危机国”将相继出现债务偿还高峰期，每年需要的救助金额约 1 万亿欧元，其中仅意大利一国的本金偿债额度接近 1 万亿欧元，这已经超过任何保释计划和金融稳定机制的额度，如果再加上西班牙、希腊、爱尔兰、葡萄牙等国的待偿资金，可以肯定的是欧洲现有金融稳定基金的非杠杆化操作的救助能力无法满足债务国的资金需求。

如果欧盟全体成员国同意金融稳定机构的金融杠杆化操作，救助能力差距会很快缩小。可见，欧洲主权债务问题的解决还是要借助于欧洲经济发展的“三驾马车”，即欧盟、欧洲央行和 IMF 的共同协同救助。2012 年 6 月 29 日，欧盟 27 国领导人批准通过1200亿欧元的"一揽子"经济刺激计划，其中资金一半来自欧洲投资银行，欧盟"结构基金"准备拿出550亿欧元，剩下的50亿欧元将通过今年夏季开始发行的"项目债券"来筹集；同时，欧盟宣布允许欧元区救助工具直接向银行注资，并可以通过购买重债国国债来压低其融资成本。这一举措为欧元区通过ESM向受困银行直接注资铺平了道路，有利于西班牙、意大利银行资本重组，并截断债务持续蔓延的源头，也提振了市场的信心。如果主权债务国能够自觉约束赤字债务规模，适度紧缩支出，并积极发展经济的支撑点，预计于2014年左右，这些处于破产边缘的国家将出现转机，实现经济恢复性增长。

二、潜在的救助资源——对欧洲央行救助能力的再认识

1. 欧洲央行的特点（比其他国家）和货币发行机制。

（1）欧洲央行的特点。

欧洲中央银行（European Central Bank - ECB），简称欧洲央行，是根据1992年《马斯特里赫特约》的规定于1998年7月1日正式成立的，是为适应欧元发行流通而设立的金融机构，同时也是欧洲经济一体化的产物，是世界上第一个管理超国家货币的中央银行。与美联储等单一国家央行相比，独立性是它的一个显著特点，它只接受欧盟领导机构的指令，不受各国政府的监督。欧洲中央银行和各国中央银行共同构成欧元、中央金融系统的欧元地区。欧洲央行单一货币政策的首要目标是保持物价稳定，保护欧元的价值。欧洲央行货币政策制定和执行的架构模式特点是联合决策、分散执行。从传导机制看，欧洲央行主要通过对基准利率的调整实现货币政策的传导。在联合决策、分散执行的操作框架下，欧洲央行实现了货币政策制定和实施的分离，减少了当流动性供求出现临时或意外波动时市场成员错误解读短期市场利

率波动带来的政策风险。

(2) 欧洲央行的货币发行机制。

当前，世界上存在三种货币发行机制：美国的资产价格决定货币发行的机制；欧洲的财政纪律决定货币发行的机制以及亚洲国家所采取的以盯住一揽子货币的汇率机制为基准的货币发行机制。美元的发行依赖于美国资本市场，以华尔街为代表的资本市场对股票、债券、石油等全部资产给出一个合理的定价，美联储在此基础上对所有愿意接受这个“合理定价”的投资人提供流动性。相比之下，欧元的发行机制比较特殊，完全按照条约和文件来进行。1992 年制定的《马斯特里赫特条约》条约明确规定，欧洲央行具有极高的独立性，欧元区要依据预先设定的通货膨胀率、就业率和经济增长率这三个指标为货币投放基准。这三个指标中，通胀率是欧洲央行最关注的，其货币政策战略是“中期通胀率接近 2%”。如果这三个指标都在预设范围内，就可以向市场投放货币，以提供流动性。如果通胀率高于预定范围，实行紧缩政策；如果经济增长率低于预定范围，就实行扩张政策，增加货币投放量。

2. 欧洲央行是一个潜在的最大救助资源。

(1) 欧洲央行也走“增加货币发行缓解债务危机”的路子——与美联储相同。

央行资产负债表反映着央行的资金来源和资金在各种金融资产中配置，既是实施货币政策的结果，也是进一步实施货币政策的基础。从 2007 ~ 2012 年欧洲央行的资产负债表（见表 5 - 10）可以看出：第一，资产（或负债）总额快速增长。从 2007 年 15112.44 亿欧元上升到 2012 年的 29803.10 亿欧元，增长了 1.97 倍，资产负债表明显膨胀。第二，资产结构表中的“长期再融资操作”账户变化最大。“再融资操作”和“长期再融资操作”是欧洲央行公开市场操作的主要工具，其主要功能在于向银行体系提供有“抵押品担保的短期流动性支持”，两者分别提供了银行体系所需流动性的75%和25%。2011年12月21日，欧洲央行首次启用三年期再融资操作（LTRO），融得资金4890亿欧元。2012年2月29日，欧洲央行启动了第二轮三年长期再融资操作，融得资金5295.3亿欧元，两轮长期再操作共融得资金1万多亿欧元，目前到账7636.01亿欧元。第三，负债结构表中的“欧元区信贷机构的负债”账户基本保持稳定，2012年该账户迅速增加到6847.65亿欧元，约占负债总额的35.7%，其次级账户“存款货币银行存款”和“定期存款”增加明显，欧洲央行长期再融资操作促进了商业银行的存款和准备金的快速上涨。第四，“货币发行”账户于2008年和2012年经历了两次快速上涨。2012年之前，“货币发行”是欧洲央行债务的主要来源，约占总债务额的41%左右，2012年被“对欧元区信贷机构的负债”所取代。

表5-10　欧洲央行资产负债表结构变化　单位：百万欧元

项　目	2007年	2008年	2009年	2010年	2011年	2012年
黄金及应收黄金	201546	218415	266919	351970	367402	432704
非欧元区居民所持有的外币债权	135171	162054	195480	235404	223995	242850
欧元区居民所持有的外币债权	41911	225808	32151	29350	26941	48242
非欧元区居民所持有的欧元债权	13827	19707	15198	18418	22592	17485
欧元区金融部门的欧元贷款	637176	857510	749906	590512	546747	1101736
主要再融资操作	368607	239592	79293	150315	227865	37852
长期再融资操作	268476	616924	669297	438709	298217	1061818
持有的欧元区信贷机构的其他权益	23898	58084	26281	34168	45654	246582
欧元区信贷机构所持有的欧元有价证券	96045	292693	328652	421613	457427	605103
为货币政策而持有的证券			28782	121943	134829	280555
其他有价证券			299870	299670	322598	324548

续表

项　　目	2007 年	2008 年	2009 年	2010 年	2011 年	2012 年
联邦政府总欧元债务	37063	37469	36161	35041	34954	30583
其他资产	324609	227138	254188	241451	278719	252026
总资产	1511244	2088878	1904935	1957926	2004432	2980310
货币发行	676677	765413	806522	813429	839702	879746
欧元区信贷机构的负债	379181	455784	395614	355207	378008	1062773
活期存款（包括最低存款准备金）	267335	225947	233490	191947	212739	90035
存款货币银行存款	8831	229785	162117	102698	104458	760102
定期存款	101580	0	0	60500	60784	212000
欧元区信贷机构的其他负债	126	211	340	1596	2808	3274
对其他欧元区居民的欧元负债	46173	116079	129749	107959	79791	153945
非居民的欧元负债	45090	285988	46759	39203	47703	107201
居民的外币负债	2490	2874	4032	988	1995	6699
非居民的外币负债	15552	10191	9616	16024	14346	7149
SDRs 的应对配额	5278	5384	51249	56711	54480	54716
其他负债	124377	161162	167840	159800	175932	219816
重估账户	147410	168685	220212	328818	331524	399445
资本金和准备金	68890	71694	73001	78191	78143	85548
负债总额	1511244	2021484	1904935	1957926	2004432	2980310

注：数据从从欧洲央行月度报表数据整理所得；2012 年数据截止到 2012 年 5 月 26 日。

从表 5－11 的美联储资产负债结构表可以看出，2007～2011 年期美联储资产（或负债）规模变化很大，总资产从 2007 年的 9265.73 亿美元上升到 2011 年的 29294.85 亿美元，增长了 3.17

倍，2012年6月总资产比上一年同期有所缩减。在2007～2012年“有价证券”账户占总资产的比重最高，其二级子目的“中长期国债”账户的增长最快。2008年，美联储为抑制危机，以“最后贷款人”身份，收购部分公司的不良资产、推出一系列信贷工具（如CPFF，LLC等），并收购了大量的“抵押证券”。在2007～2012年美联储负债结构数据中，“存款”账户变化最大，从2007年的474.38亿美元上升到2011年的17319.28亿美元，增加了16844.9亿美元，就负债方而言，美联储的货币政策调控主要依靠的是货币发行机制。

表5－11　美联储资产负债表结构变化　单位：百万美元

科　目	2007年	2008年	2009年	2010年	2011年	2012年
黄金	11037	11037	11037	11037	11037	11037
SDR	2200	2200	5200	5200	5200	5200
财政货币	1169	1688	2047	2164	2306	2136
有价证券	842300	1219723	2010339	2200787	2622464	2626720
一次性持有证券	740627	495629	1844722	2155703	2613382	2621345
国库券	740627	475921	776587	1016102	1672092	1660158
短期国库券	227841	18423	18423	18423	18432	18423
中长期国库券	512786	457499	758164	997679	1575584	1565618
联邦债		19708	159879	147460	68468	66570
抵押证券	—	—	908257	992141	103994	93252
回购协议	56750	80000		0	837295	867934
定期拍卖信贷	40000	450219	75918	0	0	0
其他贷款	4923	193874	89699	45084	9082	5375
所持LLC的商业票据融资便利（简称CPFF）净额	….	334102	14072	0	0	0

续表

科　目	2007 年	2008 年	2009 年	2010 年	2011 年	2012 年
所持 Maiden Lane LLC（I）资产净额	….	27023	26667	26974	7228	3880
所持 Maiden Lane LLC（II）资产净额	….	20117	15697	16197	9281	19
所持 Maiden Lane LLC（III）资产净额	….	26785	22660	23142	17739	15478
定期资产支持证券贷款便利（TALF）	….	….	298	665	811	841
银行房产	2134	2194	2249	2229	2188	2362
央行货币互换	….	….	10272	75	99823	23314
其他资产	64711	620057	91443	108707	150051	180203
总资产	926573	2266302	2237500	2423562	2929485	2874328
流通中的货币	791684	853168	889678	1122842	1034520	1067221
反回购协议	40909	88352	70450	59246	88674	83419
存款	47438	1248034	1209135	1318755	1731928	1640171
存款机构持有定期存款	39769	860000	1025271	5113	0	3053
存款机构持有其他存款	….	….	….	1020726	1569267	1566665
一般账户	7277	106123	149819	88905	91418	36248
融资账户		259325	5001	199963	0	0
外国政府存款	98	1365	2269	3670	378	1573
其他存款	296	21221	26774	378	70866	32631
递延股权	4074	2868	2475	1954	1494	950
其他负债及应付款项	5249	31728	13642	43256	18081	24930

续表

科　　目	2007 年	2008 年	2009 年	2010 年	2011 年	2012 年
负债总额	889356	2224150	2185380	2366959	2874686	2816690
应付资本	18446	21076	25645	26525	26900	27319
资本余额	18302	21076	21482	25951	26900	27319
负债和资本总额	926573	2266302	2237500	2423562	2929485	2874328

注：数据从美联储数据库整理所得；2012 年数据截止到 2012 年 6 月 13 日。

综上所述，根据欧洲央行和美联储二者的资产负债表结构变化，欧洲央行与美联储一样，两者均通过宽松的货币政策实现增发行货币的目的，最终实现缓解本区域债务高企的问题，但二者在“货币增发”的操作方式上有明显的差异。不过，欧洲央行“最后贷款人”角色由于多国财政约束以及法律的限制，欧洲央行的资产负债表的膨胀程度仍低于美联储和英国央行。

（2）欧洲央行“货币增发”方式与美联储不同——证券抵押贷款给商业银行。

根据美联储统计数据可知，美联储在实行零利率或近似零利率政策后，通过购买国债等中长期债券，增加基础货币供给，向市场注入大量流动性。同时，美联储以“最后贷款人”身份收购银行和金融机构的有价证券，将新发行的货币成功地投入到私有银行体系。在公开市场操作方面，美联储与欧洲央行向市场提供流动性的方式不同。欧洲央行主要通过临时性交易方式向市场提供流动性，这些临时交易的流动性供给建立在抵押基础上。具体而言，欧洲央行通过公开市场操作中的再融资操作方式协助银行自行融资，增加金融机构（商业银行）的贷款数额，这避免了各大银行出现无力偿债的情况，同时增加了基础货币的供给。随着欧债危机愈演愈烈，欧洲银行之间的拆借业务已经基本关闭，这些新增的货币又以存款和准备金的形式成为了欧洲央行的主要负债来源。

简单地说就是，欧洲大银行将它们持有的各主权债（部分即将到期）抵押到欧洲央行得到低息贷款，再拿这些钱去买主权债以缓解主权国发债压力和赚取高息，之后又将这新获得的债券抵押到欧洲央行再得到低息贷款，以获得充足的头寸。“证券抵押贷款操作”一石二鸟，增加了市场流动性、减少了主权债务危机的压力（还有刺激经济、利于出口等好处）。但是，使欧洲央行资产负债表大幅度扩张：从“资产”看，增加了“对欧元区信贷机构的贷款”，从“负债”看，增加了欧洲央行的“对欧元区信贷机构的负债”。

3. 欧洲央行“超额发行”将是未来最大的救助“资源”。

（1）欧洲央行提供的是“特殊救助”。

就缓解欧债危机和对债务困扰国家的救助而言，欧洲央行的“超额发行”与 EFSF，EFSM，ESM 三大机构所创立的“稳定基金”相比，具有以下特点：

一是救助范围广，但针对性不强。“稳定基金”的应用具有明确的针对性，能够集中力量对主要问题国家展开救助，达到暂时缓解目标国家债务问题的目的，但这一操作使问题债务延迟化，治标不治本。欧洲央行的“超额发行”会造成欧元的大幅贬值，进而使欧元区各国的债务水平一同缩水，这有利于抑制产品进口水平的增加，银行企业融资成本降低，便于欧元区经济失衡国家加快结构调整，加快本国优势产业的建设，推动经济的增长，培养财政税收的增长点，最终实现从根本上解决债务问题的目的，可见这一操作在缓解债务的同时也培养了欧洲经济的增长点。

二是操作相对简单，但易造成物价水平普遍上升。“稳定基金”具有复合性，其可用资金来自于欧盟、欧洲央行和 IMF 这“三驾马车”，融资方式多样化。可见，无论是向申请援助的欧元区成员国提供紧急贷款，还是以欧元区成员国的信用作为抵押发行债券融资，都必须经过多方磋商，操作相对复杂。欧洲央行的“超额发行”会使市场中的流动性增多，在其他条件不变的情况下，易造成物价水平的普遍上升，这又与欧洲央行的维持物价稳定的核心目标有所冲突，但“量化宽松”的货币政策操作相对较简单，合理利用公开市场操作等政策工具便可实现增加货币供给量的目的。

三是具有“永久性”。“稳定基金”是根据规定欧盟和 IMF 达成的协议，为稳定欧洲金融稳定临时性设立的安排，随着使命的结束将退出市场。欧洲央行的“货币超发”实质上是获得了一个“特殊救助基金”，具有永久性，只要欧元存在，通过欧元发行就能够发挥“稳定基金”救助债务国家的作用。此外，欧洲央行“超额货币”有助于缓解银行融资压力，却对银行偿付能力和融资成本产生一定的负面作用。

（2）欧洲央行继续“特殊救助”有了新空间——因为目前货币流转速度下降。

在第三章第二节，本书从宏微观角度对“流动性”作了详细的阐述，并指出美国危机期间释放了大量的流动性，而美元的流动速度在下降，因而美国并没有出现明显的通胀。与此相同的是，欧洲央行经过两轮长期再融资操作后，释放了 1 万多亿欧元（相当于美国两轮“量化宽松”所释放的美元数），然而欧洲并没有出现严重的通货膨胀，这与欧元的流动速度下降密不可分。因为基础货币 M 由央行掌控，而流通速度 V 则由全社会信用体系的“信心”来决定。

表 5－12　欧元区货币流转速度的测算　单位：10 亿欧元、%

年份	GDP	HICP	M－base	M1	v1 = GDP/Mb	v2 = GDP/M1
2007	9041.54	2.1	625.96	3840.82	14.44	2.35
2008	9248.90	3.4	711.28	3991.39	13.00	2.32

续表

年份	GDP	HICP	M－base	M1	v1 = GDP/Mb	v2 = GDP/M1
2009	8927.01	0.1	757.41	4497.99	11.79	1.98
2010	9159.31	1.6	793.96	4702.12	11.54	1.95
2011	9418.52	2.6	844.52	4785.16	11.15	1.97
2012	9560.60	2.6	850.08	4794.74	11.25	1.99

注：数据从欧洲央行和IMF数据库整理所得；2012年之前货币数据为年末值，2012年为4月份数据且该年GDP为IMF预测值，故其流动速度有所偏大；HICP是欧盟消费物价调和指数；M－base指流通中货币，即基础货币。

从欧元区整体形势来看，到2012年，由于信贷增长不足，经济持续低迷，欧元区整体的通胀压力并不明显，这为欧元区继续的宽松政策留下余地。从表5－12可以看出，2007～2012年欧元区的基础货币M0增长了约2241.2亿欧元，M1增长了近万亿欧元，而年度消费物价调和指数除2008年为3.4%外，其他年份基本保持在3%之内，此外欧元的流转速度V1和V2也明显下降。这意味着欧洲央行“超额货币”的发行并未引起欧元区的物价水平的大幅波动。欧元区物价水平稳定，则欧洲央行继续释放流动性就成为可能，这也为欧洲央行继续实施“特殊救助”提供了新空间。

（3）欧洲央行继续“特殊救助”的数量估算。

自欧洲债务危机以来，欧洲央行通过采取延长到期日的长期再融资操作计划（LTRO）、启动SMP（证券市场计划）、直接购买欧元区国债、将政策基准利率调至1%的历史最低水平；和降低法定准备金率等常规和非常规的宽松货币政策，以缓解债务危机形成的市场流动性不足问题，也形成了欧洲金融稳定的“特殊救助”。当前，欧洲央行继续“特殊救助”面临着金融部门产生的潜在风险和缺乏刺激经济增长的政策配合等问题的困扰，加之欧洲经济金融形势与政策受制于美国，这个“特殊救助”体制不会无限制推行下去。如果美国推出第三轮“量化宽松”，则欧洲央行继续实施“欧版量化宽松”的货币政策的可能性就更大，其“特殊救助”数量还需要额外的8000亿~10000亿欧元。

三、欧债危机最终可以渡过

1. 欧盟的救援能力被使用到极限，可以满足救援需求。

分析已有数据得出，欧洲主要债务国资金的缺口约1万亿欧元，而欧洲稳定的三大救助机构现有可贷资金约和1万亿欧元左右，救助资金可以至少满足一年的资金需求。如果三大救助机构通过杠杆化（最高3倍）操作，则救助资金数额还可以继续扩大。此外，欧盟、欧洲央行和IMF作为解决欧洲债务问题的主要力量，其救助能力远超过现在施展的救助数额。危机期间，如果各利益集团能够暂时抛开一国的利益损失问题，在合理条件下及时对陷入困境的国家施予援手，而债务国本身再适度缩减支出，积极发展本国优势产业，培养经济的增长点，则欧债危机可以平稳过渡。

2. “救援国”与“被救援国”互相施压使问题被夸大了。

始于希腊危机的欧洲主权债务危机，起初只在少数欧元区国家（希腊、爱尔兰等）较明显，后来在南欧较大的经济体中蔓延。面对危机，救援国与被救援国、救援国之间、各利益方政府和民众的态度不一致，甚至不能就问题本质达成一致共识，救援工作一拖再拖，即使提出了一些救助方案，但由于缺乏具体可操作性，债务问题不断恶化。因此，“救援国”与“被救援国”之间相互施压也使问题被层层夸大。

3. 德国救援欧元的决心将会“巨大”，这来自自身在其中“巨大”利益。

德国是欧元区最大的经济体，欧元的稳定性对德国至关重要。从德国的利益角度讲，欧元及欧元区对德国比任何国家都重要。德国是欧盟和国际货币基金组织7500亿欧元希腊救助计划的主要出资国。2007～2011年德国的国际收支平衡表显示，商品出口贸易中，德国净出口到欧盟的商品占其商品贸易净额的90%左右，出口到欧元区约占56%；资本输出中，德国输出到欧盟的净资本占其净资本输出额的55%，而输出到欧元区的也有35.31%占（见表5－13）。此外，欧元是德国的主要支付货币，国际贸易收支多通过欧元结算，德国良好的经济环境也使其在欧元区掌握着话语权，而且这个话语权还在不断变大。

从德国的长远利益出发，德国是不会抛弃欧元的，也不会纵容欧元区其他国家被债务危机拖垮。因为，一旦欧元崩溃，欧元必然大幅贬值，这将引发全球金融危机，也会严重打击德国出口，另外一旦其他欧元区国家倒下，德国的最大出口市场就会崩溃，无疑将重创德国经济。可见，德国对欧元和债务国家救与不救收益和代价孰大孰小，早就心知肚明。

表5－13　德国国际贸易收支平衡表——按出口区域划分　单位：百万欧元

年份		商品贸易			各区域净出口额占净出口总额比重（%）	投资收益			区域投资收益占净收益比重（%）
		出口（fob）	进口（fob）	净出口额		收入	支出	净投资收益净额	
		包括补充项目							
所有国家	2007	987410	787941	199469	100	239757	196839	42918	100
	2008	1019485	839514	179971	100	192185	159135	33050	100
	2009	838446	706212	132234	100	178255	120135	58120	100
	2010	992141	834902	157239	100	183041	133177	49864	100
	2011	1112454	958111	154343	100	198968	150553	48415	100

续表

年份		商品贸易			各区域净出口额占净出口总额比重（%）	投资收益			区域投资收益占净收益比重（%）
		出口（fob）	进口（fob）	净出口额		收入	支出	净投资收益净额	
		包括补充项目							
欧盟	2007	747389	562312	185077	92.78	193873	166313	27560	64.22
	2008	765512	600508	165004	91.68	154831	136214	18617	56.33
	2009	620535	505907	114628	86.69	140145	97726	42419	72.99
	2010	715370	582381	132989	84.58	135456	113888	21568	43.25
	2011	801694	681144	120550	78.11	146445	129033	17412	35.96
欧盟27国	2007	638537	464344	174193	87.33	173454	154148	19306	44.98
	2008	644508	484101	160407	89.13	138541	127506	11035	33.39
	2009	524391	409972	114419	86.53	124015	89677	34338	59.08
	2010	597298	472338	124960	79.47	123004	106180	16824	33.74
	2011	660348	546577	113771	73.71	132314	120129	12185	25.17
欧元区17国	2007	430286	315945	114341	57.32	121714	102996	18718	43.61
	2008	431540	328005	103535	57.53	104607	88332	16275	49.24
	2009	356907	274148	82759	62.59	97557	65538	32019	55.09
	2010	398574	314619	83955	53.39	93473	81158	12315	24.70
	2011	432689	357681	75008	48.60	99296	92485	6811	14.07

注：资料从德国统计局数据整理所得；由于德国是服务贸易净进口国，本表不予考虑；商品贸易数据根据德国外交部统计数据，特殊贸易包括补偿贸易减运费和保险费；出口、进口数据包括进口成本和保险费；欧盟27国包括属于欧元区的各类国际组织。

4. 欧元区对各小国利益也很大。

自引入欧元以来，欧元区国家均获益匪浅，德国并非欧元的唯一受益者，事实上欧元区一些小国也获益很多。欧元区的建立，使欧元区内部贸易加强、利率降低、技术费用取消以及货币风险消除，这极大地有利于欧元区国家财富的整体增长。据2012年1月12日德国《世界报》报道，麦肯锡最新研究报告显示，2010年欧元为欧元区17国增加了3320亿欧元的财富，约占欧元区国内生产总值的3.6%，其中德国财富增长约占一半，约1650亿欧元，占GDP的6.4%。欧元区一些小国的财富增长占GDP比例甚至更高，如奥地利7.8%、芬兰6.7%。

总之，欧洲和欧元区密切相关，德国等欧元区国家从欧元中受益匪浅，不会轻易放弃欧元，也就不会放弃欧洲央行“发行救助”这个最大的金矿，当然也不会大幅度伤害欧洲央行，迫使它无限使用“发行救助”。

5. 南欧国家目前的“反叛”也有好的一面。

重紧缩，还是促增长？在应对欧债危机的问题上，欧盟内部形成了“保增长派”和“重紧缩派”两大阵营，两者的意见对立越来越明显，突出的表现是欧盟12国的“集体反叛”事件。2012年3月初，英国、意大利、西班牙、爱沙尼亚、拉脱维亚、芬兰、爱尔兰、捷克、斯洛伐克、瑞典、波兰和荷兰12国的国家领导人联名致函欧洲理事会主席范龙佩与欧盟委员会主席巴罗佐，呼吁欧盟优先致力于经济增长，反对过度紧缩，12国共同发声被视为是“集体反叛”德国与法国所力主的紧缩政策。后来，法国政权“换帅易帜”，也加入了反叛行列，德国的铁娘子默克尔6月29日同意新的救助措施，实际上是放宽了政策，默认了“放水”措施。

依据欧债危机之后欧盟财政政策实施情况可知，在危机早期阶段，欧盟财政政策是“逆周期”，大多数政府寻求更大开支以抵消家庭消费和企业投资呈疲软态势所带来的负面影响。然而，目前的财政政策是“顺周期”，即加大削减公共开支力度应对经济不景气。从经济增长理论角度看，对“过紧”的财政措施，不仅老百姓有意见（如法国总统弗朗索瓦·奥朗德替代萨科齐，就是最好的佐证），宏观经济也“有意见”，因为“过度紧缩”会抑制需求，尤其是投资需求，同时破坏结构改革的政治凝聚力，也不利于从根本上解决欧洲的债务问题，更糟糕的是，可能还会给民粹主义提供“沃土”，给欧洲一体化进程带来负面影响。“反叛”之后，继续紧缩的趋势不变，紧缩的强度会减弱，有利于经济增长。

6. 期间存在的最大变故可能是某些国家“退出”欧元区。

（1）希腊存在“退出”欧元区的风险。

2012 年 5 月 15 日，希腊总统府宣布，各政党领导人未能就组建联合政府达成协议，希腊将于 6 月再次举行议会选举。一时，关于希腊去留的问题成为欧元区、欧盟，乃至世界关注的焦点，而市场对该国退出欧元区的担忧愈发升级，希腊银行遭遇挤兑潮。2012 年 6 月 17 日，希腊大选结果利好于欧债问题的解决，也增加了希腊留在欧元区的机率，此外，6 月 20 日希腊三个选举领先党派的领导人已就组建联合政府达成协议，三党均表示将致力于让希腊留在欧元区，但如果希腊仍无法组建落实经济紧缩措施的政府部门，希腊违约的概率确实很大，且仍存在“退出”的风险。

（2）希腊“退出”的利弊。

对于希腊在欧元区的去留，各方众说纷纭。综合分析机构和外媒观点来看，就希腊本身而言，无论“退出”与否，都将面临长达数年的经济转型和社会变革之痛，希腊政府紧衣缩食的生活是必不可少。

假设希腊留在欧元区，并严格执行第二次援助计划提出的紧缩要求，对希腊而言过度紧缩则相当于慢性自杀，高债务、高工资、高福利结构难题难以解决，经济不能发展，债务可能更多，要求欧盟、IMF 等的援助金额也将继续增加，社会也会出现不稳定的问题。

假设希腊退出欧元区，则“退出”有弊也有利，原因或是该国有了自己央行，政府可以、也不得不印钞以应对“支出需求”，这样货币将贬值。按德国《明镜》等媒体的说法，希腊离开欧元区，希腊将经历深度危机，新货币将立即贬值60%。假设真是这样，我们分析，希腊发行货币且大幅度贬值，将使工资恢复到与生产率相应的水平，有利于企业家投资和出口，也可以很快地实现经济复苏，实现经济增长、财政赤字减少、债务压力降低、经济继续向好的局面。但是短期内带来巨大震荡却是痛苦的，这其实是一个长痛与短痛的问题。

（3）希腊退出欧元区无益于欧元区稳定，各方将努力避免出现这个“大输”的格局。

客观地看，希腊退出欧元区变成现实的可能性不大，退出欧元区短期内将重创希腊经济，欧元区受到的直接影响将是有限的，真正的重大风险是希腊退出对于欧元区其他外围成员国的传染效应，到时人人自危，全球经济将会陷入瘫痪。IIF总干事Charles Dallara在接受彭博社专访时指出，希腊退出欧元区所引发的经济成本将超过1兆欧元，欧洲央行将无力偿债。因此，希腊退出欧元区无益于整个欧元区稳定，是个“共输”格局。在此局势下，虽有退出变故但是欧元体系仍然存在，假如希腊新政府承诺继续改革和偿债，欧盟很可能针对援助协议条件做出一定程度的妥协。2012年6月G20中的欧元区成员在宣言中承诺，将采取一切必要措施，维护该地区的完整性和稳定性，改善金融市场运作，打破主权债务与银行债务之间的恶性循环。

7. 在2012年看，欧债危机可能会拖到2015年（2014年是拐点）。

（1）从统计看，到2015年偿债的压力会大大减轻。

从欧元区主要债务国财政部公布的债务发行和赎回时间表可以看出，到2013～2014年各国未偿债务额基本上达到一个峰值，2015～2016年偿债压力开始舒缓，偿债压力下降的趋势将一直延续到2020年左右，原因是2010～2012年间债务国所发行了10年期国债基本到期，欧洲将迎来下一个偿债高峰期，但此次高峰期的偿债压力要远低于2013～2014年的偿债压力。

欧债国家债务偿还压力的波动趋势基本相似，达到峰值的时间略有所不同。以希腊为例，2012年5月希腊财政部公布数据显示，2014年希腊的偿债压力约为254亿欧元，2015～2016年待偿债务额将分别下降为165亿欧元和134亿欧元，2018年应赎回债务达到波谷，约为55亿欧元，2024年达到第二次偿债峰值，应赎回债务上升为169亿欧元。从理论上讲，经历了第一次偿债峰值之后，各国将主动紧缩开支，加快国内结构调整的步伐，推动经济增长，培养财政税收的增长点，为应对下次可能的危机蓄积力量。

（2）欧元区经济可能到2013年恢复增长（自2008年开始紧缩）。

2008年国际金融危机的突然爆发，使各国经济受到了重创，为缓解金融危机的影响，欧元区各国财政投入加大，各国一般性政府债务普遍高企，部分国家主权债务问题逐步暴露并从南欧国家向整个欧洲蔓延。受国际和区域经济环境的影响，从2008年起欧元区国家经济增长率普遍下滑，部分国家出现了负增长，2009年欧元区17国GDP全部为负增长，出现通货紧缩，2011年欧元区各国基本摆脱了金融危机的影响，解救债务危机成为一个新任务。以爱沙尼亚为例，该国是个典型的出口导向型国家，外部需求的下降，出口受阻，导致GDP年度增长率从2007年的7.49%下降为2008年的－3.67%，降了11.16%，到2009年GDP年度增长率又降为－14.26%，是欧元区降幅最大的国家，到2011年GDP年度增长率上升为7.64%（见表5－14）。从IMF预测数据可以看出，欧元区经济的下降趋势不会无序蔓延下去，随着欧洲债务问题逐步缓解，国际经济形势的回暖，欧元经济出现转机，2013～2014 间一些国家陆续恢复增长的趋势。

表 5－14　　2007～2012 年欧元区各国 GDP 年度增长率（%）

年份	2007	2008	2009	2010	2011	2012	2013	2014	2015	2016	2017	起始预测年
奥地利	3.71	1.40	－3.81	2.32	3.11	0.94	1.83	2.21	2.15	2.08	1.80	2011
比利时	2.90	0.96	－2.84	2.27	1.89	0.01	0.83	1.31	1.57	1.75	1.74	2011
塞浦路斯	5.09	3.59	－1.86	1.14	0.50	－1.16	0.79	1.80	2.50	2.70	3.00	2010
爱沙尼亚	7.49	－3.67	－14.26	2.26	7.64	2.03	3.56	3.68	3.79	4.00	4.03	2011
芬兰	5.34	0.29	－8.35	3.73	2.86	0.58	1.84	2.34	1.98	1.97	1.97	2011
法国	2.23	－0.20	－2.63	1.38	1.72	0.48	1.01	1.85	1.90	1.95	2.01	2011
德国	3.39	0.81	－5.08	3.56	3.06	0.62	1.47	1.26	1.29	1.27	1.28	2011
希腊	3.03	－0.14	－3.26	－3.51	－6.86	－4.75	0.05	2.55	3.15	3.05	2.87	2010
爱尔兰	5.18	－2.97	－7.00	－0.43	0.71	0.52	2.03	2.46	2.84	2.87	2.91	2011
意大利	1.68	－1.16	－5.49	1.80	0.43	－1.91	－0.29	0.50	1.00	1.20	1.20	2011
卢森堡	6.64	0.75	－5.30	2.68	1.00	－0.23	1.91	2.01	2.89	3.10	3.15	2011
马尔他	4.33	4.12	－2.71	2.30	2.06	1.24	2.04	2.14	2.22	2.24	2.30	2010
荷兰	3.92	1.80	－3.48	1.63	1.27	－0.50	0.82	1.37	1.83	1.88	1.91	2011
葡萄牙	2.37	－0.01	－2.91	1.38	－1.47	－3.25	0.35	2.10	1.90	1.90	1.50	2010
斯洛伐克	10.49	5.75	－4.93	4.18	3.35	2.40	3.10	3.60	3.90	3.60	3.60	2011
斯洛文尼亚	6.87	3.59	－8.01	1.38	－0.18	－1.00	1.40	1.60	1.90	2.00	2.03	2011
西班牙	3.48	0.89	－3.74	－0.07	0.71	－1.83	0.13	1.16	1.65	1.76	1.84	2010

资料来源：IMF《世界经济观望》2012 年 4 月期。

四、法国债务稳定、经济增长是欧元体系存亡的关键

1. 法国是欧元稳定的重要基石。

德法联盟是欧洲一体化的轴心。从既得利益出发，德国即使再承当一些责任，也将愿意维护欧元。法国是欧元区第二大经济体，与德国一样是欧元区的重要力量。如果德国得不到法国的支持和合作，德国的核心和领导地位就会被动摇。此外，法国也是欧元区纾困基金的担保者之一，欧元区纾困基金乃至欧洲金融稳定安排在很大程度上有赖于法国保持 AAA 评级。一旦法国信用评级遭降，将导致欧元区用于“救火”的欧洲金融稳定工具的信用评级也随之被下调。可见，法国的状况，直接关系到欧盟和欧元状况。法国如果能继续支持欧元，欧元就能基本稳定。要密切关注法国。

2. 法国经济放缓，政府债务 GDP 占比不断上升引起热议。

2011 年欧盟委员会在欧元区展望报告中称，2012 年欧洲增长率将降为 0.5%，甚至可能陷入二次衰退，经济衰退让欧元区救援基金规模从 4000 多亿欧元升至上万亿欧元，上调的空间越来越小。2008～2009 年，法国经济一度出现负增长。2011 年 11 月 15 日，法国公布的第三季度经济增长数据，增速为 0.3%，而法国债务也达到 1.7 万亿欧元，公共债务占国内生产总值（GDP）比例为 87%，经济增速连续两个季度不足 1%。此后，市场就法国是否很快步希腊、意大利的后尘，成为欧元区下一个倒下的国家，展开了激烈的讨论，法国在投资者中的可信度也开始下降。之后，法国政府承诺采取经济紧缩计划，将财政赤字占 GDP 的比例 2012 年时降至 4.5%，这需实现 70 亿到 100 亿欧元的财政收入，2013 年时降至 3%（见图 5－1）。

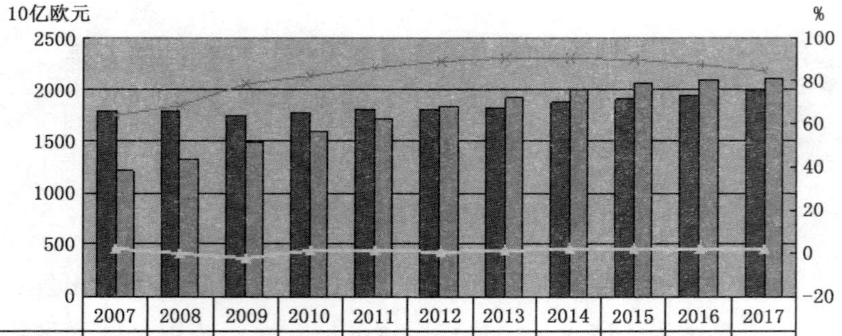

	2007	2008	2009	2010	2011	2012	2013	2014	2015	2016	2017
GDP	1801.1	1797.6	1750.3	1774.5	1804.9	1813.5	1831.8	1865.7	1901.1	1938.1	1977.0
债务总额	1211.6	1318.6	1492.7	1597.2	1721.2	1835.5	1921.7	1993.5	2048.2	2080.7	2093.9
GDP年度增长率	2.234	-0.196	-2.631	1.382	1.715	0.476	1.008	1.854	1.896	1.947	2.01
债务占GDP比重	64.20	68.27	78.99	82.39	86.26	89.02	90.75	90.64	89.61	87.52	84.59

图 5－1　历年法国 GDP 及其年度增长率、一般政府债务额及其 GDP 占比趋势图

资料来源：IMF 数据库整理所得。

3. 法国国内债务状况、经济增长、民意基础关乎欧元体系的存亡。

根据 IMF 测算，2012 年法国经济增长率为 0.476%。法国财政部公布数据，2012 年第一季度法国的经济增长率为 1%，远超出预期（见表 5－15）。2012 年 6 月 26 日，法国国家统计及经研究所公布的经济预测结果显示，受外部因素的影响，法国经济或将在 2012 年年底出现好转，新兴国家的消费需求增加，以及欧元的币值有利于法国出口的增长，预计第三季度经济增长率可能为 0.8%，第四季度为 0.9%。

表 5－15　2012 年第一季度法国经济数据　单位：10 亿欧元，%

	真实 GDP	进口额	出口额	失业率	财政收入	财政支出
Q1/12	450.9	372.8	125.7	10	1014.8	1118.5
Q4/11	450.7	372.7	125.5	9.8	958.3	1095.6

资料来源：法国财政部。

从法国国内形势看，2012 年第一季度新创造了 1.8 个就业岗位，形势较为乐观，但从全年看，就业岗位数量将再次出现减少，预计减少 2.5 万个。到 2012 年底，该国失业率或将达到 10.3%，其中，法国本土范围内的失业率将达到 9.9%。根据法国巴黎银行经济学家埃莱娜·博得雄计算，2013 年法国国内生产总值增长 0.3%，才能使年度经济增长达到 0.9%。只有欧元区债务问题不再继续恶化，实现上述目标就有可能实现。2011 年第四季度欧元区 GDP 增长率下滑为 0.3%，2012 年会缓慢恢复。但无论如何，要使 2013 年法国的财政赤字 GDP 占比下降到 3%，则财政收入要增加 300 亿欧元。可见，法国的经济基础、债务状况、民意基础关乎法国的未来，而法国与欧元区是“唇亡齿寒”的关系，法国的稳定则有利于“维护欧元”稳定。

4. 欧盟最终成败的关键——关注 2013～2015 年法德间的矛盾和解决方案。

法国和德国是近邻，20 世纪发生的两次世界大战使两国居民受到的创伤难以平复。1962 年 7 月 8 日，为了让两个邻居不再陷入战争，法国总统戴高乐和德国总理阿登纳在法国东北部城市兰斯签署了第一个法德和解协定，这开启了法德历史新的一页。以法德为核心的欧洲一体化建设为欧洲带来了半个多世纪的和平。可见，欧洲一体化建设是欧洲人在经历多次战争痛苦后的伟大创举，为了欧洲的和平与繁荣，法德两国领导人意识到未来只能携手继续前行。50 年后的 7 月 8 日，法国总统奥朗德和德国总理默克尔在兰斯参加纪念活动，启动法德友好年，寄望两国关系在欧债危机中续写新篇。

在欧债危机救助中，德国重视“纪律”和“紧缩”，法国强调“增长”和“就业”，表面上看法德之间确实存在分歧。但在 2012 年 6 月底举行的欧盟峰会上，德国和法国分别在“救助机制”和“欧洲债券”上作出让步，强调财政纪律和紧缩的契约并没有变动，而是加入了促进增长和就业的内容。

究其原因，法德之间拥有共同的利益和目标，那就是建设一个和平而繁荣的欧洲。面对危机，奥朗德和默克尔认为，法德应该开启新一代法德关系，携手将经济和货币联盟提高到政治层面。欧洲不仅仅有单一货币，还有着相同的价值观和共同利益。

法德双方领导人一致认为法德关系对欧洲至关重要，这一关系不是排他的，欧洲各国都可以加入。在2013~2015年间，面对矛盾，法德最终秉承法德和平协议的要旨，以欧洲一体化为核心，共同应对危机，携手促进欧洲经济的繁荣和进步。相反，如果2013~2015年间两国就某些救助措施分道扬镳，法国会因自身的债务问题难以自拔，德国也会失去发过这个最重要的支撑力，近而使其在欧元区的核心地位难以维系，这样的结果对欧元区来说是灾难。

五、几点结论

综上所述，2012~2014年欧元区债务危机仍然存在进一步加剧的可能性，尤其要关注意大利和法国，这两个经济和债务大国如果不能很好地管理本国债务，极有可能在2013年、2014年先后成为欧元区债务问题的真正症结，但欧元区出现系统性风险的可能性不大。

尽管欧盟组织内部的各类营救资金完全可以满足希腊、西班牙等“重灾国”的资金需求，但是持续恶化的债务问题和隐藏未暴露的银行问题仍然需要更多的资金支持。为了保住欧元，确保欧洲一体化的完成性，欧盟、IMF、欧洲央行以及欧元区各国必将做出努力，但如何适时有效地施救还存在很多悬念，需经过多次斡旋之后达成共识。

对希腊这样的重债国而言，除了允许其债务余额占GDP的比重从113%上升到146%，允许其借新债还旧债，放宽赤字限制之外，更重要的是采取措施，寻求内生增长点（比如举办中国和希腊政府共同支持的中国－希腊旅游年，让100万中国人到希腊旅游），刺激经济增长，使其经济、财政、债务走向良性循环才有意义。

欧盟应该提出具有长远计划的施救方案，此方案应该有中长期发展和体制改革两项内容。一方面促成欧元区福利制度的改革，使社会福利水平回到与经济增长水平相匹配，与财政保持平衡的状态，这样才能彻底切断债务蔓延的可能性，消除危机的基础。另一方面，要振兴经济，通过经济增长来缓和债务危机，使经济和财政都走向“上升通道”，否则财政紧缩会导致经济增长乏力，出现经济下滑和财政更加困难的双螺旋“下降通道”。

对法德联盟而言，长期内只能同仇敌忾，携手并进，只有这样才能保证欧元区最终顺利渡过危机。因此，施救措施得当，2014年是欧元区经济起死回生的转折点，2015年起欧元区各国将基本进入经济复苏期，债务问题会逐渐弱化。可见，除了有关组织要积极施救外，欧元区各国政府节衣缩食是必不可少的，此外，要加快寻找经济发展和增加税收的增长点，以此来缓解各国的偿债压力。

思考题

1. 怎样理解：欧洲央行是欧债危机的最大救助资源。

2. 应该知道：欧洲央行救助债务危机的“货币增发”方式与美联储有何不同。

3. 应该知道：目前欧洲央行继续“特殊救助”空间的扩大，在于欧元目前流转速度下降。

4. 欧洲央行的救助行为会持续到何时、何种规模为止？

第三节

欧元区债务问题新动向及未来趋势[①]

一、欧洲债务状况

1. 欧盟政府债2012年前增加很快，2013年后增幅大大放缓。

根据IMF的数据，2008~2009年，欧盟及欧元区迎来了政府债务增长的高峰期，年均涨幅为10%左右，其中欧元区债务占比也创83.64%的新高，2008年总债务额为64823.8亿欧元，2012年为85994.8亿欧元，年均环比增加了6.78%。到2013年，政府债务绝对额将增加到89015.3亿欧元，比上年同期环比增长了3.5%，但比2010年最高值下降了6.5%。2014年之后欧盟债务额增速大幅度下降（见图5-2）。

从持有债券种类看，2012~2014年间，欧元区银行到期债务额逐年下降，并按季度逐渐下降，其中次级债所占比重较小，季度性波动不明显，一般担保债务和无担保债券合计占总债务额的80%以上。每年第一季度都是到期债务额最高的时节，其中无担保债券比重最大，约占当季到期债务额的三分之一，债务风险相对极高（见图5-3）。

① 本节主要内容载于财政部财政科学研究所《研究报告》2012年第88期，题为“欧元区债务问题新动向及未来趋势（下）”。

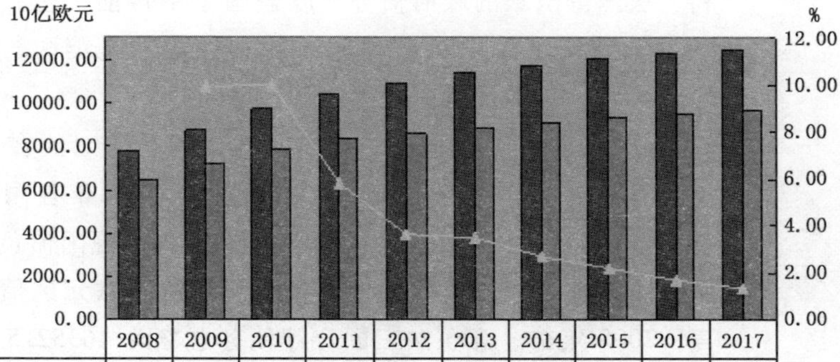

	2008	2009	2010	2011	2012	2013	2014	2015	2016	2017
欧盟总债务	7749.9	8754.8	9744.3	1041.3	10908	11371	11747	12049	12274	12439
欧元区17国总债务	6482.3	7126.5	7839.7	8296.1	8599.4	8901.5	9145.6	9349.5	9511.5	9643.0
欧元区债务年增长率		9.94	10.01	5.82	3.66	3.51	2.74	2.23	1.73	1.38

图 5－2　2008～2017 年欧盟及欧元区政府债务基本走势图

资料来源：从 IMF 数据库整理所得。

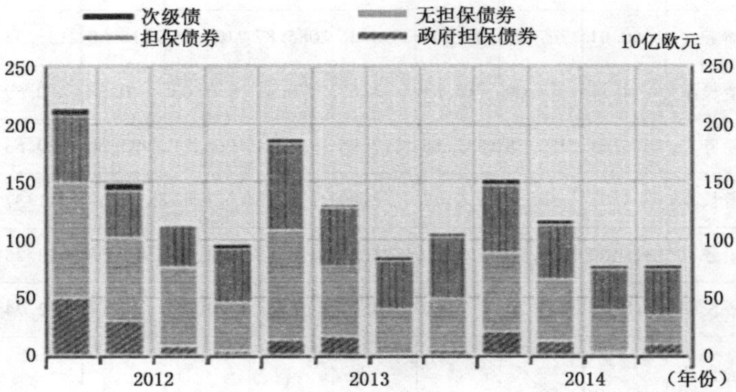

图 5－3　2012～2014 年欧元区银行债务季度性到期时间

资料来源：欧洲央行。

2. 德、法、意三国是欧元区政府债的大头，增幅小，所占比重在逐渐减少

德国、法国和意大利既是欧元区的前三大经济实体，也是欧盟债务中的前三大巨头。根据统计数据显示，2011 年德国、意大

利、法国等国家的政府债务在欧盟国家中排前三位，所占比重年平均为68%左右（表5－16），排第四位的是英国，其次为西班牙、荷兰、希腊及爱尔兰等（见图5－4）。

受2008年金融危机的影响，德、意、法三国在2008～2009年间陆续出现了债务高速增长期，但到2011年各国债务增速放缓。按照IMF的预测数据，2012年德国将出现国债负增长，意大利和法国政府债务涨幅也将大幅下滑。从占欧元区债务额比重而言，2008年德、意、法三国合计债务总额为46352.5亿欧元，占到总债务额的71.51%；2012年为58598.3亿欧元，占总债务额的68.14%，2013年为59952.8亿欧元，占债务总额的67.35%，债务占比在逐年下降（见表5－16）。

表5－16　　德、意、法三国政府债务变化　　单位：10亿欧元，%

国家	项目	2008年	2009年	2010年	2011年	2012年	2013年	2014年	2015年	2016年
德国	总债务	1650.01	1767.00	2061.00	2095.36	2085.87	2107.35	2118.98	2131.53	2137.41
	年增长率	4.21	7.09	16.64	1.67	－0.45	1.03	0.55	0.59	0.28
意大利	总债务	1666.64	1763.68	1842.86	1897.95	1938.44	1966.21	1993.24	2020.63	2046.52
	年增长率	4.03	5.82	4.49	2.99	2.13	1.43	1.38	1.37	1.28
法国	总债务	1318.60	1492.70	1591.20	1721.23	1835.52	1921.72	1993.55	2048.26	2080.70
	年增长率	8.83	13.20	6.60	8.17	6.64	4.70	3.74	2.74	1.58
德、意、法合计占欧元区政府债务比重		71.51	70.49	70.09	68.88	68.14	67.35	66.76	66.32	65.86

资料来源：从IMF数据库整理所得。

3. 希腊、西班牙、葡萄牙、爱尔兰是主权债务“重灾国”，债务比重小，但增速快。

希腊、西班牙、爱尔兰、葡萄牙是欧洲主权债务问题的重灾国家。2009年末，希腊预算赤字和政府债务占GDP比在欧盟成

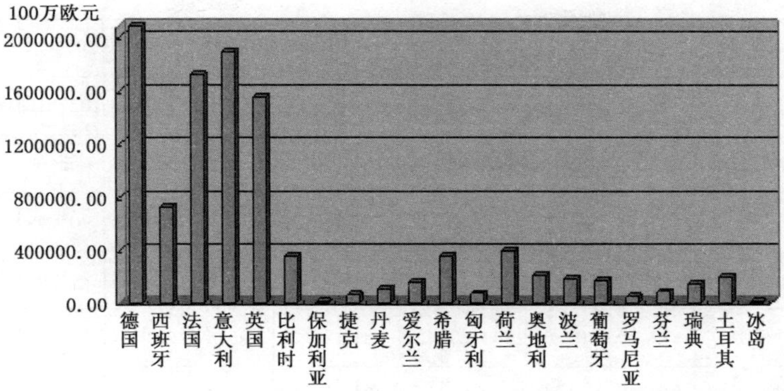

图 5－4　2011 年欧盟主要国家一般政府债务总额柱状图

资料来源：Wind 资讯。

员国中排第一。从 2008 年到 2009 年两年间，这四国债务年度环比增长率骤然上升，债务问题凸显，欧洲主权债务问题成为了社会关注的焦点。以爱尔兰为例，2008 年该国政府债环比增长率为 68.79%，2009～2010 年虽有所下降，但仍保持在 30% 以上。与德国、法国和意大利等欧元区债务巨头相比，希腊等国债务合计占欧元区总债务额的比重很小，但该比重在逐年增加，从 2008 年的 13.91% 上升到 2011 年的 17.27%，且呈持续上升趋势。2008 年希腊等国的债务总量为 9020.1 亿欧元，占欧元区总债务额的 13.91%，2012 年的债务总量增长为 15245.5 亿欧元，所占比重上升为 17.73%，2013 年的债务总量为 16284 亿欧元，所占比重为 18.29%，2014 年、2015 年该比重仍在持续上升（见表 5－17）。

表 5－17　　希腊、西班牙、葡萄牙及爱尔兰债务变化情况 单位：10 亿欧元，%

国家	项目	2008 年	2009 年	2010 年	2011 年	2012 年	2013 年	2014 年	2015 年	2016 年
希腊	总债务	262.32	298.71	328.59	350.26	315.84	330.35	332.73	330.30	327.45
	年增长率	9.59	13.87	10.00	6.59	－9.82	4.59	0.72	－0.73	－0.86

续表

国家	项目	2008 年	2009 年	2010 年	2011 年	2012 年	2013 年	2014 年	2015 年	2016 年
西班牙	总债务	436.98	565.08	643.14	734.96	839.95	907.68	972.48	1027.16	1079.30
	年增长率	14.30	29.31	13.81	14.28	14.28	8.06	7.14	5.62	5.08
葡萄牙	总债务	123.11	139.95	161.26	183.33	188.48	196.67	201.65	205.49	208.94
	年增长率	6.51	13.68	15.23	13.69	2.81	4.35	2.53	1.91	1.68
爱尔兰	总债务	79.60	104.65	144.27	164.18	180.28	193.69	201.04	205.23	209.71
	年增长率	68.79	31.46	37.86	13.80	9.80	7.44	3.79	2.09	2.18
四国债务合计占欧元区政府债务比重		13.91	15.55	16.29	17.27	17.73	18.29	18.67	18.91	19.19

资料来源：从 IMF 数据库整理所得。

4. 政府债赎回期后移，2016～2021 年是新债务偿还高峰期。

为了缓减当前主权债务问题，欧元区成员国、欧洲央行等都不同程度地加大了中长期政府债券的发行（如 10 年期政府债券），以实现发新债还旧债的目的，也有一些国家通过延长即将到期债务的赎回期限，以减少当前偿债数额，这在一定程度上将当前债务问题顺延化了。根据欧洲央行数据，当新发长期债券的到期时，欧盟将于 2016～2021 年迎来下一个偿债高峰期（见图 5－5）。

二、各“重灾区”国家债务状况

1. 希腊债务危机将持续到 2014 年。

（1）希腊年偿债负担约为 200 亿欧元，大多掌握在国外投资

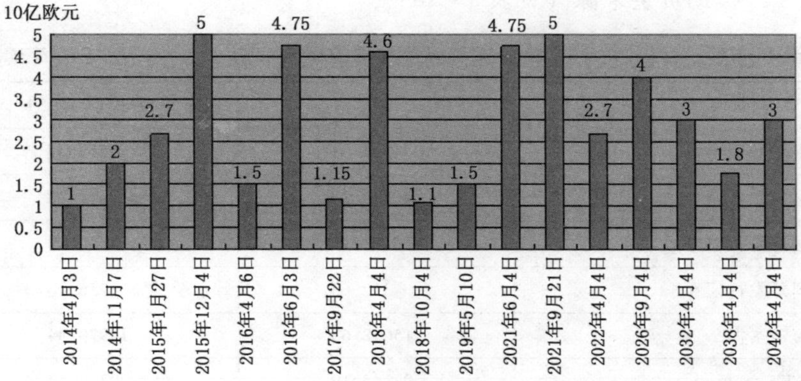

图 5－5　2009～2012 年欧洲联盟长期债券赎回时间表

注：资料来自欧洲央行；本图数据截至 2012 年 4 月 30 日。

者手中。

从 2010 年 11 月到 2014 年，希腊每年的债务负担在 300 亿～500 亿欧元，2015～2019 年，希腊的债务负担有所下降，每年大约需负担 200 亿欧元左右，直到 2019 年希腊债务问题才有望得到彻底改善。2012 年 3 月 14 日，欧元区金融委员会同意为希腊第二次经济调整计划融资，预计到 2014 年共融资金 1300 亿欧元，其中包括国际货币基金组织提供的 280 亿欧元。

（2）发行国债和寻求外部贷款是希腊解决债务问题的主要渠道。

据希腊右翼日报上的一篇社论报道，从 1974 年希腊民主党执政以来，大额公债预算是该国经济发展模式的显著特征。希腊政府已经习惯了用预算赤字支付公务员工资、保险费和其他福利支出。从 1993 年起，政府债务占 GDP 比一直维持在 100% 以上。按债券持有人划分，希腊的很大一部分债券掌握在国外投资者手中。2011 年 12 月 31 日，希腊证券及票据约占政府债务总额的 75%，其中以本国发行国债约占 65%；各类贷款约占 25%，而来自金融稳定机制（EFSM）的贷款额就高达 20%，是主要的外部援助资金来源（见表5-18）。

表5-18 希腊中央政府分类别的债务余额 单位：百万欧元

	2011年12月31	2012年3月31
债券和短期票据	274832.81	149559.25
国内发行债券	240940.37	115981.38
国外发行债券	18521.18	18342.33
国外发行证券	312.63	256.20
短期票据	15058.63	14979.34
贷款	93145.19	130733.19
希腊银行	5683.99	5684.34
其他国内贷款	836.71	137.20
特殊目的和双边贷款	7257.46	7248.78
EFSM贷款	73210.36	111939.37
其他外部贷款	6153.67	5723.50
短期贷款	0.00	0.00
债务总额	367978.00	280292.44

注：根据欧盟系统账户（ESA95）规定，中央政府债务划分为债券、贷款以及长期和短期。

表5-19 2012年希腊国库券发行情况 单位：百万欧元

13周国库券			26周国库券		
发行日	发行量	收益率	发行日	发行量	收益率
2012年5月15日	2320	4.34%	2012年5月8日	2603	4.69%
2012年4月17日	3075	4.20%	2012年4月10日	2620	4.55%
2012年3月20日	2688	4.25%	2012年3月6日	2298	4.80%
2012年2月14日	2701	4.61%	2012年2月7日	1701	4.86%
2012年1月17日	3630	4.64%	2012年1月10日	3495	4.90%

资料来源：从希腊财政部数据整理所得。

（3）希腊91%以上的债券为中长期债券，5年期以上债券所占比重快速上升。

截至2012年5月15日，希腊政府多次通过发行国库券的方式融通资金，其中26周国库券收益率一般要高于13周国库券收益率（表5-19）。2011年12月31日时，希腊中央政府债务中1~5年的中期债务到期额为1752.61亿欧元，占总债务的47.6%，到2012年3月末该值迅速回落到24.2%。与此相反，希腊5年期以上的长期债券到期偿还额上涨较快，到2012年3月底长到了1878.74亿欧元，占总债务额的67.1%（表5-20）。

表5-20　按到期日划分的希腊中央政府债务　单位：百万欧元

	2011年12月31日	占比（%）	2012年3月31日	占比（%）
总债务量	367978.00	100.00	280292.44	100.00
短期债务（1年以内）	50521.70	13.70	24454.70	8.70
中期债务（1~5年）	175261.00	47.60	67964.00	24.20
长期债务（5年以上）	142195.30	38.70	187873.74	67.10

资料来源：此希腊财政部数据整理所得；表中数字是按平均到期日核算的中央政府债务。

（4）希腊债务起伏波动明显，2012~2014年和2023~2024年将出现债务高峰期。

根据希腊财政部2012年3月公布的数据（见图5-6），希腊需赎回中央政府债务额可能在2012~2014年间达到高峰期，2014年应偿债务为255亿欧元。如果希腊能够顺利度过此次危机，国内债务水平将明显下降，这也给希腊提供了一定的整修期，有利于促进经济复苏。到2023~2024年，随着下一轮长期债券及贷款到期日的临近，希腊将迎来新一轮的债务高峰期，2023年需赎回债务额约为170亿欧元，本次债务问题要弱于前次。

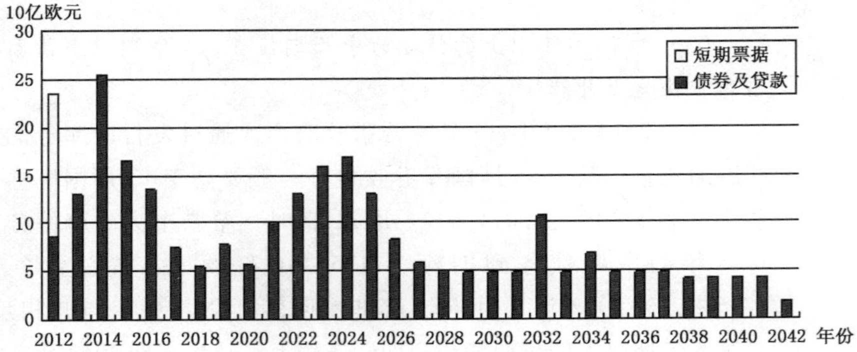

图 5-6 截至 2012 年 3 月希腊中央政府债务赎回时间表

资料来源：从希腊财政部数据整理所得。

2. 爱尔兰债务有所缓和。

(1) 爱尔兰债务持有者主要是本国人和欧盟内的有关机构。

爱尔兰债券管理局数据显示，该国 2011 年所需援助资金总额为 235 亿欧元，2012 年和 2013 年则分别需 207 亿欧元和 189 亿欧元资金，数量在逐渐下降。

爱尔兰的债务问题主要局限在欧洲范围内。据统计，在 895 亿欧元的国债中，国内机构和居民持有 15%，欧洲中央银行持有 22%，商业银行总共持有 16%，主要被欧洲的商业银行持有，爱尔兰以外的其他投资者持有 46%（图 5-7）。依据 2009～2010 年爱尔兰政府债务构成可知，爱尔兰国民债务占总债务的 90% 左右，其中中长期债务占比最高，约为 61%，5 年以上到期债务每年达 200 亿欧元左右（表 5-21）。

表 5-21 2009～2010 年爱尔兰一般政府债务总额及构成 单位：百万欧元

	2008 年 12 月 31 日	2009 年 12 月 31 日	2010 年 12 月 31 日
一般政府债务总额	79837	104783	148074
国民总债务	72457	96968	109609

续表

	2008 年 12 月 31 日	2009 年 12 月 31 日	2010 年 12 月 31 日
其中：国库券及短期债券	21671.7	16384.3	6960.1
其他短期贷款	2825.1	2462.0	2646.8
中长期债务总额	42346	71528	90775
其中：1 年内到期	5101	1179	4585
2～5 年到期	11242	24891	23779
5 年以上到期	26003	45458	62411
本票票据	—	—	30850
其他负债	7380	7815	7615

注：数据来自爱尔兰财政部 2012 年 3 月《Internal Reviews of General Government Debt Statistical Discrepancy》；一般性政府债务包括国民债务、本票和其他负债。

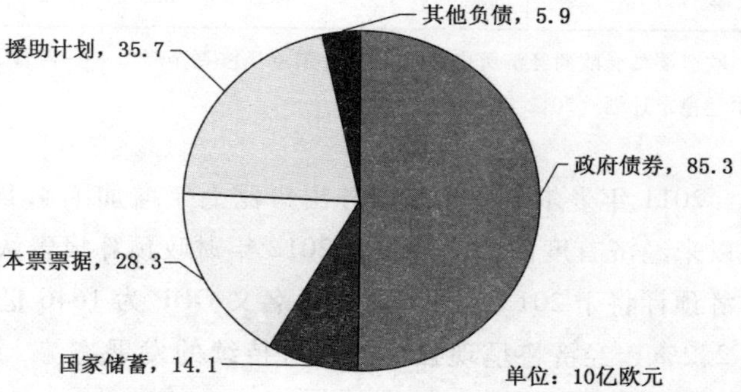

图 5－7　2011 年爱尔兰政府债务分解图

资料来源：爱尔兰财政部及爱尔兰国库管理局。

（2）爱尔兰债务 GDP 占比逐年下降，有望到 2014 年债务问题基本缓解。

根据爱尔兰财政部和国库管理局公布数据，2011 年爱尔兰政府债务额为 1667 亿欧元，其中有 853 亿欧元为政府债券，357 亿欧元的金融稳定援助基金，其中援助资金平均年利率为4%，平均7.5年到期，分配到EFSF的76亿欧元、EFSM的139亿欧元、IMF的126亿欧元，同时，欧盟但非欧元区国家提供双边贷款48亿欧元（其中英国38亿欧元、瑞典6亿欧元、丹麦4亿欧元）。2012年爱尔兰债务问题有所缓解，到2012年4月末国债余额降为1296亿欧元。按照爱尔兰财政部预计，2013年爱尔兰债务占GDP的比重将达到峰值120.3%，2014起该比例将逐年下降，降为119.5%，到2015年降为117.4%（见表5-22）。

表5-22 爱尔兰债务总额发展情况 单位：10亿欧元

年份	2008	2009	2010	2011	2012	2013	2014	2015
政府总亏损额	-13.2	-22.8	-48.8	-15.4	-13.7	-12.5	-8.1	-5.3
债务总额	79.6	104.6	148.1	166.7	179.5	194.4	200.8	205.0
赤字率（%）				108.2	117.5	120.3	119.5	117.4
真实GDP增长率(%)				0.7	0.7	2.2	3.0	3.0

资料来源：欧盟委员会欧洲经济历史性报告《爱尔兰经济调节计划——回首2011年冬》；爱尔兰财政部爱尔兰稳定计划（2012年4月）。

2011年爱尔兰商品和服务出口比上年增加了4.1%，自2007年以来经济首度回弹。爱尔兰2012年财政预算报告认为，爱尔兰经济预计将于2013起开始复苏，名义GDP为1646亿欧元，涨幅达2.2%，经济将呈现强健的、可持续的发展态势，这一定程度上有利于债务的缓解。

（3）新一轮债务高峰期在2020~2025年。

根据2012年6月11日爱尔兰国库管理局公布数据，爱尔兰政府半年内已发行多期中长期债券，到2014年长期债券年收益率将突破6%，2016年到期债务额为101.68亿欧元，比上年增加了60多亿欧元（见表5-23）。2017~2019年，爱尔兰政府债务将逐渐下降，随着已发长期债券的陆续到期，2020~2025年还会迎来下一个债务高峰期。

表 5－23　　2012 年 6 月 11 日爱尔兰政府欧元债券余额

	发行号	到期日	到期收益率（%）	债券余额（百万欧元）
基准债券	IE0031256328	18－Apr－13	4.5	6027.51
	IE00B3KWYS29	15－Jan－14	6.07	8227.34
	IE00B4V6D496	18－Feb－15	5.97	3629.92
	IE0006857530	18－Apr－16	6.54	10168.45
	IE00B28HXX02	18－Oct－18	7.04	9255.58
	IE00B2QTFG59	18－Jun－19	7.05	7700.06
	IE00B6089D15	18－Oct－19	7.15	6796.58
	IE0034074488	18－Apr－20	7.19	11852.45
	IE00B60Z6194	18－Oct－20	7.12	7707.97
	IE00B4TV0D44	13－Mar－25	7.06	11748.35
非基准债券	IE0004617266	30－Sep－12	5.18	18.35
	IE0004680173	18－Aug－15	6.61	7.39

资料来源：从爱尔兰国库管理局数据整理所得。

3. 葡萄牙政府债务处于“可容忍”范围。

（1）中央政府债是葡萄牙债务的主债。

2004 年葡萄牙政府债务 GDP 占比突破 60%，之后一路上升，到 2011 年，葡萄牙一般政府债务总额为 1843 亿欧元，占当年 GDP 的 107.8%，比上年上升了 14.3%。突然上升的主要原由是 2011 年第二季度葡萄牙经济金融协助计划带来的贷款增长。截至 2011 年末，葡萄牙收到欧盟稳定机制和国际货币基金组织的援助资金共 354 亿欧元，其中 EFSM 的 141 亿欧元，EFSF 的 81 亿欧元，IMF 的 131 亿欧元。

从葡萄牙债务的发行者构成来看，中央政府发债增加是该国债务增长的主因，中央债约占总债务额的97%，是政府支出的主要资金来源，社会保障基金逐年下降，2007年、2008年仅为200万欧元，不足债务额的0.002%（见表5－24）。

表5－24 葡萄牙一般政府债务总额及其发行者构成 单位：百万欧元

年份	一般政府债务		中央政府债务额	地方政府债务额	社会保障基金	GDP
	总额	占GDP比重（%）				
2004	92465	61.9	90012	5492	22	149313
2005	104423	67.7	100846	6251	3	154269
2006	111467	69.3	108077	6663	4	260855
2007	115587	68.3	112353	7055	2	169319
2008	123108	71.6	119954	7688	2	171983
2009	139945	83.1	136211	8533	3	168504
2010	161135	93.3	157512	9601	3	172670
2011	184291	107.8	180977	10135	5	171015

资料来源：从葡萄牙央行数据整理所得。

（2）“长期有价证券”和贷款是葡萄牙政府主要的债务融资工具。

从葡萄牙政府债融资工具构成来看，2007年以后葡萄牙居民存款逐年下降，从2007年的136.79亿欧元降到2011年的102亿欧元，降了25.4%，与此相反，政府举债数额不断增加，其中“长期有价债券”（即长期国债）所占比重最高，2008年受金融危机影响，希腊政府举债成本迅速上升，融资更加困难，主要依靠国外贷款援助融资，贷款额从2008年的155.78亿欧元上升到2011年的571.03亿欧元，长了3.67倍。见表5－25。

表 5－25　　葡萄牙一般政府债务金融工具构成　　单位：百万欧元

年份	一般政府债务总额	通货及存款	除金融衍生工具外的有价证券	短期有价证券	长期有价证券	贷款
	①－②＋⑥	②	③－④＋⑤	④	⑤	⑥
2005	104423	11185	77971	13035	64936	15267
2006	111467	13013	83051	9574	73476	15403
2007	115587	13679	85288	10225	75063	16620
2008	123108	12925	94605	16435	78170	15578
2009	139945	12288	110352	20405	89947	17305
2010	161135	11793	128093	20835	107258	21249
2011	184291	10200	116987	11080	105907	57103

资料来源：从葡萄牙央行数据整理所得。

从葡萄牙长期债券发行来看，2007～2010 年葡萄牙政府主要通过发行短期债券和 10 年期以上债券进行融资。2010 年之后葡萄牙债务问题暴露，2011 年时葡萄牙就已处在崩溃的边缘，融资困难，10 年期债券发行额从 2010 年的 152.1 亿欧元突然下降到 22.93 亿欧元（见表 5－26）。2011 年 4 月葡萄牙不得不向 IMF、欧盟及欧洲央行寻求援助，拯救本国经济和金融。2011 年 5 月 16 日，欧盟委员会同意对葡萄牙实施 780 亿欧元的援助法案，其中有来自 EFSF 的 149 亿欧元，EFSM 的 200 亿欧元和 IMF 的 184 亿欧元的贷款。

表 5－26　　葡萄牙政府债券发行情况　　单位：百万欧元

年　份	2007	2008	2009	2010	2011
国库券（OT）	9732.8	13382.0	15595.9	21713.7	7483.5
<5 年	0.0	0.0	0.0	0.0	0.0
5 年	0.0	0.0	5317.3	1801.8	4190.8

续表

年　份	2007	2008	2009	2010	2011
10 年	7982.8	7273.0	8632.1	15210.2	2292.7
15 年	1000.0	5809.0	835.4	4701.7	1000.0
30 年	750.0	300.0	811.2	0.0	0.0
经济金融援助计划	—	—	—	—	35360.2
EFSF	—	—	—	—	8113.6
EFSM	—	—	—	—	14100.0
IMF	—	—	—	—	13146.6
短期债券	15352.7	18598.4	22901.5	25723.0	16999.0
存款凭证	1388.2	745.9	389.9	203.9	76.4
债券凭证	—	—	—	684.7	986.1
其他	0.0	0.0	735.5	2802.7	1242.0
总债务	26473.7	32726.4	39622.8	51128.0	62147.2

资料来源：从葡萄牙债券管理机构数据整理所得。

（3）与希腊、爱尔兰相比，葡萄牙政府债务是可容忍的。

根据2012年6月5日葡萄牙政府发表的“葡萄牙的政策、成就及挑战”一文报道，2011年葡萄牙开始实施财政紧缩，2012年年紧缩强度为欧元区之首，调整额约为当年GDP的4.2%。到2013年葡萄牙债务GDP占比为112%，低于希腊的163%，低于爱尔兰的114%。预计2014年起葡萄牙债务GDP占比将快速下降，预计到2020年将下降到103%。此外，预计2013年葡萄牙的GDP增长率为0.2%，经济开始复苏，其中消费物价指数比上年下降1.6%，降为1.1%。可见，葡萄牙政府适度的财政紧缩，刺激了经济增长，预计到2014年债务问题有所缓解，经济企稳复苏。

4. 西班牙债务缓解需要到 2015 年。

(1) 2012 年之前西班牙债务呈稳步上升趋势。

据统计数据显示，1987 年以前，西班牙中央债务总额不足 1000 亿欧元，之后一路上升，尤其是 2008 年之后，上升幅度剧增（图 5－8）。2008 年政府债务额为 4369.8 亿欧元，到 2011 年增加为 7349.6 亿欧元，平均一年增长 1000 亿欧元。截至 2012 年 4 月末，中央政府债务额为 6063.49 亿欧元。

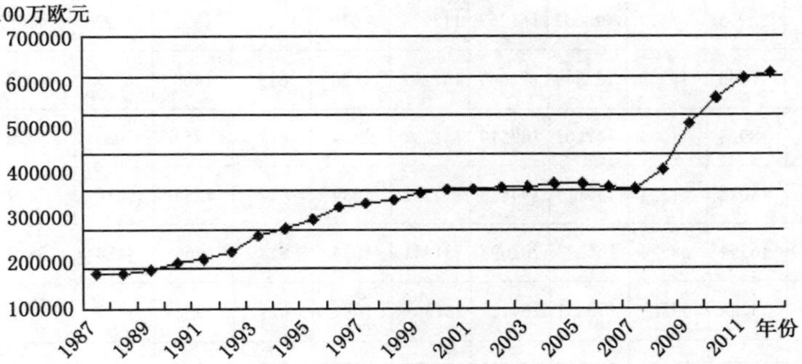

图 5－8　1987～2012 年西班牙中央政府债务变化趋势图

资料来源：西班牙财政部。

(2) "本币债券"是西班牙中央政府债务的主要构成，其中 10 年期债券占比最高。

从西班牙中央到期债务构成看（见表 5－27），本币证券（即欧元和以欧元计价的债券）发行是西班牙主要债务来源。2008 年后，西班牙本币债券到期额上涨速度快，其中 6 个月以下短期债券涨幅最大，2009 年时为 269.45 亿欧元，比上年长了 191.69 亿欧元；其次是 3～5 年期债券，2008 年为 591.76 亿欧元，2009 年为 966.02 亿欧元，涨了 1.63 倍；10 年期长期债券在总债务中占比最高，占比高达 1/3 左右；外币债券、西班牙贷款相对比重小，涨幅慢，且有继续下降的趋势。截至 2012 年 4 月 30 日，西班牙中央政府债务中，仅10年期到期债券在增加，其他债券处于停滞或小幅下降状态。

表5-27　西班牙中央政府到期债务总额及其构　单位：百万欧元

日期	本币债券（欧元和以欧元计价的债权）								外币债务	西班牙银行贷款	债务总额
	短期国债		长期国债			欧元债券	其他债券	估算债务			
	6个月以下	1~1.5年期	3~5年期	10年期	10年期以上						
2008	7766	44308	59176	136377	97489	610	500	1689	5261	5249	358425
2009	26935	58577	96602	161263	118724	610		1533	6493	4665	475402
2010	16543	73213	123340	172645	141172	1230	617	1400	6398	4082	540639
2011	18938	71669	147602	189519	152788	1104	617	1264	5089	3499	592090
2012年1月	18028	71553	159117	194828	152788	1084	617	1264	5010	3499	607789
2012年2月	16354	68674	165373	202095	151451	1084	617	1264	4884	3499	615295
2012年3月	13286	69563	170851	204128	151451	1084	617	1234	4157	3499	619868
2012年4月	11574	65696	161001	207169	151451	474	617	1234	4218	2915	606349

资料来源：从西班牙财政部数据整理所得；各类债务为期末余额；估算债务，从1999年1月起欧元旧版债务包含其中；西班牙银行贷款包括估算债务数据；数据截止2012年4月30日。

（3）2012~2014年是西班牙债务高峰期，2015年后债务问题将缓解。

根据西班牙财政部公布的数据，截至2012年5月25日，西班牙到期应赎回的债券额基本在2013~2014年达到最大值，2015年起中长期债券逐年下降，到2018年达到一个谷底，之后略有上升，到2020年出现一个新的高峰期，债务规模约为380亿欧元，相比2013~2014年的880亿~900亿欧元要少很多。可见，应当妥善解决西班牙当前的债务危机，寻求经济发展。见图5-9。

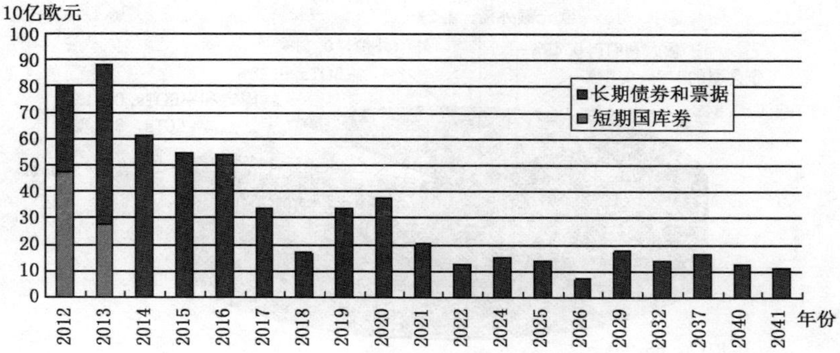

图 5－9　西班牙短期国库券、长期债券和票据赎回时间表

注：资料从西班牙财政部数据整理所得；数据截止到于 2012 年 5 月 25 日。

三、债务“潜在危险国”意大利——可能成为第六个向欧盟寻求援助的国家

1. 如果意大利出现债务危机，其冲击性将超过希腊等四国之和。

欧债危机中情况严重的五个国家里，意大利是经济总量最大的国家，是世界第八大经济体，在欧元区 17 国中仅次于德国和法国而位列第三，经济总量在区域内的占比约 17%，仅次于法国的 21% 和德国的 27%，而希腊仅占 2.5%。其经济稳定，具有举足轻重的作用。意大利国债余额高居欧元区榜首，所占欧元区总债务的比重为 23%，其债务规模是希腊、爱尔兰、西班牙、葡萄牙债务的总和，是希腊债务的 5 倍之多。该国不但债务总量巨大，且到期偿还问题突出。2011 年，意大利的利息支出约为政府财政收入的 10% 左右，其中大部分债务将在未来 5 年内到期，意大利可能是第六个向欧盟寻求援助资金的国家。意大利作为继日本和美国之后的世界第三大债券市场，其债券市场引起的危机必将影响整个大局。

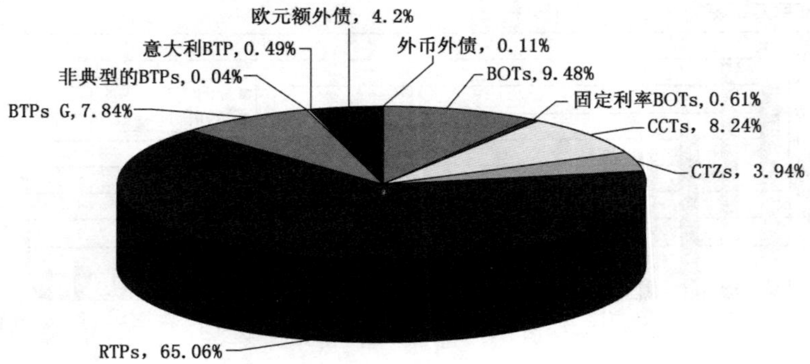

图 5-10 2012 年 5 月 31 日意大利国债构成直观图

注：数据来自意大利经济财政部。各指标解释如下：BO Ts：国库券；CTZs：2年期零息债券；CCTs：浮动利率票据；BTPs：固息票据；BTPs € i：与欧盟通胀率相关的固息票据。

2. “固息票据”（BTPs）是意大利政府债务的主债。

按债券构成类型来看（图 5-10），意大利政府债券总额为 16331.71 亿欧元，一般固息票据（即短期固定利率债券）为 10625.75 亿欧元，占债务总额的 65.06%，是意大利债务中的主债。排第二位的是国库券（BOTs），共 1547.44 亿欧元，占债务总额的 9.48%，其次是浮动利率票据（CCTs），共 1346.08 亿欧元，占总债务的 8.24%。此外，意大利主要是欧洲区域性债务，外债相对较少，为 690.16 亿欧元，占 4.23%。

3. 未来 12 个月意大利需赎回债券主要是国库券。

根据意大利财政部公布数据，2012 年 4 月起未来 12 月内意大利政府需赎回的债务总额为 3190.59 亿欧元，其中需赎回国库券（BTOs）所占比重最高，平均每月需赎回 134.55 亿欧元；其次是股息票据（BTPs），共需赎回 996.82 亿元，虽无需每月赎回，但单月赎回数额较高。见表 5-28。

表 5－28 未来 12 个月意大利需赎回的政府债务总额 单位：百万欧元

	BTOs	BTPs	CCTs	CTZs	欧元外债	总赎回债务
2012 年 4 月	17600	15065		12274	144	45083
2012 年 5 月	18768				1127	19895
2012 年 6 月	23015				4362	27377
2012 年 7 月	15425	17055				32480
2012 年 8 月	16163			11501		27664
2012 年 9 月	16754	11484			270	28508
2012 年 10 月	7700	18373			1717	27790
2012 年 11 月	5500		13476			18976
2012 年 12 月	14200	16686		11833	1220	43939
2013 年 1 月	8500					8500
2013 年 2 月	9153	21009				30162
2013 年 3 月	8685					8685

注：数据来自意大利经济财政部；各指标解释同图 5－10。

4. 2013 年意大利迎来债务高峰期——这一点应引起我们特别关注。

根据意大利经济与财政部季度公报数据，2012～2015 年是意大利未来 50 年内政府债券赎回的高峰期（见图 5－11），这四年内年需赎回金额约 1500 亿欧元，尤其是 2013 年是国债赎回峰值。如果意大利能够顺利度过这四年，意大利将于 2016 年之后经济开始企稳复苏。如果不能，由于其债务数量大，其带来的冲击将会很大。

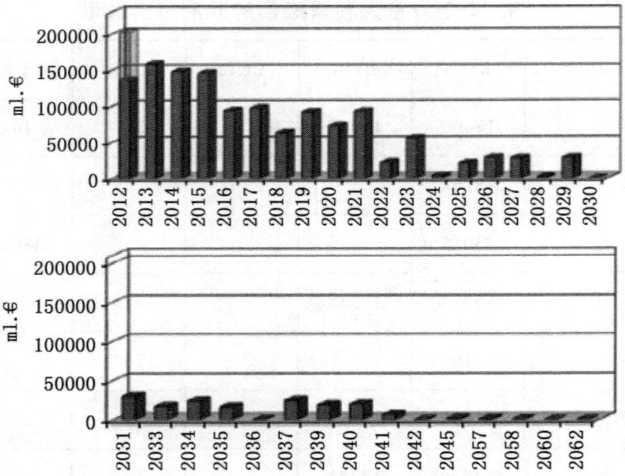

图 5－11　意大利政府债务赎回时间表

资料来源：意大利经济与财政部季度公报。

思考题

1. 为什么要关注意大利，还要关注法国？

2. 为什么说欧债危机没有系统性风险？

3. 你对“欧洲债务及经济将在2014年出现拐点以及预计2015年多数欧元区国家经济开始企稳复苏”的观点如何看？

补充材料

欧元区货币政策的变化

——从谨慎使用“量化宽松”到大胆使用、持续使用

2012年3月2日，《环球时报》报道：欧洲央行2月29日宣布启动第二轮长期再融资操作，向800家金融机构提供5295亿欧

元的三年期低息贷款。由于此举相当于“量化宽松”，路透社警告西方国家大肆印钞，将带来“货币乱局”危险，不仅将推高石油等大宗商品价格，而且向新兴市场国家输入通胀压力。欧洲央行去年12月采取第一轮长期再融资操作，规模为4892亿欧元，显著抬高了西班牙和意大利的国债价格。《华尔街日报》认为，欧洲央行第二次出手目的仍是向市场注入流动性，并希望最终流入实体经济。此前日本和英国央行都采取了类似的注资举措，美联储也表示将把超低利率维持到2014年，并不排除新的行动。西方国家用撒钱方式延缓危机的方法，引起市场和专家的警觉。据路透社报道，欧洲、日本、英国和美国这四大经济体的央行资产负债表相对GDP的比例，从2007年以来已提高一倍以上，达到24%，预计今年将升至26%。野村证券分析师警告说，“我们正面临失控的货币乱局。实体经济与当前受流动性推升的市场之间的联系愈来愈薄弱，达到了难以置信的程度。”

2012年8月31日，作者徐以升在《第一财经日报》上刊文指出：所谓魏玛共和国恶性通胀的悲惨记忆，塑造了具有高度独立性的德国央行以及德国央行的行为逻辑，但其实在真正的危机面前，德国央行最终还是会让步。在当前各种救助机制已经穷尽，只有通过欧洲央行出手才能维护住底线的情形下，德国将支持欧洲央行出手购债，虽然德国将赋予一定的前提条件。美联储、英国央行、日本央行大规模实施债务货币化，最终推动了这些地区经济显得比欧元区稍具“优势”。而欧元区由于德国、欧洲央行的坚持，一直没有推动直接的主权债务货币化，导致欧元区更大程度上面临财政紧缩和经济紧缩的压力。

2014年4月4日，FT中文网报道：国际货币基金组织（IMF）总裁克里斯蒂娜·拉加德（Christine Lagarde）呼吁欧洲立即出台债券购买等特殊货币政策措施。但欧洲央行没有理睬这一呼吁，而是连续第5个月将利率保持在0.25%。但欧洲央行行长马里奥·德拉吉（Mario Draghi）表示，央行管理委员会一致支持在前景令人失望的情况下出台更为激进的举措，此举旨在消除有关欧洲央行对超低通胀不够警惕的担忧。他说：“管理委员会一致承诺在其职权范围内也使用非传统的工具，以有效对付低通胀持续过久的风险。”

他的言论导致欧元兑美元在伦敦市场收盘时下跌0.4%，至1欧元兑1.3716美元，创出2014年2月下旬以来的最低水平。意大利、西班牙和葡萄牙国债收益率（与价格走势相反）下跌至多年低点。

德拉吉后来证实，这些非传统举措包括购买政府债券。他表示：“职权范围内的所有工具（包括QE）都是该声明的一部分。”他补充称，政策制定者已经在会上讨论了QE政策。

第六章 流动性过剩与财政收入增长

第一节 名义 GDP 与真实财政收入[①]

自 1993 年以来，我国财政收入连续大幅度超 GDP 增加。从图 6－1 可以看出，国家财政收入额从 1993 年年末的 4348.95 亿元，增长到 2010 年末的 83102 亿元，增长了 19.11 倍。总体而言，我国财政收入增长率和经济增长率变化趋势趋同，同升同降，但两者之间的变化程度却有所不同。1993～1996 年间，GDP 增长速度远高于财政收入的增速。但从 1996 年以来财政收入的增速反超 GDP，截至 2010 年年末我国公共财政收入增幅达到 21.3%，而 GDP 增幅为 10.3%。从财政部 2011 年 9 月下旬公布数据显示，2011 年前 8 个月全国财政收入 74286.29 亿元，同比增长 30.9%，虽然此后增速有所回落，但是全年增速仍然达到了

① 本节主要内容载财政部财政科学研究所《研究报告》2012 年第 11 期。

20%以上，2011年全年财政收入将突破10万亿元。面对我国财政收入快速增长的势头，人们自然高兴，但是也有担忧：它能不能持续，是不是收了过头税，有没有隐患。因此，从学术角度探究财政收入超速增长的原因就是一件必须做的事情。

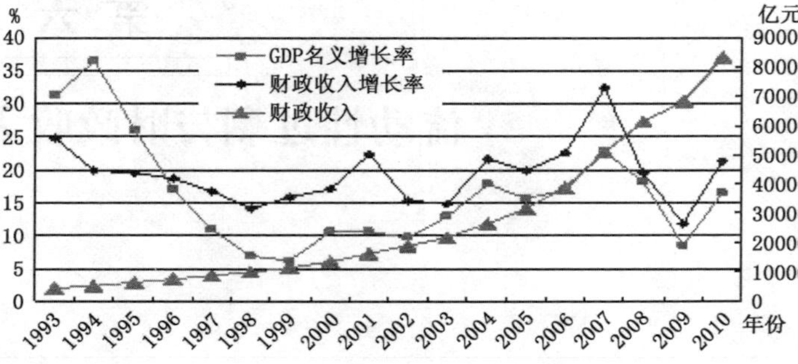

图6－1 1993～2010年期间我国名义GDP、财政收入年度增长率，财政收入收入额

资料来源：1994～2010年《中国统计年鉴》。

一、真实GDP带来财政收入

1. 只要边际税率为正，GDP增加就会带来税收增加。

由经济学原理可知，财政收入增长与GDP增长存在着对应关系。当前，我国财政收入的超速增长是国民经济快速增加的结果。从税收类型来看，税收可以分为累进税收、累退税收和比例税收，无论何种类型的税收，只要边际税率是正值，税收就会与国民收入正相关，净税收就会随国民经济增长而增长。从1993年实行分税制以来，我国税收收入占财政收入比例均维持在85%以上。根据净税收入与国民收入存在正相关关系，可以推断出在分税制下政府财政收入增长与GDP增长之间应存在稳定的函数关系。

2. 2001～2010 年“真实 GDP”平均增长 10.67%，按照推论，财政收入“最少”应当有 10.67 的增长。

名义 GDP 值的大小受当年物价水平影响。名义 GDP 减去通胀的部分，就是真实 GDP，也就是人们常说的不变价 GDP，所减去的部分也是 GDP 的缩减。我国缩减后真实 GDP 环比是增加的，自 2006 年到 2010 年五年，以不变价格计算，本年比上年 GDP 分别增长了 12.7%、14.2%、9.6%、9.1%、10.5%，财政收入应当有相应的增长。

从定比来看，不变价 GDP 也是保持连续增长的态势。从表 6－1 可见，以 1970 年不变价格计算，又以 1978 年 GDP＝100 计算，2010 年的 GDP 指数是 2058.9（见表 6－1 第 4 列），指数在 32 年内增长了近 20 倍。以这个统计数据倒推回来计算 2001～2010 年 GDP 的真实增长数（见表 6－1 第 5 列），2001 年是 29202.5 亿元，2010 年是 73053.9 亿元，10 年间平均每年增长率是 10.49%（见表 6－1 第 6 列）。以这种观点解释，2011 年财政收入 30% 的增长中，其中约有 10% 左右是以真实 GDP 表示的真实经济增长带来的。

表 6－1　名义、真实 GDP 及其差额

1	2	3	4	5	6	7	8
年份	GDP当年价格	GDP增长（当年价格）	GDP指数增长（1970 年不变价格）	GDP以 1970 年不变价格还原	真实 GDP 环比增长（以 70 年不变价）	以 1970 年不变价格计，GDP 缩减指数值	财政收入年增长
	（亿元）	比上年增加，%	1978＝100	1978 年 3548.2亿元	比上年增加，%	名义 GDP 增长减真实GDP 增长	%
2001	109655.2	10.5	823.0	29202.5	8.3	2.2	22.3
2002	120332.7	9.7	897.8	31854.7	9.1	0.7	15.4

续表

1	2	3	4	5	6	7	8
年份	GDP当年价格	GDP增长（当年价格）	GDP指数增长（1970年不变价格）	GDP以1970年不变价格还原	真实GDP环比增长（以70年不变价）	以1970年不变价格计，GDP缩减指数值	财政收入年增长
	（亿元）	比上年增加，%	1978 = 100	1978年3548.2亿元	比上年增加，%	名义GDP增长减真实GDP增长	%
2003	135822.8	12.9	987.8	35048.3	10.0	2.8	14.9
2004	159878.3	17.7	1087.4	38582.9	10.1	7.6	21.6
2005	184937.4	15.7	1210.4	42946.6	11.3	4.4	19.9
2006	216314.4	17.0	1363.8	48390.8	12.7	4.3	22.5
2007	265810.3	22.9	1557.0	55244.1	14.2	8.7	32.4
2008	314045.4	18.1	1707.0	60566.6	9.6	8.5	19.5
2009	340902.8	8.6	1862.5	66086.1	9.1	-0.6	11.7
2010	401202.0	17.7	2058.9	73053.9	10.5	7.1	21.3
10年平均		15.1			10.49	4.6	20.15
2010年名义GDP比2001年名义GDP增加了265.9%。			2010年不变价GDP比2001年不变价GDP增加了150.2%			2010年到2001年，名义GDP比不变价GDP多增加115.7个百分点	

资料来源：2011年《中国统计年鉴》，其中3、5、6、7列数据为计算值。

3. GDP统计中地下经济和灰色经济的部分可能有遗漏，但是遗漏的部分也没有交税。

我国从1985年开始核算国内生产总值。1993年起我国国民经济核算体系与西方接轨，总体上GDP官方数据质量是真实可信的。但是我国的产业统计长期以第一、第二产业为主，第三产业和服务业统计技术相对滞后。我国服务业统计制度不完善，统计范围存在缺口，相当一部分农民的内部消费以及服务业活动没有纳入统计调查范围，如知识产权服务、雇佣关系（如月嫂、保姆等）、为居民生活提供的各种免费或廉价服务（如幼儿园）等。

尽管农民、个体职业、家政服务等经济活动和交易没有被统计到 GDP 之内，但是这些经济活动的大部分也并未交税，因此“GDP 统计不全、遗漏”，或者说我国 GDP 增速远远超过目前的统计，因而其带来了超高的财政收入的说法，理由不充足。

二、非真实（纯名义）GDP 也带来真实的财政收入

1. “非真实”或“纯名义”GDP 就是名义 GDP 减去不变价 GDP 之后的部分。

我国统计年鉴上公布的以当年价格计算的 GDP，就是名义 GDP；正如前面所说，名义 GDP 通过价格指数缩减后才是真正的 GDP，缩减指数就是通胀率。就是说，名义和真实 GDP 之间的差额就是“纯名义”GDP，也就是真实 GDP“被通胀”的部分，“被通胀”的部分是非真实的 GDP。

2. 虽然是“非真实”的 GDP，但是却带来流转、所得及其他税收的真实增加。

“非真实”的 GDP 就是 GDP 中通胀的部分，不是真实的 GDP，但是它却带来了真实的财政收入，道理很简单，现实中每一笔交易都是现价交易，即在通胀中交易，通胀也是增值，人们以通胀后的价格交易就要按照这个价格缴纳增值税、消费税，部分企业和个人因为通胀受益之后还要缴纳所得税。

表 6－1 第 2 列是名义 GDP，第 3 列是名义 GDP 的增长率，10 年来平均年增长 15.1%，如果用它减去第 6 列 10 年来真实 GDP 增长率，非真实（纯名义）的 GDP 每年有 4.6 个百分点的

增加。

通过表6－1计算可以看出，2010名义GDP比2001名义GDP增加了265.9%，即增加了2倍半多。2010不变GDP比2001不变GDP增加了115.7%，即增加了1倍半，这两者之间的差额就是名义GDP多增加的部分，即纯名义GDP。它10年大约多增加了1倍，虽然是纯名义的、非真实的GDP，也带来财政收入，10年来的虚增数相当于一年的GDP，也大约带来相当于1年的财政收入。

3. 2011年名义GDP如果达到15%的增长，按照推论，财政收入也应有15%的增长。

2011年的通胀率比以往年度高，其带来的名义GDP增长中的“非真实”部分也会很高，大约在5%左右；如果真实GDP有9%以上的增长，加上通胀率，那么，财政收入应有14%～15%的增长。

从以前的统计数来看，财政收入与名义GDP同步增减（见图6－2）；从数据回归也可以看到同样的变化趋势。

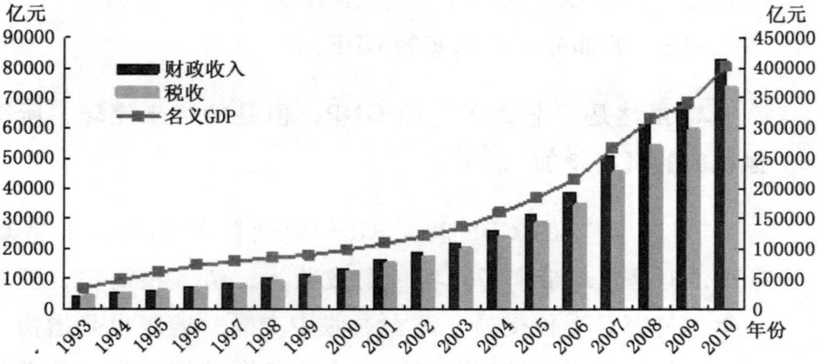

图6－2　1993～2010年间名义GDP、财政收入及税收增长水平

资料来源：历年《中国统计年鉴》整理所得。

三、非 GDP 的经济活动带来财政收入

1. 虚拟经济交易不计入 GDP——证券交易环节税收贡献了约 1%左右的财政收入。

GDP 核算的是一定时间内所生产出来的产品或劳务的价值，而资产投资和金融交易被认为是国民财富在不同人之间的转移，不属于 GDP 核算的范围。有价证券市场巨额资金的转移，只是资本形式的转移，不计入 GDP，但形成的税收收入要计入当年财政收入。随着股票发行、投资额的不断增加，各种相关税收收入会逐渐增加，因而财政收入也会随之逐渐增加。根据这一理论，虚拟资产交易增长是财政收入急速增长的另一个原因。

虚拟经济交易中服务费收入是计入 GDP 之中的，其从业人员的服务性收入也是要缴纳个人所得税等，但是，以交易标的物为对象课征的税收是主体税，它们是虚拟经济中已经开征的有证券交易印花税、证券投资所获股息红利等收入的所得税。在我国，随着居民生活水平的提高，资本市场的不断完善，有价证券投资已经成为一种新的投资理财渠道。以股票投资为例，股票发行额和交易额逐年增长。2004 ~ 2010 年，仅上海股票交易所股票交易额就从 26470.37 亿元涨到了 304312 亿元，长了 11.5 倍（表 6 - 2）。

表 6 - 2　全国有价证券成交金额

年份	股票（亿元）	债券（亿元）	上市基金（亿元）	期货（亿元）
2005	31664.78	28367.85	773.15	134463.38
2006	90468.89	1279.32	2002.65	210063.37
2007	460556.22	20667.21	2002.65	409740.77
2008	267112.66	28884.94	5831.05	719173.33

续表

年份	股票（亿元）	债券（亿元）	上市基金（亿元）	期货（亿元）
2009	535986.76	40635.06	10340.02	1305142.92
2010	545633.54		8116.02	3091250.63

资料来源：2010年《中国金融年鉴》、中国证监会历史统计数据整理所得。

如表6-3所示，2010年证券交易印花税收入为544.71亿元，占税收总收入的比重为0.74%。2011年1~9月份，证券交易印花税平稳增长，累计收入为370.95亿元，同比增长2.4%。当前，统计资料中并未将证券投资所带来的股息、红利等收入所得税单独剥离出来，但可以肯定的是两项税收都在不断增长。可粗略地估算出，证券交易印花税收入占财政总收入的平均比重约为0.5%，2011年该比重有所下降，约为0.48%；如果加上证券投资取得的股息、红利等收入的所得税，则由证券投资交易所得税所增加的财政收入大约为1%左右。

表6-3　证券交易印花税收入对财政收入的影响

年份	2002	2003	2004	2005	2006	2007	2008	2009	2010	2011（估算数）
证券交易印花税（亿元）	108.62	123.87	166.69	65.3	174.09	1945.15	949.68	495.04	544.17	465.10
财政收入（亿元）	18903.64	21715.25	26396.47	31649.29	38760.2	51321.78	61330.35	68518.3	83101.51	105151.58
证券交易印花税占财政收入比重（%）	0.57	0.57	0.63	0.21	0.45	3.79	1.55	0.72	0.65	0.44

资料来源：2010年《中国财政年鉴》。

2. 存量资产交易不计入GDP——存量资产交易贡献了1.5%左右的财政收入。

根据国民收入核算体系，GDP是指一定时间内某一个国家或地区所生产出的全部最终产品和劳务的价值。因此，GDP衡量的是流量而不是存量。由此可见，当二手房屋、旧汽车、旧机械设备及可回收废物等存量资产发生交易时，除为这些资产交易提供的有偿服务收入（如佣金、中介费等）计入GDP，该资产的实际交易额并不计入GDP。从税法角度而言，二手房等存量资产发生交易时，要按照实际交易额计算缴纳流转税，所得税等税费。因此，存量资产交易不计入GDP，却要按实际交易额计算税收计入财政收入。可见，存量资产交易增长也是导致财政收入快速增长的一个原因。

表6－4　存量房交易税（费）一览表

序号	税（费）种	计算基数	收取对象	税（费）率	征收部门
1	销售营业税	按计税价格全额征收或者差额征收	转让方	5%	登记中心代征
2	城市维护建设税	营业税	转让方	7%	登记中心代征
3	教育费附加	营业税	转让方	3%	登记中心代征
4	印花税	计税价格	转让方	0.05%	登记中心代征
			受让方	0.05%	
5	个人所得税	核实：计税价格—房产原值—转让过程缴纳的税金、合理费用 核定：计税价格	转让方	20% 1%、1.5%或3%	登记中心代征
6	契　税	计税价格	受让方	1%、1.5%或3%	登记中心代征

续表

序号	税（费）种	计算基数	收取对象	税（费）率	征收部门
7	土地增值税	计税价格减除该房地产原价以及转让环节发生的各项税费后的余额	转让方	30% ~60%	登记中心代征
8	登记费	件	受让方	个人 50 元	登记部门收取
				单位 80 元	
9	房地产交易手续费	建筑面积	转让方	每平方米 3 元	登记部门收取
			受让方	每平方米 3 元	
10	《房地产证》贴花	本	受让方	5 元	登记中心收取

资料来源：深圳市房地产权登记处。

从表 6 – 4 可以看出，存量房交易需要缴纳的税费主要包括土地增值税、个人所得税、营业税、契税等，单个税种的征收有相应减免情况。以上海存量房交易情况为例（表 6 – 5），2001 年以来上海市存量房总成交面积呈现 W 型增长趋势，对宏观经济变化反映灵敏，具有明显的顺周期性。2009 年成交量达十年来最高水平，为 2809. 45 万平方米，共 312857 套房屋，其中住宅占九成以上。2009 年上海市财政收入为 2540. 30 亿元，同年住宅销售均价为 14213 元/平方米，办公楼均价为 21598 元/平方米，商业用房均价为 15735 元/平方米，当年存量房交易额约为 371. 25 亿元，应纳税费约为当年财政收入的 1% ~2%。由于上海市是一个老城市，其存量房交易量相对于其他新兴城市要多，如果再加上监测城市的旧机械设备等其他存量资产交易所带来的税收增长，则大体可以估算出，全国总公共财政收入中约有 1. 5% 左右的收入是当年存量资产交易所贡献的。

表 6－5　　上海市历年存量房交易情况

年份	成交套数（套）	成交面积（万平方米）	其中 住宅	办公楼	商业营业用房
2001	164598	1422.43	1031.48	56.99	57.24
2002	204239	1790.50	1341.60	65.70	91.80
2003	263297	2306.28	1807.57	105.14	114.28
2004	303291	2726.70	2222.24	117.12	121.39
2005	189896	1971.50	1608.20	88.10	78.00
2006	184194	1706.81	1375.22	67.35	46.53
2007	213733	1992.59	1715.05	49.73	36.34
2008	142224	1413.41	1107.17	40.61	42.04
2009	312857	2809.45	2490.58	48.19	43.59
2010	202511	1966.86	1522.21	68.31	70.61

注：2011 年《上海市统计年鉴》。

3. 土地交易不计入 GDP，但形成了“政府基金”和“税收”。

土地是资产，不是新生产的财富，因此土地的交易值不进入 GDP（土地作为房地产的一部分，其升值部分计入 GDP）。土地交易量这些年来很大，2010 年土地出让收入有 3 万多亿元人民币。这些数值是 GDP 之外的交易，但是却产生了相关的税收，这个数值应当很大（此处不作详细论述）。

四、特殊 GDP——外贸交易形成 GDP 带来额外的财政收入

1. 出口少退税、进口多征税为财政收入多贡献的部分占财政收入 4%左右。

根据 GDP 计算，国内交易发生时，买卖双方一次完成，按照一方价值计入 GDP；而国际贸易的交易是买卖分开完成，GDP 计算时，出口与进口抵消值（进口与出口相加除以 2），加净出口部分计入 GDP。外贸进出口创造的 GDP 实际上是一种特殊的 GDP。

对商品课税，国际上通行的做法是消费地课税原则，根据这一原则，对进口商品征税，出口商品全部退税是合情合理的。进出口货物应纳税包括代征的交易环节税（增值税、消费税），还有关税以及船舶吨税等附加税，而出口退税的税种为增值税和消费税。我国从 1985 年开始实行出口退税政策，1994 年财税体制改革以后继续对出口产品实行退税，但是从来也未实行过“全额”退税。为应对 2008 年金融危机，我国多次提高出口退税率。到 2011 年，我国一般纳税人出口商品退税率分为 7 个档次，分别是 17%、16%、15%、9%、5%、0，平均退税率为 10.71%（比前一年的 13% 下调了 2.29%）。而进口商品原则上的税率是 17%，虽然有部分项目的减免税，但总体税率高，进口多则征收的税就相对多；出口环节则因为少退税，财政多截留了一部分收入。这一多一少，就是财政收入增加的部分。

在表 6－6 中进行了计算，结果显示 2001～2010 年进出口货物的增值税、消费税的负担率，总额均趋于上升趋势，一般为 11%。我们的计算方法如下：以进口增值税和消费税这个实际税率，去计算当年出口商品额应退税额，发现估算的应退税额高于实际退税额，少退的部分占当年总公共财政收入的比重在 2003～2010 年，在 1.62%～5.6%之间。因此可以说，进出口商品在征

税额与退税额间的差额是我国财政收入高于 GDP 增长的一个原因。2011 年受出口退税率降低的影响，出口退税差额贡献的财政收入增长率有所上升，约为 6.76%。我国年均退税差额的增长为财政收入贡献了约为 4.3% 的增长率。

表 6－6　　进出口环节主要税收情况表　　单位：亿元、%

年　份	2003	2004	2005	2006	2007	2008	2009	2010	2011（估算）
进口额	34195.6	46435.8	54273.7	63376.9	73284.6	79526.5	68618.37	94423.02	99781.95
关税	923.13	1043.77	1066.17	1141.78	1432.57	1769.95	1483.81	2027.83	2690.91
船舶吨税	9.38	11.54	13.81	15.74	18.2	20.12	23.79	26.63	28.00
进口商品流转税（增值、消费税）	2788.60	3700.40	4211.90	4962.60	6153.40	7391.10	7729.80	10490.60	14179.09
估算进口货物平均流转税率（%）	8.15	7.97	7.76	7.83	8.40	9.29	11.26	11.11	14.21
出口额	36287.9	49103.3	62648.1	77594.6	93455.6	100394.9	82029.69	106817.97	109173.5
以进口货物平均流转税税率，估算出口商品国内应征流转税	2959.22	3912.97	4861.79	6075.89	7847.08	9330.59	9240.57	11867.71	15513.55
实际出口货物退流转税	-1988.6	-3484.1	-4048.9	-4877.2	-5635.0	-5865.9	-6486.6	-7327.31	-8757.89
出口货物少退税额的估算	970.63	428.89	812.85	1198.74	2212.08	3464.66	2753.96	4540.40	6755.66
流转税少退税额/财政收入（%）	4.47	1.62	2.57	3.09	4.31	5.65	4.02	5.46	6.42
关税/财政收入（%）	4.25	3.96	3.19	1.73	2.76	2.89	2.16	2.44	2.56
（流转＋关税）/财政收入（%）	8.72	5.58	5.94	6.04	7.10	8.54	6.18	7.90	8.98

资料来源：根据历年《中国财政年鉴》、财政部预算司历年财政收入决算表计算整理。

2. 关税贡献了财政收入的3%左右。

进出口关税是另一大进出口环节税，关税占财政收入的比重是逐年降低的，2003 年是 4. 25%，2010 年是 2. 44%。

五、先征后退，我国财政收入有虚增的成分

我国税收政策有先征后退、先征后返的规定，所以财政收入中包括部分先期计入而后期退还的收入，造成财政收入的“虚增”。从报道的一些材料看，部分县市为了完成税收收入增长指标，自定税收优惠政策吸引企业进驻，在企业没有所得税甚至亏损的情况下，虚收所得税，然后又以优惠政策为名，退还所得税，其税源、征税、退还都是虚拟的。另外一种空转是在财政和事业单位之间进行的，财政将预算内拨款“支出”给事业单位，后者将这笔钱以上缴收费收入的形式再上缴财政，收入和支出因此都“完成了任务”。另外，还有“贷款交税空转”等现象，这些都一定程度上造成了财政收入的“虚增”，实际上正式可用的财政收入没有这么快增加。从已有文献中，很难得到准确的数据。

另外，还有一种说法，我国的税法越来越规范，严格征管带来税收增长。这个说法有一定的道理：我国的税收征管制度正在不断完善，征管制度的改进带来了财政收入的增加。税收征管规范化，征管力度加强，偷逃税款成本增加，避免了大量税收款项的流失。此外，土地增值税、资源税的大力开征，“费改税”等税收改革的推进，税外收费清理力度加大，这堵塞了税收漏洞，抑制了偷逃税现象。可见，这些“征管性增长”也是带来了财政收入的部分增长。

思考题

1. 弄清以下概念：真实 GDP、名义 GDP，非真实或纯名义 GDP、非 GDP 经济、特殊 GDP。

2. 弄清楚和理解：财政收入的起伏与上述这些 GDP 概念下经济变动的关系。

3. 认识和理解："10 年来纯名义 GDP 提供了相当于我们一年财政收入数量的额外财政收入"。

第二节　资源和资产升值与财政收入"超速"增长[①]

一、资源类产品"量增"是真实 GDP，"价升"是非真实（纯名义）GDP

1. 资源交易量增加和价格上涨都带来财政收入增加。

财政收入是按照现价（名义 GDP）来征税的。根据我国增值税暂行条例，应纳增值税额 = 应税销售额 × 增值税率，其中应税销售额是以当前价格水平的销售量计算而得，销售量的增加带来流通环节增值税的增加。

根据 GDP 核算原则，名义 GDP 增长既来自于交易实物量的

① 本节主要内容曾载于财政部财政科学研究所《研究报告》2012 年第 12 期。

增长，也来自价格水平的上涨。第一，资源类产品比如煤炭、石油、天然气、各种金属、盐等，其实资源销量每年都呈一定程度的增长趋势，其中按照不变价格计算的产值是“实际 GDP”部分。第二，价格上升部分带来的产值增加额超过“真实 GDP”的部分就是“纯名义 GDP”。

可见，资源“量”与“价”对 GDP 的贡献有所不同，却都带来了应税销售额的增长，因此引起的相关流转、所得等税收收入增加，但是，其中资源的价格效应使财政收入的增长快于真实 GDP 增长的原因之一。

2. 以煤炭为例来估算，所有资源销售价值增加的部分对财政收入的贡献约为 6%左右。

1994 年分税制改革以来，我国煤炭、石油、有色金色等资源的资源税试行从量定税，2011 年 11 月 1 日起实施新资源税法，但“从价计征”并没有全面铺开，仅从石油和天然气开始，而煤炭仍遵循“从量计征”办法，有色金属行业的调整力度也是非常有限，仅涉及稀土矿资源。因此资源税的增加仅是随“量”变而变的，量变带来了税收增加，但是量变也计入了当年 GDP 增加值之中，没有带来财政收入“超额增加”。

但是资源的流转税、相关生产加工企业所得税会既随“量”变而变，也随“价”变而变。以煤炭为例，2003 年以来，煤炭生产量和消费量都呈快速增长态势，2011 年煤炭产量突破 35 亿吨标准煤，消费量近 34.2 亿吨标标准煤。2000 年以来煤炭价格也是一路飘红，2008 年中期煤炭价格达到历史最高水平，其中大同优混煤的价格为 1050 元/吨（随后有小幅下调）。从表 6－7 可以看出，煤炭生产量以 5% 以上的环比增长率不断增长，而煤炭销售量环比增长率在 2.73% ~55% 之间波动，波动幅度较大，煤炭销售价格仅在 2009 年出现下跌，其余年份均保持较高的环比增长率。以 2003 年煤炭价格为基准价格，可以估算出因煤炭价格上涨所带来的增值税收入在逐年增长，其中 2010 年煤炭销售量增加带

表 6-7　全国煤炭生产、消费及其税收情况

年份	煤炭生产量		煤炭消费量		煤炭销售均价		应纳增值税（亿元）	以2003年煤炭价格为基准价格，估算价格上涨引起的财政收入的增长额（亿元）	因煤炭销售量增加引起的财政收入的增加额（亿元）
	实际值（万吨标准煤）	环比增长率（%）	实际值（万吨标准煤）	环比增长率（%）	实际值（元/吨标准煤）	环比增长率（%）			
2001	105028.75		102727.3						
2002	110732.16	5.43	108413.08	5.53					
2003	130992.37	18.30	128286.82	18.33	229.90		501.38		77.67
2004	151615.61	15.74	148351.92	15.64	288.81	25.62	728.37	579.80	78.42
2005	167785.94	10.67	167085.88	12.63	361.52	25.18	1026.87	653.01	73.22
2006	180625.93	7.65	183918.64	10.07	381.94	5.65	1194.19	718.80	65.79
2007	192135.78	6.37	199441.19	8.44	414.81	8.61	1406.41	779.47	60.67
2008	200103.94	4.15	204887.94	2.73	620.77	49.65	2162.20	800.75	21.29
2009	212279.71	6.08	215879.49	5.36	508.77	-18.04	1867.15	843.71	42.96
2010	227140.74	7.00	220958.52	2.35	664.97	30.70	2497.81	863.56	19.85
2011（估算数）	280000	23.27	242000	9.52	729.32	9.68	3000.42	945.80	82.24

资料来源：2010年《中国统计年鉴》、历年《中国财政年鉴》及凤凰财经的数据。

来的增值税收入额为19.85亿元，价格上涨带来的税收增加额为863.56亿元，2011年增加的财政收入估算为1842.45亿元，其中“量”增加带来了473.06亿元，“价”增加带来了1336.62亿元。

就资源整体而言，2010年资源税占当年采矿业总税收收入的10%左右，采矿业税收收入占财政收入的5.31%，资源税占财政收入的0.50%。因而，可以粗略估算出资源产业为财政收入贡献了约6%的增长率。

二、土地交易的“量增”和“价升”均带来“非GDP”的财政收入

1. 土地交易是资产形式的转换，其价值不计入GDP。

土地的自然属性决定了它们是有形资产。在现行国际标准中，土地交易包括土地的所有权、使用权的交易。在我国，土地所有权归国家和集体所有，土地交易即为土地使用权的交易，这是有形资产和金融资产之间的交易，本身并不是生产活动，未对GDP作出贡献。土地使用权交易过程中，如果存在以收取中介费为目的第三方中介服务机构参与到交易当中，且其提供的中介服务创造了增加值并且因此获得了中介服务费，要计入GDP。可见，土地交易本身只是资产形式的转换，并不影响GDP。

2. 土地“招拍挂”出让总量增加，价格上升，带来税收增加。

土地资源是稀缺的，土地需求的不断增长，土地“招拍挂”出让比重的上升，则出让成本会不断增加，土地交易价格将不断膨胀，这进一步推高了土地出让金。其中，土地出让金是对土地所有权人失去土地使用权的一种价值补偿。表6-8列示了到2012年底时我国的土地使用权出让环节的征税情况。

表 6－8　　国有土地使用权出让环节征税情况

	课税对象	计税依据	税率（2012 年底）
契税	国有土地使用权出让	成交价格	1%、1.5%或3%
耕地占用税	占用耕地建房或从事其他非农业建设的单位或个人	占用的耕地面积	地区差别定额税率。如上海 45 元/平方米、北京 40 元/平方米、天津 35 元/平方米、广东 30 元/平方米、湖南 25 元/平方米、内蒙古 12.5 元/平方米等
城镇土地使用税	开征范围的土地	实际占用额土地面积	单位面积土地年应纳税额：大城市 1.5 元至 30 元；中等城市 1.2 元至 24 元；小城市 0.9 元至 18 元；县城、建制镇、工矿区 0.6 元至 12 元

受金融危机的影响，2008～2009 年全国购地总面积和开发面积全面有所下降，但到 2010 年初土地购置活动开始升温（见表 6－9、表 6－10）。2010 年下半年全国及重点监测城市土地购置面积大幅增长。2010 年土地累计购置面积达 40969.53 万平方米，是上年购置面积的 1.28 倍。

表 6－9　　全国及部分大中型城市 2010 年月度累计土地购置面积　单位：万平方米

	1～3 月	1～4 月	1～5 月	1～6 月	1～7 月	1～8 月	1～9 月	1～10 月	1～11 月	1～12 月
全国	6165.98	9182.58	12942.54	18501.23	21746.7	25690.83	29083.09	32778.13	36080.14	40969.5
北京	88.05	201.71	331.18	408.07	453.42	534.86	585.87	646	761.71	858.75
上海	45.85	54.49	76.59	106.08	128.15	181.74	237.24	252.57	304.27	432.44
天津	11.59	35.05	119.62	183.77	185.96	194.81	200.7	206.7	223.13	652.46
广州	15.84	16.73	18.74	24.16	27.79	48.19	53.87	74.48	126.51	156.9
青岛	99.91	133.55	187.26	251.74	300.54	384.37	401.66	418.89	432.52	478.81
重庆	190.26	234.08	299.47	339.43	406.18	455.53	511	541.8	774.59	1369.22

资料来源：2010 年《房地产年鉴》。

表 6-10　　全国 2006~2010 年土地开发及购置数据

	2006	2007	2008	2009	2010
土地购置面积（万平方米）	36573.60	40609.18	36785.37	31906.10	40969.53
土地开发面积（万平方米）	27128.40	26870.80	260330.30	23006.00	21253.66

资料来源：2010 年《房地产年鉴》。

土地勘测报告显示，2011 年一季度，全国土地供应总量 8.56 万公顷，土地出让总面积 6.34 万公顷，占供应总量的 74.1%。其中，招拍挂出让面积 5.79 万公顷，招拍挂出让占出让总面积的 91.3%，同比增长了 6.8%，土地出让价款总额同比增幅明显。

从表 6-11 可以看出，2010 年地方政府土地出让收入为 30108.93 亿元，比 2009 年环比增长了 111.44%。但是，财政收入统计中的土地出让收入单独统计，不在目前的财政收入概念之下。与土地出让相关联的、形成直接财政收入的是城镇土地使用税、耕地占用税、契税等税。它们的收入是逐年增加的，且增长速度加快，2010 年耕地占用税比 2009 年增加了 255.57 亿元。可以说，土地升值以及由地方政府出让土地带来出让收入和相关税收的不断升高（见表 6-11），带来地方财政收入快速增长。通过粗略估算，因土地出让年均可以增收的预算财政收入呈现逐年上升趋势，其中预算外基金收入（主要是土地出让金）约为预算内税收收入的 13.39 倍。2010 年因出让土地增加的预算内财政收入 2.90 个百分点。10 年来，土地出让应纳税金年均贡献的财政收入约为 1%~3%。

表 6-11　　地方财政收入与土地使用权出让收入情况表　　单位：亿元

年份	地方财政收入	土地出让收入	土地出让金	契税估算值	城镇土地使用税	耕地占用税	土地出金/三税（倍数）	三税/全国财政收入（%）
2001	7803.3		1295.89	23.71	66.15	38.33	10.11	0.78
2002	8515		2416.79	44.23	76.83	57.34	13.55	0.94

续表

年份	地方财政收入	土地出让收入	土地出让金	契税估算值	城镇土地使用税	耕地占用税	土地出金/三税（倍数）	三税/全国财政收入（%）
2003	9849.98		5421.00	99.20	91.57	89.90	19.31	1.29
2004	11893.37		6412.00	117.34	106.23	120.09	18.66	1.30
2005	15100.76		5884.00	107.68	137.34	141.85	15.21	1.22
2006	18303.58		7676.89	140.49	176.81	171.12	15.72	1.26
2007	23572.62		11947.95	218.65	385.49	185.04	15.14	1.54
2008	28649.79		9600.00	175.68	816.90	314.41	7.35	2.13
2009	32602.59	14239.70	12732.96	233.01	920.98	633.07	7.13	2.61
2010	40613.04	30108.93	28197.70	516.02	1004.01	888.64	11.71	2.90

资料来源：根据历年《中国统计年鉴》、《中国房地产年鉴》、财政部预算司财政收入决算表计算整理。

三、新建房增值（提价）是财政收入增加的重要原因之一

1. 新房交易价值中，计入GDP的部分主要是房屋建造成本和房产净增值。

在我国，新建商品房屋开发成本一般由五大要素构成：一是土地成本，约占房价的30%左右。二是房屋开发成本。这部分成本包括勘探设计，前期工程费及建筑、安装成本，约占房价总额的40%左右。三是开发商的利润，约占房价的12%～15%。四是税费支出。这部分支出主要包括管理、销售、财务费用以及有关的税费（表6－12）。其中管理费根据城市地域特点一般为房价的2%～3%；前、中、后期的营销和宣传支出约占房价的6%左右；税金部分约占房价的8%。五是不可预见的

费用及风险支出，约占到房价的1% ~3%。然而，当新建房产达成交易时，计入GDP的部分则不包括土地出让金，仅包括房屋建筑成本费用及净增值。

表6-12 房地产开发企业经营状况

年份	销售面积（万平方米）	销售价格（元/平方米）	主营业务收入（亿元）	经营利润（亿元）	经营税金及附加（亿元）	经营税金及附加环比增长率（%）	企业经营税金占财政收入比重（%）	年均增长率（%）
2007	77354.72	3864	23397.13	2436.61	1660.30	47.3	3.24	11.25
2008	65969.83	3877	26696.84	3432.23	1829.20	10.2	2.98	-7.81
2009	94755.00	4695	34606.23	4728.58	2585.49	41.3	3.77	26.52
2010	104764.65	5029	42996.48	6111.48	3464.66	34.0	4.17	10.49
2011（估算）	109946	3110	56408.48	6384.64	3896.48	12.46	4.03	-3.23
2012（估算）	109506	3098	52376	5761.36	2713.99	-30.35	2.32	-42.43

资料来源：2011年《中国统计年鉴》。

2. 新房交易价值中，虽然土地受让时缴纳过部分税费，须再次全额计征相关税收。

按照现有税法规定，房地产商作为土地受让方，在购买土地时，已经支付过相关税费，如契税、耕地占用税或者城镇土地使用税、土地增值税等。房屋销售交易达成后，须以房屋销售收入为计税依据全额缴纳营业税、城建税、教育费附加、印花税、契税，所得税，按增值额缴纳土地增值税。这些税收共同贡献了财政收入的快速增长。依据房地产开发企业经营统计数据，因新房交易所贡献的税金及附加对经济形势变化敏感，约占财政收入的3.5% ~4%（表6-13）。

表 6-13 2001~2010 年重点监测城市房屋销售对财政收入的贡献

年份	商品房价（元/平方米）	房地产增长率（%）	房屋销售面积（万平方米）	以 2005 年为基准价，销售量增加贡献的财政收入（亿元）	占财政收入的比（%）	房价上涨贡献的财政收入（亿元）	占财政收入的比（%）
2001	2170						
2002	2250	3.69					
2003	2359	4.84					
2004	2778	17.76					
2005	3168	14.04					
2006	3367	6.28	61857.1	1959.6	5.1	2082.5	5.4
2007	3864	14.76	77354.7	2450.6	4.8	2988.7	5.8
2008	3877	0.34	65969.8	2089.9	3.4	2557.4	4.2
2009	4695	21.1	94755.0	3001.8	4.4	4448.4	6.5
2010	5029	7.11	104764.7	3318.9	4.0	5268.3	6.3
2011（估算）	5474	8.85	97738.9	3096.4	3.2	5349.9	5.5

资料来源：根据 2011 年《中国统计年鉴》计算所得。

3. 房屋升值（提价）越大，税收收入越大。

新建房销售额减去地价、料、工、费的升值部分才是计入 GDP 的部分，因此提价既形成 GDP，也形成额外的财政收入。

2001 年以来，我国商品房平均价格整体呈上涨趋势。尽管 2008 年受金融危机影响，房价增幅放缓，但绝对房价仍然在增加。现有统计数据显示，2001 年商品房屋平均售价为 2170 元/平方米，2010 涨到了 5029 元/平方米，平均房价基本翻了一番。不断上涨的房价，吸引资金流入房地产开发行业，刺激了房产投机活动，并促使房屋租赁市场的火热。可见，房价上涨，房屋销售收入增加，税基扩大，相关税收增加，从而带来了额外的财政收入。

综上所述，土地和新建房屋销售量的增加和价格的上涨为地方财政收入做出了巨大的贡献。依据历年统计数据可以粗略的估算出，房产市场相关税费的增收为财政收入贡献了8%左右的增长率。

四、简短提示：资源、资产在2012年后若降价，财政收入将受到影响

2012年资源类产品继续着“量增”的趋势，但是很可能“价不再升”，因此资源类产品的真实GDP还会增长，但是其非真实GDP（纯名义）部分在新的一年内不会增长，其对财政收入增长的贡献部分将下降。

土地、二手房交易的“量”和“价”都将下降，其对财政收入增长的贡献是负值。

新房地产交易的“量”和“价”也都将下降，减缓财政收入的增速。

其他，如进出口方面，因为总外贸量增速放缓、顺差的比重减少，进出口环节的流转税和关税增幅都有可能下降。

思考题

1. 理解：资源类产品“量增”带来真实GDP，“价升”带来的是非真实（纯名义）GDP。

2. 弄清楚：矿产品、能源、土地等资源或资产价格上涨与这些年财政收入超快增长的关系。

3. 思考：如果资源资产类价格增长停滞或者降价，将给2012年、2013年、2014年、2015年财政带来哪些影响。

补充材料

附表6-1 我国财政收支增长情况

	财政收入（亿元）	财政支出（亿元）	财政收入增长速度（%）	财政支出增长速度（%）
2000年	13395.2	15886.5	17	
2001年	16386.0	18902.6	22.3	
2002年	18903.6	22053.2	15.4	
2003年	21715.3	24650.0	14.9	
2004年	26396.5	28486.9	21.6	
2005年	31649.3	33930.3	19.9	
2006年	38760.2	40422.7	22.5	19.1
2007年	51321.8	49781.4	32.4	23.2
2008年	61330.4	62592.7	19.5	25.7
2009年	68518.3	76299.9	11.7	21.9
2010年	83101.5	89874.2	21.3	17.8
2011年	103874.4	109247.8	25.0	21.6
2012年	117253.5	125953.0	12.9	15.3
2013年	129142.9	139744.3	10.1	10.9

资料来源：国家统计局年度统计数据库。

http://data.stats.gov.cn/workspace/index;jsessionid=605527338807ACA7B165ECDB0DB67A85?m=hgnd。

第三节

名义GDP的财政收入增加了真实宏观税负[1]

一、影响财政收入超速增长的各类GDP的变动及预测

根据本研究前两份报告的内容，本节将影响财政收入高速增长的各因素作如下分析和预测：

1. 真实GDP的增长。

以不变价格核算出的是真实GDP，即实体经济增长去除物价上涨因素后的真实增长。

为了剔除价格变动的因素，必须找到一个基期。当前，国家统计局公布的不变价GDP是以上年价格为基准，为了更精确地研究和表述，论述中将用2005年不变价为基期计算各年GDP。因此，本节所计算和使用的“不变价GDP”，与统计局公布的不变价GDP之间有一个“基期”差异。比如，2009年，都是不变价，前者计算所得的真实GDP为260812.9亿元，后者公布的是291328.1亿元。

按照2005年不变价格计算的真实GDP，从2009年到2011年分别是284844.8亿元、314578.5亿元、343428.8亿元，比上年分别增长了9.2%、10.4%、9.2%；2012年预计增长7.5%，真实GDP达到369283亿元（表6－14）。

① 本节主要部分载财政部财政科学研究所《研究报告》2012年第55期。

表 6－14　　不同基准价格下的 GDP

年　份	2005	2006	2007	2008	2009	2010	2011	2012
按当年价计算 GDP	184937.4	216314.4	265810.3	314045.4	340902.8	401202.0	471564.0	589455.0
按上年不变价格计算 GDP		208424.4	247031.0	291328.1	342937.6	376356.7	438112.6	506931.3
上年数＝100	100	112.7	114.2	109.6	109.2	110.4	109.2	107.5
按 2005 年不变价格计算 GDP	184937.4	208424.4	237892.8	260812.9	284844.8	314578.5	343428.8	369283.0
2005 年数＝100	100	112.7	128.6	141.0	154.0	170.1	185.7	199.7
纯名义 GDP（2005 年数＝100）		7890.0	27917.5	53232.5	56058.0	86623.5	128135.2	220172.0

资料来源：根据历年《中国统计年鉴》整理所得。

2. 纯名义 GDP 的增长。

真实 GDP 以外，由通胀因素导致名义 GDP 增加的部分就是纯名义 GDP，纯名义 GDP 部分也对财政收入作出了贡献。近年来，资源要素价格的不断提价，房屋价格的飙升，一定程度上推动了财政收入的快速增长。2011 年中期，国内通货膨胀备受关注，紧接着国家配套调控措施的出台以及调控力度的加大，通胀率明显回落，产品价格逐步回归常态，由价格上涨带来的纯名义 GDP 涨幅下降。见表 6－15。

年度平均通胀率是以上年价格为基期的通胀率，就是国家统计局所公布数据，这与以 2005 年为基期计算的通胀率显然不同，后者是 2005 年以来各年度通胀的累积数，绝对额要远高于前者。根据上述条件计算得出的纯名义 GDP，在 2009～2011 年间的分别为 56058.0 亿元、80623.5 亿元、128135.2 亿元，分别比上年增长 5.31%、7.30%、5.40%；而 2012 年的估算值是 220172 亿元，比上年增长 4%。

表 6－15　以 2005 年不变价计算，各类 GDP 的变动及 2012 年估算

		2009 年		2010 年		2011 年（估算）		2012 年（估算）	
		数值	各数值比上年增长（%）	数值	各数值比上年增长（%）	数值	各数值比上年增长（%）	数值	各数值比上年增长（%）
真实GDP	实际值（亿元）	284844.8	9.2	314578.5	10.4	343428.8	9.2	369283.0	7.5
	其中：第一产业	26812.6	4.18	38136.4	42.23	41633.9	9.17	44772.7	7.54
	第二产业	138062.7	9.94	149004.4	7.93	162669.7	9.17	174933.4	7.54
	工业	119731.4	8.73	131369.6	9.72	143417.6	9.17	156778.5	9.32
	资源量	54704.21	－18.25	75673.42	38.33	97973.59	29.47	101895.24	4.00
	建筑安装	18331.3	18.56	17634.8	－3.80	19252.1	9.17	20703.5	7.54
	第三产业	119969.4	9.56	127437.7	6.23	139125.1	9.17	149613.8	7.54
纯名义GDP	实际值（亿元）	56058.0	5.31	80623.5	43.82	128135.2	58.93	220172.0	71.83
	其中：资源提价	－19425.19		14982.56	－177.13	3519.13	－76.51	－3395.66	－196.49
	房价虚增	7750.96	－19.26	3530.57	－54.45	4320.06	22.36	－2299.08	－153.22
非GDP经济	存量房交易税（估算）	1027.8		1246.5	21.28	1261.8	1.23	1271.3	0.75
	土地出让金	12733.0	32.64	28197.7	121.45	19052.3	－32.43	16003.9	－16.00
	股票成交额	535986.76	100.66	545633.54	1.80	421646.74	－22.72	523642.0	24.19
外贸GDP	出口额	82029.69	－18.29	106817.97	30.22	124487.40	16.54	136936.1	10.00
	进口额	68618.37	－13.72	94423.02	37.61	114315.19	21.07	125746.7	10.00

注：①基础数据来自历年统计年鉴及官网专业数据库；②计算过程中为剥离真实 GDP 和纯名义 GDP，分别考虑了资源、房产交易等的量增和价增，其中资源提价选取了煤炭、石油和金属的价格变动情况为典型代表，测算资源价格变化对纯名义 GDP 的影响；③非 GDP 经济中的存量资产交易本应该包括二手房、二手车及其他旧货物交易，前者仅有各别省市有单独数据，后两者暂无详细统计资料，文中仅以二手房交易为代表，依据部分大城市现有存量房交易情况统计数据的估算数，来说明存量资产交易对非 GDP 交易的影响；④有价证券交易本应该包括股票、债券、基金、期货以及信托投资和其他衍生产品的交易情况，本表选用股票成交情况作为代表。

3. 非 GDP 经济活动的变化。

以虚拟经济、存量资产交易、二手房、存量土地交易为代表的非 GDP 经济领域的交易行为，尽管不属于 GDP 核算的范围，但这些经济领域的活跃不仅带动了相关产业链的发展，增加了就业，同时也带来了相关税收的增加，推动了财政收入的快速增长。当然，它们下降也将带来财政收入增速降低。2009~2011 年期间，土地出让金波动幅度最大，经历了 2010 年的快速上涨和 2011 年的急速下滑，2011 年土地出让金比 2010 年降了 153.88%。2009~2010 年，存量房交易税上升了 21.28%，到 2011 年底该交易税小幅上扬，年度增长率为 1.23%，2012 年该项税收年度增长率约为 0.75 个百分点。可以预测 2012 年存量房市场、股票市场并不乐观，土地市场也将逐渐正常化，依赖这些市场的各种投资投机行为成本加大，投资投机活动减少，相关税收下降，则非 GDP 经济必然下降。

4. 外贸 GDP 的变化。

进口（关税和其他流转税）实际征税率较高，而出口实际退税率较低，进出口征退税差额扩大，为每年财政收入快速增长做出了很大的贡献。2008 年之后，我国出口导向型经济发展模式面临产品升级换代，国际市场需求低迷以及贸易保护主义抬头等影响，产品出口涨幅明显下降。与此同时，国内人民币被迫升值压力加大，劳动成本不断上升，尤其是部分新兴国家廉价产品加工市场的出现，使我国主导的劳动密集型产品出口前景并不乐观。2009~2011 年，我国进出口绝对额保持上升趋势，但是环比增长速度降幅较大。根据商务部预算可知，2012 年进出口额较上年增长 10%左右，比上年降低了 10 个百分点左右。在此基础上可进一步推算出，2012 年外贸 GDP 绝对额将增加，但涨幅将呈下降趋势（国务院于 2012 年 3 月 30 日已经下调了部分商品的进口关税税率，关税总额降幅可能会更大）。

二、分析各类 GDP 对财政收入的贡献及其在 2012 年的贡献数

1. 2009～2011 年各类 GDP 对财政收入的贡献分析。

从过去的数据可知，不同类型 GDP 对经济形势变化的敏感度不同，进而对当年财政收入的贡献率（占总收入的比重）及震荡幅度也相差甚远。总体而言，我国真实 GDP 对财政收入的贡献率最高，而纯名义 GDP、外贸 GDP、非 GDP 经济依次为财政收入贡献了不同程度的增长率。但是，它们在财政收入中的占比随经济形势的变化而变化。

（1）真实 GDP 对财政收入贡献率 2009 年突升至 73% 左右，2011 年又回落到 63%。

真实 GDP 对财政收入的贡献率受其他类 GDP 贡献率变动的影响，后者如果下降，前者就会上升。2009 年受外围因素影响，国内股市、房市震荡较大，非 GDP 经济和外贸 GDP 等经济领域呈现较大的负增长。与此同时，实体经济的贡献突出了，这使当年真实 GDP 的贡献率远超其他年份，2009 年真实 GDP 的贡献额约占当年财政收入的 72.58%。2010 年，国内经济回暖企稳，各行各业都有一定程度的增长，虽然真实 GDP 增速较前一年高出 1.2 个百分点，但其贡献率相对有所下降，达 69.08%。2011 年，财政收入总额为 103740 亿元，环比增速为 24.8%，尽管真实 GDP 绝对贡献额比上年增加了 8193.4 亿元，但年度贡献率下降为 63%。

（2）纯名义 GDP 在财政收入中的占比有较大变动，2011 年达到 27% 以上。

根据纯名义 GDP 的定义可知，纯名义 GDP 是要素价格上涨

所带来的国内生产总值的虚增长。由统计数据显示，各生产要素价格每年都呈上涨趋势，尤其是大宗商品价格的快速上涨和房价的不断飙升，是推动财政收入额外增长的重要因素。

从表 6－16 可以看出，纯名义 GDP 的贡献率波动幅度较大，除 2009 年纯名义 GDP 的贡献率低于其他年份外，纯名义 GDP 每年约贡献 1/5 左右的财政收入（是历年通胀累积的结果，说明见前文）。2010 年纯名义 GDP 环比贡献率增长了 3.7%。该年房产价格膨胀，新房建设企业紧锣密鼓，房地产行业的财政贡献率明显提高。资源产品价格上升明显，资源型产业贡献率增加。2011 年，国内通货膨胀明显，纯名义 GDP 的贡献率为 27.17%，为 2011 年前的最高点。

（3）非 GDP 经济对财政收入的贡献总体在降低。

据非 GDP 的定义可知，非 GDP 经济依赖于土地市场、有价证券市场和存量房市场的繁荣。地方政府通过卖地筹集建设资金的事实，刺激了各地土地交易量的增加，但 2011 年中后期政府开始对土地、房屋的投资投机实施严管，土地交易量下降明显，相关税收减少。有价证券市场具有明显的顺周期性。2009～2011 年间，受金融危机、欧债危机和国内通货膨胀等的影响，有价证券交易量变化明显，其对财政收入的贡献波动幅度较大，2009 年及 2011 年，有价证券交易贡献出现了负增长，2010 年资本市场向好因素增加，财政贡献率呈现正增长。可见，非 GDP 经济对财政收入的贡献不确定性较强，波动幅度大。

（4）外贸 GDP 对财政收入的贡献变化明显，2011 年达到最高。

2008～2009 年间，受国际贸易环境恶化的影响，我国进出口额明显下滑，为抑制金融危机国内多次上调出口退税率，相关税费下降明显，外贸 GDP 的财政贡献率降幅明显，2009 年贡献率是 6.75%。2010 年中后期，全球经济出现回暖迹象，进出口额增加，外贸 GDP 贡献率略有提高，贡献率是 7.38%。2011 年进出

表 6 - 16　　以 2005 年不变价计算和分析影响财政收入超速增长的各因素

		2009 年			2010 年			2011 年（估算）			2012 年（估算）		
		数值	各因素财政贡献率（%）	各数值比上年增长（%）	数值	各因素财政贡献率（%）	各数值比上年增长（%）	数值	各因素财政贡献率（%）	各数值比上年增长（%）	数值	各因素财政贡献率（%）	各数值比上年增长（%）
全部财政收入（亿元）		68518.3	100	11.7	83101.5	100	21.3	103740.0	100	24.80	117228.3	100	20.90
真实GDP	真实 GDP 贡献	49733.9	72.58	9.20	57403.9	69.08	-4.83	65597.3	63.00	-8.80	64587.6	59.51	-1.93
	其中：第一产业	4681.5	6.83		6959.1	8.37	22.57	7922.9	7.64	-8.80	7830.8	6.68	-9.20
	第二产业	24105.7	35.18		27190.1	32.72	-7.00	30956.0	29.84	-8.80	30595.9	26.10	-9.20
	工业	20905.1	30.51		23972.1	28.85	-5.45	27292.4	26.31	-8.80	26974.8	23.01	-9.20
	资源量	10995.04	16.05	-35.95	15674.34	18.86	17.54	21553.34	20.78	10.15	23856.18	20.37	-1.97
	建筑安装	3200.6	4.67		3218.0	3.87	-17.10	3663.7	3.53	-8.80	4336.0	3.70	8.73
	第三产业	20946.6	30.57	0.51	23254.7	27.98	-8.46	26475.5	25.52	-8.80	31334.2	26.73	8.73
纯名义GDP	纯名义 GDP 贡献	9593.5	14.00	2.26	14712.1	17.70	26.44	28572.2	27.17	53.48	27237.9	23.23	-14.49
	其中：资源提价	-3904.28	-5.70	43.00	3103.36	3.73	-165.54	774.18	0.75	-80.02	-674.74	-0.58	-177.19
	房价虚增	1557.87	2.27	8.18	731.29	0.88	-61.30	950.38	0.92	4.10	-456.84	-0.39	-142.57
非GDP交易量	非 GDP 贡献	4563.3	6.66	15.30	4853.1	5.84	-12.31	4484.74	4.32	-25.98	4630.5	3.95	-8.63
	其中：存量资产（估算）	1027.8	1.50	67.58	1246.5	1.4	-6.67	1261.8	1.2	-14.29	1271.3	1	-16.67

续表

		2009 年			2010 年			2011 年（估算）			2012 年（估算）		
		数值	各因素财政贡献率（%）	各数值比上年增长（%）	数值	各因素财政贡献率（%）	各数值比上年增长（%）	数值	各因素财政贡献率（%）	各数值比上年增长（%）	数值	各因素财政贡献率（%）	各数值比上年增长（%）
非 GDP 交易量	土地出让税金	1787.1	2.61	36.80	2409.9	2.9	11.11	2001.5	2.3	-20.69	1906.9	1.5	-34.78
	证券等交易	495.0	0.72	-69.88	540.2	0.65	-9.72	550	0.52	-19.53	635.6	0.5	-4.41
	其他因素	1253.9	1.83		739.6	0.89	-51.37	315	0.30	-66.29	1113.7	0.95	216.67
外贸 GDP	外贸 GDP 的贡献	4625.0	6.75	-19.15	6132.9	7.38	9.33	8288.8	7.99	8.27	8018.4	6.84	-14.39
	其中：征退税差	2754.0	4.02	-89.70	4540.4	5.23	30.10	6755.7	5.42	3.63	5085.1	4	-26.20
	关税	1483.8	2.16	-16.28	2027.8	2.14	-0.93	2690.9	2.55	19.16	2542.6	2	-21.57
	其他因素		0.57			0.01			0.02			0.84	
财政收入		总增长了 11.7%，其中超增了 3.6%			总增长了 21.3%，其中超增了 10.9%			总增长 24.73%，其中超增了 15.53%			总增长了 20.90%，其中超增长了 12%		

注：全部预算内财政收入，不包括基金收入；按照 2005 年不变价格计算真实 GDP、纯名义 GDP。税负 1 = 财政收入/名义 GDP 负担率；真实 GDP 创造的税收 = 真实 GDP × 税负 1；纯名义 GDP 创造的税收 = 纯名义 GDP × 税负 1；非 GDP 经计量没有统计，但有税收收入额；外贸 GDP 创造的税收 = 征退税差额 + 关税；资源提价创造的税收 = 资源交易量 ×（当年价格 - 上年价格）× 税负 1，其中资源交易量 = 煤炭交易量 × 煤价年平均上涨率 + 石油交易量 × 油价年平均上涨率 + 钢材消费量 × 钢材价格上涨率，1 吨 = 7.35 桶；由于金属细分类很复杂，单价计算难以真实反映各类金属产品价格变动情况，为说明情况文章只选用占金属销售总量最大的钢材作为代表；建筑安装创造的税收 = 建筑安装工程费 × 税负 1；房屋提价创造的税收 = 房屋交易量 ×（当年价格 - 上年价格）× 税负 1；存量资产交易以二手房交易为主，而二手房交易量没有综合性统计资料，采用各地统计资料加总估计其应纳税额及其对财政收入的贡献。税负 1（2）计算过程见本节后的附表。

口创新高，贡献率达到7.99%，可见，外贸GDP对国内外经济形势的变化敏感，其财政收入贡献率震荡幅度较大。

2. 依据2011年中央经济工作会议的发展目标和2012年政府工作报告，预测2012年各类GDP的财政贡献。

（1）2012年财政收入增速下降，但仍高于GDP的增长速度。

依据2011年中央经济工作会议的精神和2012年工作总体部署，2012年我国经济要坚持稳中求进，真实GDP的增长目标设定为7.5%，比2011年低了1.7%，可见经济增速放缓是必然趋势。按照中央会议精神，2012年我国继续实施减税增支的积极财政政策，营业税改增值税的工作将全面推开，税收结构将更加合理，重复征税现象将减少。同时，通过价格改革和对输入型通胀因素的管理，消费价格水平将保持在4%左右，通货膨胀压力明显缓解，经济泡沫也将得到治理。可见，真实GDP和“纯名义”GDP都将下降，且后者下降幅度更大，意味着物价、房价等物资价格上涨对财政收入的贡献幅度也将大幅下降。

2012年出口的回落、房地产市场的调整将直接导致内生性的、市场自发投资的增速出现较大幅度回落，经济下挫的惯性和力量较大。受房产市场、资本市场下行趋势的影响，其对财政收入的贡献率将明显下降。国际经济增长回落，进出口贸易对财政收入的贡献也将下降。2012年时的估算，如果2012年GDP增长保持在7.5%左右，CPI维持在4%左右，那么2012年财政收入可至少增长11.5%左右，加上其他领域的贡献，年度增幅可能在20%左右。涨幅有明显下降趋势，但年度增长速度仍然会高于GDP的增加速度。

根据财政统计数据显示，京沪穗渝等多个城市2012年1~2月份财政收入出现负增长。从全国角度看，2012年前2个月的主要经济指标也出现明显减速现象：其一，全国规模以上工业企业1~2月份实现利润6060亿元，同比下降5.2%，比2011年12月下降近37%，这是自2009年11月以来，工业企业利润首次出现负增长；其二，1~2月份全国财政收入增长11%左右，比2011年平均增速24%左右下降了一半；其三，根据3月份汇丰PMI显示，初值回落到48.1，低于50分水岭，创下数月新低。

（2）资源交易量涨势回落，交易价格回归常态，资源对财政收入贡献率略有下降。

2012年经济工作目标是加快实现经济发展方式的转变，更加注重经济增长速度与结构质量效益相统一，经济发展与人口资源环境相协调。面对节能减排的严峻形势，“三高”产业将加快整合速度，资源型产业项目扩建难度更大，短期内相关产业产能不会有太大变化。因而，受国内经济整体下滑及产业结构调整的影响，资源交易量涨幅将有所回落，资源产品价格大幅下跌的可能性不大，交易价格将回归常态。可见，2012年资源交易额要下降，随着资源税改革的深入，资源税率的扩大，资源对财政收入的贡献率将略有下降，贡献率约为5%。

（3）新房交易量降幅明显，一线城市房价回落，二三线城市房价回归常态，房产贡献率下降。

根据2012年的国务院政府工作报告，2012年房地产市场调控力度不减，将在“限购”、“限贷”以及“市场秩序整顿”的持续压力下出现全面调整，土地买卖、房屋买卖等投资投机行为难度更大。房地产建设企业及投资人受资金压力影响，房地产投资、投机增速继续回落，且可回落空间较大。同时，普通商品住房供给的增加，国家保障房建设力度加大，房价上涨的势头将得到有效遏制，部分城市的房价还将继续回落。因而，2012年新建房产交易量会明显下降，房屋价格也逐步回归常态，以此为基础的房地产交易税费会显著下降，房地产对财政收入的贡献率降幅明显，贡献率约为6%。

（4）2012 年二手房交易量下降，交易价格走低，存量资产对财政收入贡献率也将下降。

中央在 2012 年坚持房地产调控不放松，这将使房地产业本身得到健康发展，也是中国经济的自我调整。房地产市场的严冬政策不仅影响新建房产市场，也会牵连存量房地产市场。受整体房价下行的影响，二手房市场交易量下降，房屋价格也将降低。因此，2012 年存量房地产市场财政贡献率下降，贡献率约为 1%。

（5）2012 年进出口增速放缓，关税及征退税差额将下降，则外贸 GDP 对财政收入的贡献率将明显降低。

2012 年世界经济增长的回落趋势已形成，但没有像预期那么差。虽然欧洲将再次面临经济萧条的压力，美国、日本经济的稳定为全球经济的趋稳创造了条件。受国际经济整体形势以及发达国家贸易保护主义抬头的影响，贸易摩擦加大，仅 2011 年，我国共遭遇来自 19 个国家（地区）发起的贸易救济调查案件 69 起，同比增加 4.5%，2012 年我国出口将更加困难，出口增长面临压力加大，进出口总额会小幅增加，但增加幅度会有所回落，进出口关税会明显下降。在国内，中国要逐步履行加入 WTO 的协定，遵守进出口关税税率下调的承诺，从而进出口征退税差额也将缩小。2012 年 3 月 30 日，国务院决定将降低部分生活用品、部分原材料及关键零部件等的进口关税。可见，2012 年的外贸 GDP 对财政收入的贡献率将降低，贡献率约为 6%，比上一年同期降了 29.83%。

（6）资本市场宏观不确定因素增多，有价证券交易量下降，证券交易税减少，资本市场财政贡献率将小幅下降。

在国际上，2012 年欧洲主权债务危机仍未及时得到合理的解决措施，将在意大利和希腊债务问题双重夹击下可能会进一步恶化，与此同时，美国债务问题、日本债务问题以及其他发展中国家的债务问题，这些不确定因素的增加，会使国际资本市场整体维持下行态势。此外，2012 年又是一个所谓的“疯狂换届年”，将有 50 个国家或地区迎来换届，战争风险增大。在国内，“十二五”计划的推进、资本市场改革力度加大等事件，导致资本市场波动的因素加大，有价证券交易总量将下降，税基降低，因而资本市场财政贡献率呈小幅下降趋势，贡献率约为 0.5%。

三、财政收入超过 GDP 增长或下降在其他国家也出现过

纵观各国经济发展情况可知，财政收入增长速度高于 GDP 增速的现象并非中国特色，事实上一些发达国家也曾出现过或者正经历着。

表 6－17　　巴西、俄罗斯 GDP 和财政收入增长情况表　　单位：%

	2007 年		2008 年		2009 年		2010 年	
	GDP 增长率	财政收入增长率	GDP 增长率	财政收入增长率	GDP 增长率	财政收入增长率	GDP 增长率	财政收入增长率
巴西	6.09	13.87	5.16	15.80	－0.64	3.15	7.49	24.42
俄罗斯	8.54	24.50	5.25	22.00	－7.81	－15.90	4.03	17.90

资料来源：巴西财政部、俄罗斯联邦财政部数据库。

从表 6－17 可以看出，2007～2010 年间，巴西的财政收入年度环比增长率远远高于 GDP 的增长率，其中 GDP 的年度增长率分别为 6.09%、5.16%、－0.64%、7.49%，而财政收入年度增长率分别为 13.87%、15.80%、3.15%、24.42%，后者比前者平均高出了近 10%。俄罗斯受金融危机影响明显，2009 年财政收入和 GDP 均呈现负增长，财政收入比 GDP 的降速更快；其他年份财政收入的年度增长率均在 17% 以上，而 GDP 的增长率却在 10% 以内上下波动。

从图 6－3、图 6－4 可以看出，巴西、俄罗斯财政超 GDP 增

长，与其物价水平、虚拟经济变动情况具有相同的变动趋势。2007年起经济开始低速增长，2008年急速下滑，2009年基本处于谷底，2010年起企稳复苏，到2011年再次出现缓慢下滑倾向。虚拟经济出现下滑或回复的迹象要早于经济整体趋势。

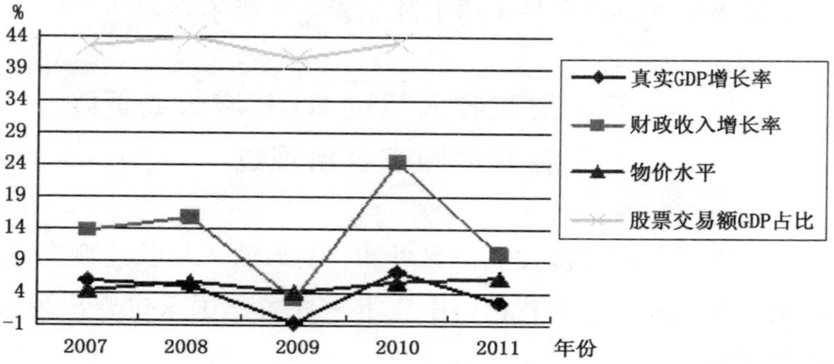

图6-3 巴西财政超GDP增长与物价、虚拟经济变动相关

资料来源：世界银行和巴西央行网站。

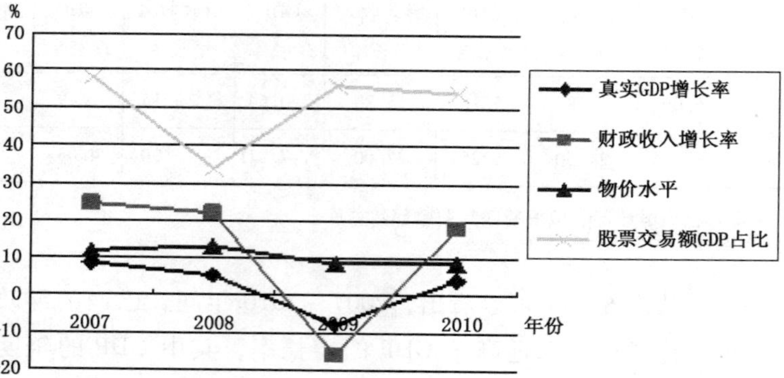

图6-4 俄罗斯财政超GDP增长与物价、虚拟经济变动相关

资料来源：世界银行和俄罗斯联邦银行网站。

俄罗斯财政收入增长率从2008年的22%急速下降了到2009年的-15.9%，下降了近38%，财政收入上下大幅度跳跃。第一，这个跳跃首先与其GDP变动趋势一致，从统计上看，俄罗斯GDP的波幅也很大，从2007年的8%降到2009年的-8%左右

(巴西仅从 6% 降到 -0.64%)。俄罗斯 GDP 的增长率变动大与其经济增长对能源行业的依赖度超过 50% 有关。第二，这个跳跃与其虚拟经济大幅度跳跃变化一致。

四、货币超发与财政收入超速增长之间存在一定联系

1. 货币供给量超常增长。

2009 年末起，我国货币供给量超常增长，到 2011 年中期增幅才有所回落。整体来看，我国货币供给量呈稳定增长趋势（图 6-5），尤其是 2008 年为应对危机，增加市场流动性，货币供给速度加快。截至 2012 年 2 月末，中国人民银行广义货币（M2）余额 86.72 万亿元，比上年末增长了 1.83%，比上年同期增长了 17.80%，增幅同比回落了 5.67 个百分点。狭义货币（M1）余额 27.03 万亿元，比去年同期增长了 4.29%，回落了 5.3 个百分点。流通中货币（M0）余额为 5.14 万亿元，上年同期增长了 12.64%，回落了 4.2%。另外，从图形中还可以看出，每年流通中的货币余额呈倒 U 型变化，年初流通中的货币量居全年最高水平，前半年略有下降，年末基本与 2 月份持平。

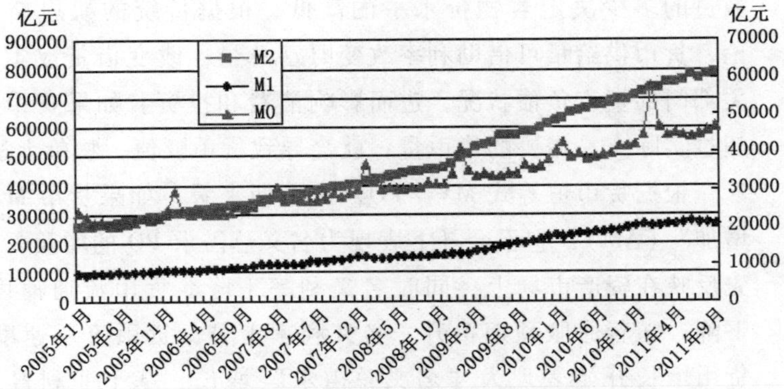

图 6-5　2005~2011 年月度货币供应量变化图

资料来源：中国人民银行统计数据。

2. 超量货币带来虚拟经济及房地产投资的繁荣。

2009年，面对突然增多的流动性，房市和股市交替出现了火爆迹象。2009年1~3月份，我国的房地产市场开始复苏，住房销售量开始增长。从4月份起，出现了量价齐涨的态势，而且这种趋势愈演愈烈。先是从北京、上海、广州等一线城市开始增长，接着蔓延到二、三线城市，这种楼市价涨量增的态势一直延续到9月份，10月份虽有短暂降温，但随着国家将取消购房优惠政策的出台，楼市又出现了火爆行情，多个城市的房价暴涨到历史最高水平。2010年随着楼市政策的调整，火爆的趋势有所抑制，房市出现了僵持，各种炒房团退出楼市，投资资金流向股市，股市出现异常的火爆，连续多个月份，股票交易量都达到新高。

3. 超量货币必然导致通胀，过高的通胀会损害实体经济。

2008年我们已经有一定通胀，危机开始后有短期下降，然后是快速回升，并且在2011年初达到高峰。

学术界普遍认为，高速的货币供应量增长速度会加剧通货膨胀，并产生资产泡沫。根据弗里德曼的货币数量理论，可知货币数量的多少决定着物价水平的高低。根据传统的凯恩斯主义理论，货币供给量可借助利率改变财富总量，改变借贷成本以及相关部门的资产负债状况，进而影响消费和投资。如果货币供给量超过实际交易需要的货币量，就会导致货币贬值，物价上涨。

根据货币恒等式 $MV = PQ$，从短期来看，如果货币 M“超常增加”（ΔM），它不会马上表现为名义总需求 PQ 的增长，而是首先反映在资产市场上，同时名义利率下降，货币流通速度（V）下降。随着通胀预期抬升，名义利率上升，货币流通速度提高，货币增长开始表现为“名义总需求”增长。基于菲利普斯曲线（用来表示失业与通货膨胀之间替代关系的曲线）的基本关系，“名义总需求”的增长首先会反映为“真实产出”的增长，就是说刺激了实体经济的发展。但是，这个额外货币（ΔM）带来的需求，伴随着企业对劳动、原材料和资本等需求的增加，转变为工资、原料成本、资本成本等开始上升，最终推动物价上涨，名义总需求开始更多地表现为通货膨胀。货币扩张对于资产价格的影响是即时的，对于产出的传导可能滞后1~3个月，对于通胀则可能滞后1~3个季度。从长期来看，物价的不断上涨，通货膨胀严重，将导致央行收紧银根，借贷减少，经济减速，在动荡以后会对正常经济带来负面影响。

4. 财政收入超常增长源泉之一是货币超发。

在货币超发、通胀、经济高涨中，财政收入有了超常增长。

货币供给量变动、通货膨胀及财政收入之间存在相关关系（图6-6）。货币供给量的变化，会直接影响资本市场的资产价格及其流动性，同时通过利率传导于产品市场，最终导致资源价格上涨，进而引起通货膨胀，这在整个市场传导体系中又经过多个渠道引起了相关税收收入的变化，进而带来财政收入的变化。相反，资源价格上涨又会反向作用于资产市场和产品市场，银根收紧，抑制投资，从而消减一部分货币供给量的增加。

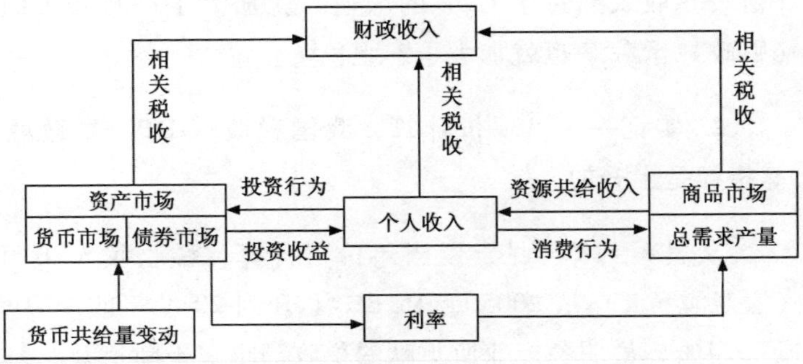

图6-6　货币供给量变动、资源价格及财政收入三者之间的关系图

资料来源：作者自制。

根据前面对财政收入增长因素的分解可知，“纯名义”GDP就是GDP的通胀部分，它能带来真实的财政收入。货币超发会诱发通货膨胀，进而通过前述的各类GDP的变动增加了财政收入，这些就是所谓“通货膨胀税”收入。

同时还要注意另一面，在此“通胀—增收”的时刻，财政如果继续着扩张偏向的政府支出政策，将加大通胀，也加大财政自己“更加超收”的源泉，形成通胀、增收、增支、再增收的“自繁荣循环”，这是不可持续的。

“货币、财政双积极”与财政收入“超常增长”是联系在一起的。2012年，中央及时将积极的货币政策调整为稳健的货币政策，已经开始减缓上述“自繁荣循环”的力量。

五、财政收入超真实GDP增长的部分就是真实GDP负担率提高的部分

1. 理论——财政收入超过GDP增长的部分就是税收负担增加的部分。

如果税收收入与GDP同步增长，宏观税负是不变的。税收（财政）收入超过了GDP的增速，就加大了“单位GDP的税收（财政）承载”也就加大了宏观税负。

2. 实证——以现价计算，我国税收/GDP、财政收入/GDP等指标是上升的。

从表6-18可见，以当年价格计算，税收收入/GDP负担率（宏观税负1）从2005年15.6%上升到2011年的19.0%，上升了3.4%，说明各产业所贡献的税收额也在不断上升。

从财政收入/GDP（宏观税负2）来看，我国宏观财政负担也在增加。财政收入/GDP负担率从2005年17.11%上升到2011年的22.00%，上升4.89%。财政收入/GDP的增幅超过了税收/GDP的

增幅，前者5年增加了4.89%，后者增加了3.4%，说明税收以外的收入增加得快。从2005年到2011年的这6年间，中国财政收入从3.16万亿元上升到10.37万亿元，增长了2.28倍。当年价格的GDP在2005年到2011年间，从184937.4亿元增加到471564.0亿元，增长了1.54倍。财政收入增长远远快于GDP的增长。

财政收入加政府性基金占GDP的比重（宏观税负3），从2007年到2011年，分别是23.5%，24.5%，25.5%，29.9%，30.8%，增长很快。

表6-18　以现价计算的不同口径下的宏观税负水平

年份	GDP（亿元）	税收（亿元）	财政收入（亿元）	全国政府性基金收入（亿元）	社保五项基金（亿元）	土地出让金（亿元）
2005	184937.4	28778.5	31649.3		6968	
2006	216314.4	34804.4	38760.2		8517	
2007	265810.3	45622.0	51321.8	11169.15	10724	13000
2008	314045.4	54223.8	61330.4	15636.35	13696	10375.3
2009	340902.8	59521.6	68518.3	18335.04	16156	14239.7
2010	401202.0	73210.8	83101.5	36785.02	18823	28197.7
2011	471564.0	89720.3	103740.0	41359.63	23472	33166.2

		税收/GDP（%）	财政收入/GDP（%）	（财政收入+全国政府性基金收入）/GDP（%）	（财政收入+全国政府性基金收入+社保五项基金）/GDP（%）	（财政收入+全国政府性基金收入+社保五项基金-土地出让金）/GDP（%）
		宏观税负1	宏观税负2	宏观税负3	宏观税负5	宏观税负4
2005		15.6	17.1			
2006		16.1	17.9			
2007		17.2	19.3	23.5	27.5	22.7
2008		17.3	19.5	24.5	28.9	25.6

续表

年份		税收/GDP（%）	财政收入/GDP（%）	（财政收入+全国政府性基金收入）/GDP（%）	（财政收入+全国政府性基金收入+社保五项基金）/GDP（%）	（财政收入+全国政府性基金收入+社保五项基金-土地出让金）/GDP（%）
		宏观税负1	宏观税负2	宏观税负3	宏观税负5	宏观税负4
2009		17.5	20.1	25.5	30.2	26.0
2010		18.2	20.7	29.9	34.6	27.5
2011		19.0	22.0	30.8	35.7	28.7

注：资料来自：2011年《中国统计年鉴》、财政部网站；财政收入为税收收入加非税收入，其中非税收入包括专项收入、行政事业性收费、罚没收入及其他收入。综合财政收入为财政收入、全国政府性基金收入、社保五项基金收入、彩票销售收入等。

3. 剔除土地出让金后计算的负担率。

在财政负担的国际比较中，财政收入要计算社会保险收入，但是一般不计算资产出让如土地出让收入。根据表6-18数据显示，如果财政收入加政府性基金、加社会保障基金，剔除土地出让金后再考察我国的宏观税负水平（宏观税负4），税负也是在逐年增加，从2007年到2011年，分别是22.7%，25.6%，26.0%，27.5%，28.7%。按照这个口径比较，我国宏观税负远远低于发达国家平均水平，也低于发展中国家平均水平。

如果上述数字加上土地出让收入，其与GDP比重高达35.7%（宏观税负5），高于发达国家韩国2007年30.8%水平，低于发达国家40.8%平均水平，但高于发展中国家32.9%的平均水平。

4. 2012年财政收入增速仍然高于GDP，宏观税负仍然增加。

2012年在结构性减税、产业转型和结构调整的大背景下，社会平均税收负担率下降明显，实体经济的绝对税收负担额在增加，而相对上一年各产业贡献率均呈下降趋势。2012 年在剔除土地出让金后，宏观税负还会增加，因为根据前面我们的预测，财政收入将继续超 GDP（大约 1 倍以上）增长。

思考题

1. 为什么说 2012 年财政收入仍然会高于 GDP 增长，但将明显回落？

2. 怎样理解：货币超发能带来财政收入超速增长？

3. 怎样理解：财政收入超真实 GDP 增长的部分，就是真实 GDP 税收负担率提高的部分，它变相地增加了宏观税负？

4. 为什么要“严格控制财政超常收入额的分配使用”？

补充资料

附表 6-1　　按 2005 年不变价计算各产业税负水平

		真实 GDP	第一产业	第二产业	工业	建筑业	第三产业	财政收入/GDP 税负 2	税收/GDP 税负 1
产值（亿元）	2005	184937.4	22420.0	87598.1	77230.8	10367.3	74919.3	17.11	15.56
	2006	208381.0	23541.0	99328.5	87175.1	12153.4	85511.6	17.92	16.09
	2007	237892.8	24422.4	114290.6	100170.1	14120.5	99179.7	19.31	17.16
	2008	260812.9	25735.9	125579.7	110117.4	15462.2	109497.4	19.53	17.27
	2009	284844.8	26812.6	138062.7	119731.4	18331.3	119969.4	20.10	17.46
	2010	314578.5	38136.4	149004.4	131369.6	17634.8	127437.7	20.71	18.25
	2011	344704.8	41633.9	162669.7	143417.6	19252.1	139125.1	22.00	19.03
	2012	375404.4	45512.6	177824.1	156778.5	21045.6	152086.1	19.87	17.49

续表

		真实 GDP	第一产业	第二产业	工业	建筑业	第三产业	财政收入/GDP 税负 2	税收/GDP 税负 1
两种税负水平下各产业所担税负额（亿元）	2009	57251.2	5389.1	27749.3	24064.9	3684.4	24112.7		
		49733.9	4681.5	24105.7	20905.1	3200.6	20946.6		
	2010	65159.1	7899.2	30863.5	27210.8	3652.7	26396.3		
		57403.9	6959.1	27190.1	23972.1	3218.0	23254.7		
	2011	75835.1	9159.5	35787.3	31551.9	4235.5	30607.5		
		65354.5	7922.9	30956.0	27292.4	3663.7	26475.5		
	2012	74592.9	9043.4	35333.7	31151.9	4181.8	30219.5		
		65658.2	7960.2	31101.4	27420.6	3680.9	26599.9		

注：资料来自 2011 年《中国统计年鉴》；税负 2 = 财政收入/名义 GDP；税负 1 = 总税收收入/名义 GDP。

附表 6-2　　各要素财政收入贡献率具体分析

	2005	2006	2007	2008	2009	2010	2011	2012（预测）
财政收入（亿元）	31649.29	38760.2	51321.78	61330.35	68518.3	83101.51	103740.0	117128.3
GDP（亿元）	184937.4	216314.4	265810.3	314045.4	340902.8	401202.0	471564.0	589455.0
税负 2	17.11	17.92	19.31	19.53	20.10	20.71	22.00	19.87
税收收入（亿元）	28778.54	34804.35	45621.97	54223.79	59521.59	73210.79	89720.31	103072.9
税负 1	15.56	16.09	17.16	17.27	17.46	18.25	19.03	17.49
房屋交易量（万平方米）	55486.22	61857.07	77354.72	65969.83	94755.00	104764.65	19252.1	21045.6
销售均价（元/米）	3168	3367	3864	3877	4695	5032	4235.30	4181.90
房价虚增（亿元）	2163.96	1230.96	3844.53	85.76	7750.96	3530.57	4.08	3.57

续表

	2005	2006	2007	2008	2009	2010	2011	2012（预测）
贡献税收 2	370.33	220.57	742.29	16.75	1557.87	731.29	3528.16	3680.07
贡献率 2	1.17	0.57	1.45	0.03	2.27	0.88	3.40	3.14
贡献税收 1	336.74	198.06	659.85	14.81	1353.32	644.25	97738.9	105000
贡献率 1	1.06	0.51	1.29	0.02	1.98	0.78	5474	5255
煤炭（万吨）	167086	183919	199441	204888	215879	220959	4320.06	-2299.08
煤炭销售均价（元/吨）	361.52	381.94	414.81	620.77	508.77	664.97	950.38	-456.84
石油（万吨）	46727	49924	52736	53335	54890	61738	0.92	-0.39
石油（万桶）	350456	374434	395516	400012	411674	463038	791.70	-402.02
石油销售均价（美元/桶）				104.91	65.15	82.70	0.76	-0.34
美元兑人民币汇率	8.19	7.97	7.60	6.95	6.83	6.77	242000	270000
石油销售均价（元/桶）				729.12	444.95	559.85	729.32	769.43
钢材消费量（亿吨）	35831	44445	51983	54631	67028	76112	92865	97508.39
销售均价（元/吨）	2273	1072	1219	4582	3790	4606	696488	731313
资源量增				66916.52	54704.21	75673.42	85.25	91.13
贡献税收 2				13068.22	10995.04	15674.34	6.46	6.00
贡献率 2				21.31	16.05	18.86	550.72	546.78
贡献税收 1				11553.96	9551.35	13808.78	85473	92311
贡献率 1				18.84	13.94	16.62	4910	4456

续表

	2005	2006	2007	2008	2009	2010	2011	2012（预测）
资源提价					-19425.19	14982.56	97973.59	101895.24
贡献税收 2					-3904.28	3103.36	21553.34	20247.21
贡献率 2					-5.70	3.73	20.78	17.29
贡献税收 1					-3391.64	2734.00	17954.72	17817.54
贡献率 1					-4.95	3.29	17.31	15.21

注：资料来自国家统计局历年统计数据、行业网站数据整理所得；房价虚增指房屋价格上涨带来的社会收入增加；贡献税收入 1 和贡献税收 2 表示在两种税负水平下，所考查的经济变量带来的税收收入额；资源量增是指以 2005 年不同资源的不变价格为基准，计算其销售量增加所带来的资源销售额的增加值；资源提价是指依据 2005 年的基准价格，估算不同年份价格增加带来的资源销售额的增加值。

附 录 1

2011～2015年中国人民银行资产负债表

单位：亿元人民币

项目 Item	2011年12月	2012年12月	2013年12月	2014年12月	2015年12月
国外资产 Foreign Assets	237898.1	241416.9	272233.5	278622.9	253830.7
外汇 Foreign Exchange	232388.7	236669.9	264270.0	270681.3	248537.6
货币黄金 Monetary Gold	669.8	669.8	669.8	669.8	2329.5
其他国外资产 Other Foreign Assets	4839.5	4077.1	7293.7	7271.7	2963.5
对政府债权 Claims on Government	15399.7	15313.7	15312.7	15312.7	15312.7
其中：中央政府 Of which: Central Government	15399.7	15313.7	15312.7	15312.7	15312.7
对其他存款性公司债权 Claims on Other Depository Corporations	10247.5	16701.1	13147.9	24985.3	26626.4
对其他金融性公司债权 Claims on Other Financial Corporations	10644.0	10038.6	8907.4	7848.8	6656.6
对非金融性部门债权 Claims on Non－financial Sector	25.0	25.0	25.0	11.6	71.7
其他资产 Other Assets	6763.3	11041.9	7652.0	11467.5	15338.9
总资产 Total Assets	280977.6	294537.2	317278.6	338248.8	317837.0

续表

项目 Item	2011 年 12 月	2012 年 12 月	2013 年 12 月	2014 年 12 月	2015 年 12 月
储备货币 Reserve Money	224641.8	252345.2	271023.1	294093.0	276377.5
货币发行 Currency Issue	55850.1	60646.0	64980.9	67151.3	69885.9
其他存款性公司存款 Deposits of Other Depository Corporations	168791.7	191699.2	206042.2	226941.7	206491.5
不计入储备货币的金融性公司存款 Deposits of financial corporations excluded from Reserve Money	908.4	1348.9	1330.3	1558.4	2826.4
发行债券 Bond Issue	23336.7	13880.0	7762.0	6522.0	6572.0
国外负债 Foreign Liabilities	2699.4	1464.2	2088.3	1833.8	1807.3
政府存款 Deposits of Government	22733.7	20753.3	28610.6	31275.3	27179.0
自有资金 Own Capital	219.8	219.8	219.8	219.8	219.8
其他负债 Other Liabilities	6438.0	4525.9	6244.6	2746.5	2855.0
总负债 Total Liabilities	280977.6	294537.2	317278.6	338248.8	317837.0

资料来源：中国人民银行官网，http：//www.pbc.gov.cn/。

附　录 2

2012 ~2015 年美联储资产构成表

单位：百万美元

项　目	2015 年 12 月	2014 年 12 月	2013 年 12 月	2012 年 12 月
1 黄金储备账户	11037	11037	11037	11037
2 特别提款权	5200	5200	5200	5200
3 基础货币	1887	1873	1955	2103
4 证券回购协议、定期竞标信贷和其他信贷	4415564	4425460	3952587	2670180
4.1 直接持有债券	4241965	4236873	3756158	2669592
4.2 美国国债	2461554	2461364	2208775	1666118
4.2.1 短期国债	0	0	0	0
4.2.2 长期国债	2461554	2461364	2208775	1666118
4.2.2.1 长期名义债券	—	—	—	—
4.2.2.2 长期指数化债券	—	—	—	—
4.2.3 通胀补偿	—	—	—	—
4.2 联邦机构债	32944	38677	57221	76783
4.3 抵押担保证券（按揭债券）	1747467	1736832	1490162	926691

续表

项　　目	2015 年 12 月	2014 年 12 月	2013 年 12 月	2012 年 12 月
4.4 未摊销投资溢价的持有债券	189539	206835	208610	—
4.5 未摊销贴现的持有债券	-16575	-18394	-12352	—
4.6 回购操作	0	0	0	0
4.7 定期竞标信贷	—	—	—	—
4.8 其他贷款	635	145	171	587
4.9 商业票据融资工具组合 LLC	1717	1678	1541	—
4.10 Maiden Lane LLC	—	—	63	1413
4.11 Maiden Lane II LLC	—	—	22	61
4.12 Maiden Lane III LLC	—	—	109	22
4.13 TALF LLC	—	—	165	856
5. AIA Aurora LLC and ALICO Holdings LLC	—	—	—	—
6 国库未偿付的货币	153	86		187
7 银行固定资产	2244	2264	2289	2331
8 其他资产	28029	21071	24579	216474
9 央行流动性掉期	997	1528	272	8889
10 外币计价资产	19757	27463	23821	
11 州际间结算账户	0	0	0	0
资产总额	4486587	4497660	4023640	2918753

资料来源：美联储官网，http：//www.federalreserve.gov/releases/h41/。

附 录 3

2012～2015年美联储负债构成表

单位：百万美元

项　　目	2015年12月	2014年12月	2013年12月	2012年12月
未偿付的联邦储备券	1550070	1469554	1400977	1354322
减：联储银行持有货币	169311	170829	203056	227461
美联储持有的净货币额	1380759	1298725	1197920	1126861
回购协议	498519	509837	315924	103271
存款	2560670	2627009	2445620	1622799
储蓄机构持有定期存款	0	0	0	0
储蓄机构持有其他存款	2208683	2377996	2249070	1508672
美国财政部一般账户	324846	223452	162399	84458
境外账户	5231	5242	7970	6310
其他	21910	20320	26181	23359
递延入账现金	284	641	1127	1193
美国财政部应收汇款	1837	1161	2852	461
其他负债及应收股息	5066	3143	5183	9448
负债总额	4447136	4440516	3968627	2864033

续表

项　　目	2015 年 12 月	2014 年 12 月	2013 年 12 月	2012 年 12 月
实收资本	29451	28572	27507	27360
盈余	10000	28572	27507	27360
其他资本	0	0	0	0
总负债和资本	4486587	4497660	4023640	2918753

资料来源：美联储官网，http：//www. federalreserve. gov/releases/h41/。

附 录 4

2012～2015 年日本银行资产负债表

单位：亿日元

	2010 年	2011 年	2012 年	2013 年	2014 年	2015 年
1 黄金	4412	4412	4412	4412	4412	4412
2 现金	3422	3179	3065	2437	2111	1781
3 可回购及保管国债	0	0	0	0	0	0
4 购入短期债	—	—	—	—	—	—
5 国债	767382	901964	1136768	1813958	2504394	3250019
5.1 短期国债	198252	240563	244981	397950	486718	429766
5.2 中长期国债	569130	661400	891786	1416007	2017676	2820253
6 商业票据	988	19830	20525	21941	22153	21954
7 企业债	1021	15298	29151	32042	32229	31984
8 信托资产	15052	14694	14098	13603	13511	13490
8.1 挂牌交易的信托资产	142	8290	14687	24973	38458	68985
8.2 房地产投资信托	22	644	1107	1401	1777	2695
9 贷款贴现	0	0	0	0	0	0
10 贷款	436571	395581	306849	269191	317083	364638

续表

	2010 年	2011 年	2012 年	2013 年	2014 年	2015 年
10.1 贷款资金供应业务	436335	395335	306849	269174	317037	364638
10.2 抵押贷款	36	46	0	17	46	0
15 外国货币资产	52495	61015	48482	53110	60328	64980
16 代理机构账户	1	1	15	42	12	13
14 其他资产	5591	5305	4461	4783	5643	6169
资产合计	1287104	1430219	1583627	2241897	3002117	3831076
基础货币	823143	839968	866533	901431	930817	984299
当期储蓄	226513	365323	472437	1070775	1781359	2530135
其他储蓄	153	13778	3967	1846	11539	63970
政府储蓄	19210	20978	22671	16695	101270	170436
应付回购协议	151652	122922	152675	183416	102787	0
卖出短期债券	0	0	0	0	0	0
其他	7336	8024	5847	4927	6999	8567
预付资金	32313	32364	32370	35392	38483	42279
资本金	1	1	1	1	1	1
准备金	26783	26861	27126	27414	28862	38385
负债合计	1287104	1430219	1583627	2241897	3002117	3831076

资料来源：日本银行官网：http：//www.boj.or.jp/en/statistics。

附 录 5

2012～2015年欧洲央行资产构成表

单位：亿欧元

序号	项　目	2010年	2011年	2012年	2013年	2014年	2015年
1	黄金及其等价物	17015.6	19643.7	20359.0	14064.0	15980.3	15795.0
2	以外币计价的非欧元区居民债权	44040.3	46255.3	44161.4	40662.2	46184.0	51607.7
2.1	来自IMF	414.7	664.2	653.3	627.2	669.3	714.8
2.2	来自银行、证券投资、外债和其他境外资产的余额	39299.0	40763.4	40670.0	38764.3	43730.9	49030.2
2.2	以外币计价的欧元区居民债权	4326.6	4827.7	2838.2	1270.8	1783.7	1862.7
3	以欧元计价的欧元区居民债权	1800.0	1456.0	0	535.0	0	0
3.1	银行、债券投资和贷款的余额	1800.0	1456.0	0	2.1	0	0
4	其他以欧元计价的欧元区信贷机构债权	33.4	204.9	0	0	2.1	52.7
5	以欧元计价的欧元区有价证券	17926.0	22819.1	22055.5	18159.9	17787.9	77808.7
5.1	以货币政策为目的持有的有价证券	17926.0	22819.1	22055.5	18159.9	17787.9	77808.7
6	欧元区内部债权	67176.2	120483.2	97680.9	76495.1	81322.8	86674.5
6.1	欧元体系下银行券分配债权	67176.2	71090.1	73007.4	76495.1	81322.8	86674.5

续表

序号	项　　目	2010年	2011年	2012年	2013年	2014年	2015年
6.2	欧元体系下其他债权	0	49393.1	24673.5	0	0	0
7	其他资产	15531.6	20009.1	23035.5	24259.0	24013.4	24706.8
7.1	固定资产和无形资产	281.9	441.3	638.5	971.2	1249.6	1263.6
7.2	其他金融资产	13250.0	16040.8	19099.6	20466.2	20626.4	20423.9
7.3	表外金融工具再评差额	147.3	264.2	207.0	104.7	319.6	519.0
7.4	待摊费用	1319.5	1861.9	1660.1	977.6	725.2	1320.1
7.5	其他	533.0	1400.8	1430.3	1739.3	1092.6	1180.2
	总资产	163523.0	230871.3	207292.4	174175.3	256645.4	185290.6

资料来源：欧洲央行官网：https：//www.ecb.europa.eu。

附 录 6

2010 ~ 2015 年欧洲央行负债构成表

单位：亿欧元

序号	项　　目	2010 年	2011 年	2012 年	2013 年	2014 年	2015 年
8	通货	671761.9	71090.1	73007.4	76495.1	81322.8	86674.5
9	以欧元计价的欧元区信贷机构其他负债	33.4	204.9	—	—	—	—
10	以欧元计价的其他欧元区居民负债	1072.0	1056.0	1024.0	1054.0	102.0	1026.0
10.1	其他负债	1072.0	1056.0	1024.0	1054.0	102.0	1026.0
11	以欧元计价的非欧元区居民负债	1201.6	77116.6	50887.5	24765.5	900.2	2330.8
12	以外币计价的非欧元区居民负债	478.0	406.7	18.5	0	458.2	0
12.1	存款、盈余及其他负债	478.0	406.7	18.5	0	458.2	0
13	欧元区内部债务	61429.7	40307.6	40307.6	40309.6	64132.5	123876.1
13.1	外汇储备负债等价物	21225.3	0	40307.6	40309.6	40553.2	40792.6
6.2	欧元区其他负债	40204.5	40307.6	0	119.9	23579.4	23579.4
14	其他负债	1812.3	2744.1	2490.0	1341.9	1144.4	1379.9
14.1	表外工具再估差价	568.2	869.2	586.0	185.0	178.6	392.8
14.2	计提待摊费用	749.6	1251.2	975.6	370.5	96.2	95.5

续表

序号	项　　目	2010 年	2011 年	2012 年	2013 年	2014 年	2015 年
14.3	其他	494.5	623.8	928.4	786.3	869.5	891.6
15	预提金	5216.7	6407.9	7595.5	7619.5	7667.0	7703.4
16	重估账户	19626.7	24324.9	23334.9	13358.2	19937.6	24832.8
17	资本和准备金	5305.5	6484.3	7650.5	7653.2	7697.0	7740.1
17.1	资本	5305.5	6484.3	7650.5	7653.2	7697.0	7740.1
	年度利润	170.8	728.1	995.0	1439.8	988.8	1081.8
	总负债	163523.0	230871.3	207292.4	174175.3	185290.6	256645.4

资料来源：欧洲央行官网：https：//www.ecb.europa.eu。

附 录 7

2010～2015年中国人民银行大事记

时　间	事　件
2010年10月20日	央行决定将金融机构人民币存贷款基准利率分别上调0.25个百分点。
2010年11月10日	央行决定从11月16日起，上调存款类金融机构人民币存款准备金率0.5个百分点。
2010年11月19日	央行决定从11月29日起，上调存款类金融机构人民币存款准备金率0.5个百分点。
2010年12月10日	央行决定于12月20日起，上调存款类金融机构人民币存款准备金率0.5个百分点。
2010年12月26日	央行决定上调金融机构人民币存贷款基准利率。其中，一年期存贷款基准利率上调0.25%；其他期限档次相应上调；同期，上调央行对金融机构贷款利率，其中一年期流动性再贷款利率由3.33%上调至3.85%；一年期农村信用社再贷款利率由1.80%上调到2.25%。
2011年1月6日	央行决定从1月20日起上调存款类金融机构人民币存款准备金率0.5%。
2011年2月9日	央行决定分别上调金融机构人民币各期存贷款基准利率0.25个百分点，个人住房公积金贷款利率作相应调整。

续表

时 间	事 件
2011 年 2 月 18 日	央行决定从 2 月 24 日起上调存款类金融机构人民币存款准备金率 0.5 个百分点。
2011 年 3 月 18 日	央行决定 3 月 25 日起上调存款类金融机构人民币存款准备金率 0.5 个百分点。
2011 年 4 月 6 日	央行决定上调金融机构人民币存贷款基准利率 0.25 个百分点，其中个人住房公积金贷款利率作相应调整。
2011 年 4 月 17 日	央行决定从 4 月 21 日起上调存款类金融机构人民币存款准备金率 0.5 个百分点。
2011 年 5 月 12 日	央行从 5 月 18 日起，上调存款类金融机构人民币存款准备金率 0.5 个百分点。
2011 年 7 月 7 日	央行决定上调金融机构人民币存贷款基准利率 0.25 个百分点，其中个人住房公积金贷款利率作相应调整。
2011 年 11 月 30 日	央行决定从 12 月 5 日起下调存款类金融机构人民币存款准备金率 0.5 个百分点。
2012 年 2 月 18 日	央行决定从 2 月 24 日起下调存款类金融机构人民币存款准备金率 0.5 个百分点。
2012 年 5 月 18 日	央行决定 5 月 18 日起下调存款类金融机构人民币存款准备金率 0.5 个百分点。
2012 年 6 月 7 日	央行决定 6 月 8 日下调金融机构人民币存贷款基准利率 0.25%；同时，调整金融机构存贷款利率浮动区间：(1) 将存款利率浮动区间的上限调整为基准利率的 1.1 倍；(2) 将贷款利率浮动区间的下限调整为基准利率的 0.8 倍。
2012 年 7 月 5 日	央行决定自 7 月 6 日起下调金融机构人民币存贷款基准利率；同时，将金融机构贷款利率浮动区间的下限调整为基准利率的 0.7 倍。

续表

时　间	事　件
2013年1月18日	央行宣布启用公开市场短期流动性调节工具（SLO），作为公开市场常规操作的必要补充，在银行体系流动性出现临时性波动时相机使用。
2013年1月	央行创设“常备借贷便利”（SLF），对金融机构开展操作，提供流动性支持。
2013年6月28日	为贯彻落实国务院关于金融支持经济结构调整和转型升级政策措施的工作部署，引导信贷资金进一步支持实体经济，央行增加再贴现额度120亿元，对符合宏观审慎要求的金融机构提供流动性，支持金融机构扩大对小微企业和“三农”的投放。
2013年7月15日	央行决定全面放开金融机构贷款利率管制。一是取消金融机构贷款利率0.7%的下限，由金融机构根据商业原则自主决定贷款利率水平；取消票据贴现利率管制，改变贴现利率在再贴现利率基础上加点确定的方式，由金融机构自主决定；三是对农村信用社贷款利率不再设立上限；四是继续严格执行差别化的住房信贷政策，促进房地产市场健康发展，个人住房贷款利率浮动区间暂不调整。
2013年10月25日	贷款基础利率集中保健和发布机制正式运行。
2014年3月1日	央行放开上海自贸区小额外币存款利率上限。
2014年3月15日	央行决定从3月17日起，银行间即期外汇市场人民币兑美元交易价浮动幅度由1%扩大到2%；银行美元最高卖出价与最低买入价之差不得超过当日汇率中间价的幅度由2%扩大到3%。
2014年4月22日	央行决定从4月25日起下调县域农村商业银行人民币存款准备金率2个百分点；下调县域农村合作银行人民币存款准备金率0.5个百分点。
2014年6月9日	央行决定从6月16日起对符合审慎经营要求且“三农”和小微企业贷款达到一定比例的商业银行（不含4月25日下调过准备金率的机构）下调人民币存款准备金率0.5个百分点，对财务公司、金融租赁公司和汽车金融公司下调人民币存款准备金率0.5个百分点。

续表

时 间	事 件
2014 年 11 月 22 日	央行采取非对称式下调金融机构人民币存贷款基准利率 0.25 个百分点；同时，结合推进理论市场化改革，将金融机构存款利率浮动区间的上限由存款精准利率的 1.1 倍调整为 1.2 倍；其他各档次贷款和存款基准利率相应调整，并对基准利率期限档次作适当简并。
2015 年 2 月 5 日	央行决定下调金融机构人民币存款准备金率 0.5 个百分点。同时，对小微企业贷款占比达到定向降准标准的城市商业银行、非县域农村商业银行额外降低人民币存款准备金率 0.5 个百分点，对中国农业发展银行额外降低人民币存款准备金率 4 个百分点。
2015 年 3 月 1 日	央行决定下调金融机构人民币存贷款基准利率 0.25 个百分点；同时，结合推进利率市场化改革，将金融机构存款利率浮动区间的上限由存款基准利率的 1.2 倍调整为 1.3 倍；其他各档次存贷款基准利率及个人住房公积金存贷款利率相应调整。
2015 年 4 月 20 日	央行下调金融机构人民币存款准备金率 1 个百分点。同时，有针对性地实施定向降准，对农信社、村镇银行等农村金融机构额外降低人民币存款准备金率 1 个百分点，统一下调农村合作银行存款准备金率至农信社水平，对中国农业发展银行额外降低人民币存款准备金率 2 个百分点。
2015 年 5 月 11 日	央行下调金融机构人民币存贷款基准利率 0.25 个百分点；同时，推进利率市场化改革，将金融机构存款利率浮动区间的上限由存款基准利率的 1.3 倍调整为 1.5 倍；其他各档次存贷款基准利率及个人住房公积金存贷款利率相应调整。
2015 年 6 月 28 日	央行针对性地对金融机构实施定向降准，如降低财务公司存款准备金率 3 个百分点等。
2015 年 6 月 28 日	央行下调金融机构人民币存贷款基准利率 0.25 个百分点；其他各档次存贷款基准利率及个人住房公积金存贷款利率相应调整。

续表

时　间	事　件
2015年7月15日、20日	国家外汇储备分别向国家开发银行、进出口银行注资480亿元、450亿元，顺利完成改革方案要求的资本金补充工作。
2015年8月26日	央行下调金融机构存贷款基准利率0.25个百分点；其他各档次存贷款基准利率及个人住房公积金存贷款利率相应调整；同时，放开一年期以上（不含一年期）定期存款的利率浮动上限，活期存款以及一年期以下定期存款的利率浮动上限不变。
2015年9月6日	央行下调金融机构人民币存款准备金率0.5个百分点；同时，有针对性地实施定向降准，额外降低县域农村商业银行、农村合作银行、农村信用社和村镇银行等农村金融机构存款准备金率0.5个百分点，额外下调金融租赁公司和汽车金融公司存款准备金率3个百分点。

资料来源：中国人民银行官网，http：//www. pbc. gov. cn/zhengcehuobisi/125207/125227/125963/index. html。

附 录 8

2010～2015年美联储大事记

时 间	事 件
2010年8月10日	美联储决定利用部分由抵押贷款组合催生的资金购买政府债券以压低抵押贷款和其他贷款的利率。
2010年11月3日	美联储启动了QE2，计划于2011年第二季度之前进一步收购6000亿美元的长期美国国债，以压低长期利率。
2011年6月22日	美联储正式完成了6000亿美元国债的购买。
2011年9月15日	美联储推出了QE3，宣布将0～0.25%超低利率延长到2015年中，并每月采购400亿美元的抵押贷款支持证券（MBS），现有的扭曲操作（OT）等维持不变。
2012年12月13日	美联储推出QE4，每月采购450亿美元国债，替代扭曲操作，加上QE3每月400亿美元的宽松额度，联储每月资产采购额达到850亿美元。继续维持0～0.25%的零利率政策。
2013年12月	美联储宣布从2014年1月开始消减资产购买规模，开启了退出量化宽松政策的序幕，月度资产购买规模缩减至750亿美元。
2014年1月	美联储继续消减，月度资产购买规模缩减至650亿美元。
2014年9月18日	美联储宣布维持基准利率在0～0.25%低位不变，并将QE政策再次缩减100亿美元。

续表

时　间	事　　件
2014 年 10 月 29 日	美联储宣布结束资产购买计划，第三轮量化宽松政策正式宣告终结，美国货币政策逐步迈向正常化。
2015 年 12 月 16 日	美联储宣布将联邦基准利率上调 25 个基点至 0.50%，这是美联储 9 年来首次加息。

资料来源：自制。

附 录 9

2010～2015年日本央行大事记

时 间	事 件
2010年10月5日	日本央行宣布将隔夜拆借利率降到0.1%以下，重新推行零利率政策。
2010年10月28日	日本央行创立了总额为买35万亿日元的基金，用于2011年底前购国债等各类资产，提高市场流动性。
2013年1月22日	日本央行宣布引入“价格稳定目标”，将通胀率设置为2%；自2014年1月起，央行不设置具体终止期限，每个月的资产购买量约为13万亿日元，其中2万亿日元用于购买日本政府债券，约10万亿日元用于购买短期国库券。
2013年10月31日	日本央行宣布扩大量化宽松规模，把每年资产购买规模从目前的约60万亿～70万亿日元增至约80万亿日元。
2016年1月29日	日本央行宣布将金融机构存放在央行的超额准备金率从0.1%下调至-0.1%。

资料来源：自制。

附 录 10

2010 ~ 2015 年欧洲央行大事记

时　间	事　件
2010 年 11 月 5 日	欧洲央行宣布降息 25 个基点至 1%。
2011 年 4 月 7 日	欧洲央行宣布将基准利率由 1% 上调 25 个基点到 1.25%。
2011 年 7 月 7 日	加息 25 个基点至 1.50%，隔夜存贷款利率相应下调 0.25 个百分点，其中隔夜存款利率为 0.75%，隔夜贷款利率为 2.25%。
2011 年 11 月 3 日	欧洲央行公布利率决议，决议降息 25 个基点至 1.25%，隔夜存贷款利率相应下调 0.25 个百分点。
2011 年 12 月 8 日	欧洲央行决定将基准利率下调 25 个基点至 1.00%，隔夜存贷款利率相应下调 0.25 个百分点。
2011 年 12 月 21 日	欧洲央行提出首轮三年期再融资操作（LTRO），500 多家欧元区银行的总投资额度超过 4891.9 亿欧元。
2012 年 2 月 29 日	欧洲央行推出第二轮 LTRO，此次资金投放规模将达 5295.3 亿欧元。
2012 年 7 月 5 日	欧洲央行宣布利率决议，降息 25 个基点至 0.75%；此次降息是欧洲央行基准利率的历史最低点；隔夜存贷款利率相应下调 0.25 个百分点，其中存款利率降为零，贷款利率降为 1.25%。

续表

时　间	事　　件
2012 年 9 月 6 日	欧洲央行启动直接货币交易计划，在二级市场无限量购买成员国国债，以降低成员国融资成本。
2013 年 5 月 2 日	欧洲央行宣布降息 25 个基点至 0.50%，，隔夜贷款利率相应下调 0.25 个百分点至 1.00%。
2013 年 11 月 7 日	欧洲央行将再融资利率下调 25 个基点至 0.25%。央行维持存款工具利率于零不变，隔夜贷款利率从 1.00% 调减至 0.75%。
2014 年 6 月 11 日	欧洲央行宣布基准利率下调 10 个基点至 15%；隔夜存款利率下降 10 个百分点，贷款利率下调 35 个百分点。
2014 年 9 月 10 日	欧洲央行宣布下调基准利率 10 个基点至 0.05%，隔夜存贷款利率分别下调 10 个百分点，其中存款利率为 -0.20%，贷款利率为 0.30%。
2014 年 9 月 18 日	欧洲央行宣布实行定向长期再融资操作（TLTROs），为央行提供期限为 4 年的低息贷款，向市场注入了 826 亿欧元。
2015 年 12 月 3 日	欧洲央行宣布将存款利率从 -0.2% 下调至 -0.3%，将当前每月购买 600 亿欧元债券计划的期限延长到 2017 年 3 月份；同时，购债规模上调至 750 亿欧元。

资料来源：作者自制。

后 记

本书的写作始于2006年，截至收稿之日已历时近十年，期间世界经济格局发生了翻天覆地的变化。其中，作者的写作意图也从最初的把脉中国财政赤字持续增长的主因，逐步转向以“现代铸币税”为主线的宏观国民经济研究。然而，铸币税作为一种“隐性税收”的本质始终没有变，它缘于贱金属、纸币等流通媒介的引入，尤其是纸币这种价值符号的广泛应用，为各国政府或其货币当局带来了相对稳定的财政收入。《现代铸币税研究》一书的突出亮点，是研究领域横跨财政学、金融学、国际关系学和政治经济学多个学科，跳出“纯经济学”的圈子，从“政治、人文和社会”等多元化的视角探索现实经济的问题。尤其是，2008年金融危机爆发后，世界各国为缓解危机对本国经济的破坏性影响，纷纷采用了“量化宽松”、“直接注资”、“低利率甚至零利率”等非常规的宏观政策工具。经过几番“猛药”和“重药”的刺激，世界经济快速下滑的步伐有所放缓，但这些宏观政策工具并未解决经济增长疲软的本质，全球经济也逐步进入了漫长的调整变革期。值得注意的是，同样的“药剂”在不同国家却产生了完全不同的效果。美国、日本等拥有国际货币的国家，经过数次量化宽松后，尽管债务余额一再登顶，然而其国内经济并未出现严重的通货膨胀。相反，多数拥有非国际货币的国家以及希腊、西班牙等债务出现危机的南欧国家，不仅债务高企，通货膨胀恶化，甚至整个国家都濒临破产的风险，如冰岛等国。这些都为本书的深入研究提供了很好的素材和案例。

此外，《现代铸币税研究》一书正式呈现予读者，并非代表本研究的结束。未来，作者还将从两个方面延展本课题的研究。一方面，作者要从宏观均衡的理论渊源出发，深入探求铸币税在各国宏观调控中的独特角色变化。另一方面，作者将从美元的国际化周期问题展开研究。2014 年年末，美国正式宣布退出量化宽松政策，并通过“反向操作”推动经济的增长。与此同时，很多国家仍沉浸在持续量化宽松的暂时欢愉之中，其中欧元区国家更是抛开“颜面”，再次开启了降准、降息的量化宽松渠道。这种截然不同的政策操作将来会产生什么样的后果，值得深思。

最后，本书的出版离不开财政部财政科学研究院各位同仁的大力支持和帮助，在此一并感谢。另外，我们衷心地感谢中国财政经济出版社王芝文副编审和其他编辑人员的辛勤劳作，没有他们的帮助，这本书是不可能顺利出版的。此外，文章的编撰跨时过长，难免会出现一些不尽如人意的地方，欢迎大家批评指正，以帮助我们做到更好。

财政部财政科学研究院
王美桃博士
2016 年 3 月